普通高等学校"十二五"规划教材

商业银行会计综合实训

主编　张瑞
副主编　成鸿　王滨

国防工业出版社
·北京·

内 容 简 介

本书以商业银行会计柜台业务为基础,将银行会计工作分解为若干个任务,以任务驱动的方式将实训和理论结合在一起,实操为主,理论为辅。对商业银行会计柜员的基本职业素养、商业银行会计基础知识、存款及贷款业务、结算业务、外汇业务、商业银行与中央银行的业务往来、商业银行之间的业务往来、商业银行柜台模拟实训操作等内容进行了系统、全面的介绍,有较强的实用性和操作性。

本书可作为高等职业(或应用型本科)院校金融、会计、投资理财、经济管理等专业的教学用书,同时也可作为商业银行新员工的培训教材和一线柜员的业务参考书。

图书在版编目(CIP)数据

商业银行会计综合实训/张瑞主编. —北京:国防工业出版社,2011.2
普通高等学校"十二五"规划教材
ISBN 978-7-118-07260-0

Ⅰ.①商… Ⅱ.①张… Ⅲ.①商业银行 – 银行会计 – 高等学校 – 教材 Ⅳ.①F830.42

中国版本图书馆 CIP 数据核字(2011)第 008687 号

※

*国防工业出版社*出版发行

(北京市海淀区紫竹院南路 23 号 邮政编码 100048)
北京奥鑫印刷厂印刷
新华书店经售

*

开本 787×1092 1/16 印张 17½ 字数 438 千字
2011 年 2 月第 1 版第 1 次印刷 印数 1—4000 册 定价 32.00 元

(本书如有印装错误,我社负责调换)

国防书店:(010)68428422 发行邮购:(010)68414474
发行传真:(010)68411535 发行业务:(010)68472764

前　言

随着金融体制改革的不断深化,现代银行业得到前所未有的快速发展。在此背景下,具有综合能力素质的银行从业会计人才的培养,已成为我国银行业健康发展的必要条件。为满足商业银行改革和发展对会计人才的需求,深入贯彻教育部《关于全面提高高等职业教育教学质量的若干意见》的精神,适应当前高等职业教育"要积极与行业企业合作开发课程,根据技术领域和职业岗位(群)的任职要求,参照相关的职业资格标准,改革课程体系和教学内容"的需要,我们在经过大量市场调研的基础上,根据职业教育的特点,结合国家示范性高职教学与改革的经验,在通过与来自银行业一线的会计专家共同分析论证的基础上,以就业为导向,以商业银行会计一线柜台业务操作为主体,打破以知识传授为主要特征的课程结构模式,转变为以项目与工作任务为中心来设计课程内容,编写了基于工作工程的项目课程教材。本书共设计了12个大项目,每一项目中又设计了若干工作任务和具体的项目活动。本教材的特点是知识与技能并重,强调学生在学习中的能力培养,力求将实训与理论相结合。以任务驱动,配合教师进行项目式教学法改革的方式,激发学生主动学习的热情,使学生通过这样的学习过程提高其职业能力,为今后从事银行会计工作打下良好的职业基础。

本书由张瑞任主编并负责总体设计和统稿,成鸿、王滨任副主编并负责审稿。具体编写分工如下:项目一、项目二、项目三由张瑞编写;项目四、项目五由成鸿编写;项目六、项目九由成鸿和韩笑蓉共同编写;项目七由沈玉星编写;项目八由张瑞和马建华共同编写;项目十、项目十一由苑玉新和严忠共同编写;项目十二由王滨、庞晓东共同编写。

本书在编写过程中,广泛阅读和参考了同类教材,并得到了宁夏财经职业技术学院、中国邮政储蓄银行领导及一线人员的支持和帮助,在此一并表示感谢。

由于金融业务不断创新和金融会计体系的庞大,各行在具体操作上具有一定的差异性,同时基于工作过程系统化的项目课程改革也在不断的探索之中。由于编者水平有限,书中的疏漏与错误之处在所难免,敬请广大读者和专家批评指正。

编者

目 录

项目一　商业银行柜员基本职业能力实训

学 习 指 南

【学习目标】

1. 了解商业银行岗位设置与授权管理制度。
2. 熟悉重要单证及重要机具等的管理和使用规定。
3. 熟悉银行柜员服务规范。
4. 掌握银行账表凭证书写规范。
5. 掌握商业银行柜员基本职业能力。

【学习重点】

1. 商业银行重要单证及重要机具的管理。
2. 商业银行柜员服务规范。
3. 商业银行账表凭证书写规范。

【学习难点】

1. 商业银行柜员服务规范。
2. 商业银行账表凭证书写规范。

【工作任务】

1. 银行柜员制度规范训练。
2. 银行柜员服务规范实训。
3. 银行柜员数字书写规范实训。
4. 重要单证、印章管理规范实训。

工作任务一　银行柜员制度规范实训

【基础知识】

随着金融电子化的发展和科技在银行业务领域的广泛运用，现代商业银行柜台劳动组织形式经历了从双人临柜制到柜员制，再到综合柜员制的巨大变化。

一、综合柜员制的含义和基本要求

综合柜员制是指柜员在其授权范围内，可以办理多币种、多种类的各项临柜业务，承担相应经济责任的一种劳动组织形式。综合柜员制是相对于传统的双人临柜复核制的服务模式而言的。

综合柜员制要求柜员单人临柜，独立办理会计、出纳、储蓄、中间业务等面向客户的全部业务，是一种集约化、高效率的银行柜台劳动组织形式。目前，我国大多数银行都开始实行综合柜员制。

二、综合柜员岗位设置

实行综合柜员制的营业机构，其柜员岗位设置有三种，即普通柜员、主办级柜员、主管级柜员。

(一) 普通柜员。具体办理会计核算业务的人员，负责权限范围内业务的操作和会计资料的初审。根据业务设置的不同，可以将普通柜员分为临柜柜员和非临柜柜员。

(1) 临柜柜员。直接面对客户，对外办理现金收付、转账结算、代理业务等工作的柜员。

(2) 非临柜柜员。负责办理联行业务和记账业务、各类卡片的保管、印押证的使用和管理、电子汇兑、票据交换、资金清算、会计信息的分析及反馈等综合工作的柜员。各银行根据其承担的具体工作和岗位的不同还将其进行了分类，如非临柜柜员按综合应用系统业务可以划分为联行柜员、交换柜员、管库柜员、记账柜员、督察柜员等。

(二) 主办级柜员。对经办处理的各类业务进行复核或在规定业务范围内和额度内授权的人员。

(三) 主管级柜员。主管级柜员也称业务主管，是指对超过业务主办权限的重要业务进行授权处理的管理人员。主管主要包括网点负责人、总会计、各级会计结算部门负责人以及部门聘任的行使业务主管职责的管理人员。

三、柜员管理的基本原则

为加强内部控制、防范风险，必须按照"事权划分、事中控制"的原则对银行从业人员进行科学有效的管理，明确责任，相互制约。

事权划分是指针对银行各业务设置不同的业务岗位，而且每个岗位又有不同的操作经办权限。商业银行柜面业务的岗位所辖交易设有执行权、查询权、授权权等权限，并具有相应的操作金额。

事中控制是指临柜大金额业务及特殊业务须双人操作，相互监督。

四、授权管理

授权是按照会计岗位责任分离、相互制约的原则，根据各业务种类的重要性和风险程度及金额大小设定相应授权级别，并由主管对柜员办理该类交易进行实时审核确认的一种内部风险控制方式。

实行综合柜员制，必须建立严格的授权制度，普通柜员具有记账、对外办理业务的权限，不得复核其他柜员账务；主办级柜员具有授权、复核权限，不得直接临柜受理客户业务；主管级柜员只具有授权、监督权限。

普通柜员、主办级柜员、主管级柜员应严格按照操作授权、业务授权、金额授权办理各项业务。

知识拓展

不相容业务操作岗位分离分设要求

营业机构柜员的劳动组织必须坚持不相容业务操作岗位分设，做到相互制约、相互控制。

(1) 印、证、机使用管理岗位设置，必须严格执行印、证、机分管、分用，平行交接制度，不得将本人经管的印、证、机随意交与他人使用。

(2) 联行业务录入、确认岗位必须严格分开，严禁一人操作。票据交换提出岗位必须与复核及数据发送岗位分设。

(3) 事后监督岗与业务处理岗分设。设置专职复核员、综合员的，滞后复核由综合员兼职的，该柜员不得兼办柜台业务；滞后复核、事后复审不得与日间业务交叉。

(4) 库房管理与柜台现金收付岗位分设。设置专职总出纳岗位的，总出纳掌管一把库房钥匙，负责库房现金及重要空白凭证管理，总出纳与柜台现金收付业务不得交叉；临柜柜员兼职总出纳的，该柜员办理现金调拨、出入库和重要空白凭证调拨、领发交易必须由会计主管授权审查。

银行柜员处理核算业务操作权限如表 1-1 所列。

表 1-1　银行柜员处理核算业务操作权限

业务种类	具体分类	普通柜员	主管兼柜员	主管
存现业务	小型网点	5 万元以下	业务经办额度以上授权	自行确定
	中型网点	8 万元以下		
	大型网点	10 万元以下		
取现业务	大中小型网点	5 万元以下	5 万元(含)~50 万元的授权	超过 50 万元的授权
转账业务	小型网点	10 万元以下	10 万元(含)~100 万元的授权	100 万元(含)~200 万元以及 200 万元(含)以上的授权(根据网点不同)
	中型网点	20 万元以下	20 万元(含)~150 万元的授权	
	大型网点	30 万元以下	30 万元(含)~200 万元的授权	
注：以上金额仅为人工控制，目的是为区分网点和控制风险。各行具体规定会有所不同				

【实践活动】

1. 选择几家银行调查其岗位设置情况。
2. 选择一家银行办理一笔业务，观察其业务分工与授权的操作过程。

工作任务二　银行柜员服务规范实训

【活动目标】

熟悉银行服务人员的仪表、仪态、仪容要求；掌握银行服务人员的礼仪规范；能够准确熟练地使用文明服务用语；能够用得体的服务规范语言与客户沟通。

项目活动一　银行柜台服务礼仪规范训练

一、银行柜台工作人员仪表要求

(一) 工作时应穿统一的行服。着装端庄大方，平整洁净。

(二) 男员工穿行服时应配穿衬衣、深色皮鞋、深色袜子和佩戴领带，衬衣下摆不得露在西装外。

(三) 女员工穿行服时应配套，袜子应与行服颜色相称，长袜不应带图案，袜口、衬裙不得外露。

(四) 服装应当干净平整。

二、银行工作人员仪容要求

(一) 银行工作人员仪容应以素雅、大方为标准，员工头发梳洗十净整齐，指甲修剪整齐，不能染指甲、留长指甲。

(二) 男员工发角侧不过耳、后不过领，不能留胡须，不准剃光头，头发不准染自然色以外的颜色。

(三) 女员工淡妆上岗，不能浓妆艳抹。不能梳奇异发型，头发不得染自然色以外的颜色。长发要盘起或束起，有刘海应保持在眉毛上方。不能佩戴夸张饰品。

(四) 银行员工都应注意个人卫生，保持面部、口腔清洁，身体无汗味、异味。

三、银行工作人员仪态要求

(一) 举止文明礼貌，符合礼节。

(1) 与客户交谈时亲和友善，面带微笑，情绪平和适度。

(2) 工作时精神饱满，精力集中，服务热情。

(二) 站姿、坐姿和手势应大方、标准，态度不轻浮。

(1) 客户临柜时应主动起立迎接，站姿自然得体。挺胸，下颌微收，双手自然下垂，脚跟并拢，脚尖略微张开，双手不得抱在胸前、叉腰或插入衣服口袋。

(2) 坐着办理业务时，应坐姿端正，不得躺靠在椅子上，不可摇身或摇动双脚。女员工要注意双膝并拢。

(3) 示意客户时，要用手心向上五指并拢的手势，不得用单指或手心向下的手势。

(4) 柜员在与客户交接钱物时，手势符合双手递物的规范，不得有将钱物单手交递，扔、摔钱物等行为。

(5) 在营业场所走动时要抬头挺胸，不得手揣衣兜，步伐要不紧不慢，见到客户时应礼让。

(三) 举止行为要稳重，重视客户。

(1) 不得在营业范围内嬉戏、大笑、叫嚷，应给客户稳重认真的感觉。

(2) 与客户交流时，应面向客户，切忌背向客户，以免使客户有不受重视的感觉。

(3) 在为客户办理业务的过程中不得与同事讨论与业务无关的事情。

四、项目活动实践

(一) 请学生走到台前进行站姿、坐姿、走姿等的模拟演示，让其他同学评价其是否符合银行柜员的职业要求。

(二) 两个学生一组，相互评价对方的着装、发型、打扮等是否符合银行柜员的职业要求。

项目活动二　　银行柜台服务语言规范训练

一、银行服务用语基本要求

(一) 柜员的语态应当亲切、朴实、真诚、准确、简练、文明。

(二) 构成文明服务用语的基本词汇是：请、您好、对不起、谢谢、再见。

二、银行柜面规范服务用语

(一) 接听客户电话时，主动自我介绍表明身份，接完电话说"再见"，然后待对方挂机后再放电话。

(二) 接待客户时使用："您好，请问您办理什么业务?"或"您好，请问有什么事我可以帮忙吗?"

(三) 客户办理业务时，应说："请稍候，我马上为您办好。"

(四) 客户办理需提供相关证明、资料的业务时，应说："对不起，请您出示××资料(证件)。"

(五) 客户提供的资料不全时，应说："对不起，根据规定，办理这项业务需要提供××资料，这次让您白跑一趟真是抱歉!"

(六) 客户办理的业务需相关部门或人员签字时，应说："对不起，根据规定这笔业务需要××部门(人员)签字，麻烦您去××地方办理签字手续。"

(七) 办完业务后，应说："您好，这是您办理的××业务的回执，请收好。"

(八) 客户进行咨询，若询问的内容自己不太清楚(或不能处理)，应说："对不起，请稍候，待我请示一下负责人。"

(九) 客户的要求与政策、规定不符时，应说："非常抱歉，根据规定我不能为您办理这项业务，希望您能谅解。"

(十) 当客户出现填写失误且更正后可以办理时，应说："对不起，您的××处有误(指明错误之处)，请您重新填写一下。"

(十一) 办理业务时，因特殊原因需接听电话，应说："对不起，我接一下电话，请稍候。"接完电话后应说："对不起，让您久等了。"

(十二) 临时出现设备故障，应说："请原谅，机器暂时出现故障，我们正在尽快排除，请稍候。"

(十三) 客户代办必须由本人亲自办理的业务时，应说："对不起，这项业务应该由本人亲自办理。请您通知本人来我行办理，给您添麻烦了，谢谢您的配合。"

(十四) 收到客户的投诉、建议时，应说："非常感谢您对我们的工作提出宝贵意见，请您留下姓名和电话号码，我们处理后尽快与您联系。"

(十五) 客户向自己表示歉意或谢意时，应说："没关系，这是我们应该做的。"

(十六) 与客户道别时，应说："感谢您对我们工作的支持，欢迎您再来。"

三、项目活动实践

(一) 由一名学生扮演一位老人家来银行办理取款业务，并在取款时两次输错密码，请学生模拟银行柜员热情地接待并帮他（她）办理。

(二) 由一名学生扮演客户来银行办理活期储蓄存款开户业务，这笔业务不仅需要客户填写凭证，而且还需要出示身份证等有关证件，请学生模拟银行柜员帮其办理业务。

(三) 由一名学生扮演客户到银行办理取款，由于银行客户很多，这位先生等候了 20 多分钟才轮到他办理业务，非常焦急，请学生模拟银行柜员为他办理业务。

工作任务三　　银行柜员数字书写规范实训

【活动目标】

能规范地进行数字大、小写的书写，能正确地按照支付结算办法的规定，填写会计凭证、登记会计账簿、会计报表等有关会计资料的数字。

【项目活动】

项目活动一　阿拉伯数字书写规范训练

一、阿拉伯数字书写的基本要求

(一) 位数准确。用数字来计算时，数的位数是由该数首位数的数位决定的。如 12，834，首位数 "1" 的数位是万位，所以这个数是万位数，即一万二千八百三十四，也叫五位数。数的整数部分，采用国际通用的三位分节制，从 "元" 位向左每三位数用分节号 "，" 分开，如 15，345，678。分节号与小数点要严格区分开。

(二) 书写清楚，容易辨认。书写数字，必须字迹清晰、笔画分明、一目了然。各个数字应有明显的区别，以免混淆。

(三) 书写流畅，力求规范化。为了使计算工作达到迅速准确，数字书写力求流畅、美观、规范化。

二、阿拉伯数字读法的基本要求

(一) 数的读法。从最高位起，顺着位次每读一个数字，接着就读出这个数字所对应的数位名称。

例如，14，821 元应读成一万四千八百二十一元；987，654，321 元应读成九亿八千七百六十五万四千三百二十一元。

(二) 中间有 "0" 的数。对于数字中间的 "0"，只读出数字 "零"，而不读出数位名称。如果数字中间有连续几个 "0" 时，可以只读一个零。

例如，3，605 元读成三千六百零五元；8，002 元读成八千零二元。

(三) 后面有"0"的数。对于数字最后面的"0"，既不读出"零"，也不读出数位的名称。

例如，2，100元读成二千一百元。

(四) 有小数点的数字，应当读出"角、分"。

例如，2，123.48元读成二千一百二十三元四角八分。

三、账表证上阿拉伯数字书写的基本要求

(一) 数字的写法是自上而下、先左后右，要一个一个地写，不要连写，以免分辨不清。

(二) 斜度约以60度为准。

(三) 高度以账表格的1/2为准。

(四) 除7和9可以下伸次行上半格的1/4外，其余数字都要靠在底线上。

(五) 6的竖上可以伸至上半格的1/4处。

知识拓展

人民币(元)符号"￥"的来由和使用

"￥"应念成"元"，是人民币(元)的简写符号，是汉语拼音"Yuan"(元)的缩写，它代表人民币单位(元)，也表明货币种类(人民币)。小写金额前写"￥"以后，数字之后就不要再写"元"了。例如，￥7，300.06即为人民币柒仟叁佰元零陆分。

用阿拉伯数字表示小写金额时，应该怎样表示?书写时，其数目前不得写上"人民币"字样。金额数目若没有角和分时，应写上"0"，不得以"—"或"元"字代替。

例如：￥6，278.00不得写成￥6，278.—或￥6，278元。

四、项目活动实践

(一) 在下面账页内抄写10个阿拉伯数字。

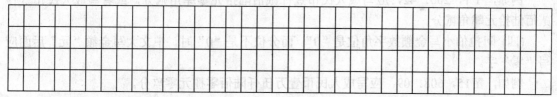

(二) 将下列各金额数字分别抄入账表内。

1，985.03	52，836.49	52，471.39	2，607	7，603.28
41.35	8，496.57	3，819.26	8，149.06	75.56
12，530.34	92，530.12	530.80	92.53	82，530.76

项目活动二　汉字(大写)数字书写规范训练

一、人民币大写数字书写的基本要求

(一) 用正楷或行书书写。中文大写金额数字应用正楷或行书书写，正确写法如表1-2所列。

表 1-2　中文大写金额数字的规范写法

壹	贰	叁	肆	伍	陆	柒	捌	玖	拾	佰	仟	万	亿	元	角	分	零	整	正
壹	贰	叁	肆	伍	陆	柒	捌	玖	拾	佰	仟	万	亿	元	角	分	零	整	正

不得自造简化字。如果金额数字书写中使用繁体字，如陆、億、萬等，也应受理。

(二) "人民币"与数字之间不得留有空隙。有固定格式的重要凭证，大写金额栏一般印有"人民币"字样，数字应紧接在人民币后面书写，在"人民币"与数字之间不得留有空隙。金额栏没有印好"人民币"字样的，应加填"人民币"三个字。

二、有关"整"字的用法

中文大写金额数字到"元"为止的，在"元"之后，应写"整"或"正"字，在"角"之后可以不写"整"或"正"字。大写金额数字有"分"的，"分"后面不写"整"或"正"字。

三、有关"零"的写法

(一) 阿拉伯小写金额数字中间有"0"时，中文大写金额要写"零"字。

例如，￥1,905.80，应写成人民币壹仟玖佰零伍元捌角。

(二) 阿拉伯小写金额数字中间连续有几个"0"时，中文大写金额中间可以只写一个"零"字。

例如，￥7,003.16，应写成人民币柒仟零叁元壹角陆分。

(三) 阿拉伯小写金额数字万位或元位是"0"，或者数字中间连续有几个"0"，万位、元位也是"0"时，角位不是"0"时，中文大写金额中可以只写一个"零"字，也可以不写"零"字。

例如，￥1,260.42，应写成人民币壹仟贰佰陆拾元零肆角贰分，或者写成人民币壹仟贰佰陆拾元肆角贰分。

(四) 阿拉伯小写金额数字角位是"0"，而分位不是"0"时，中文大写金额"元"后面应写"零"字。

例如，￥15,608.09，应写成人民币壹万伍仟陆佰零捌元零玖分。

四、壹拾几的"壹"字，不得遗漏

例如，￥1,210.42，应写成人民币壹仟贰佰壹拾元肆角贰分，而不能写成壹仟贰佰拾元零肆角贰分。

知识拓展

银行需要填列大写金额的凭证均属重要凭证。凡是重要凭证大小写金额填写错误时不能更改，应另行填制新凭证。

五、项目活动实践

(一) 判断下列三张现金支票的大小写金额，哪张的书写是正确的?

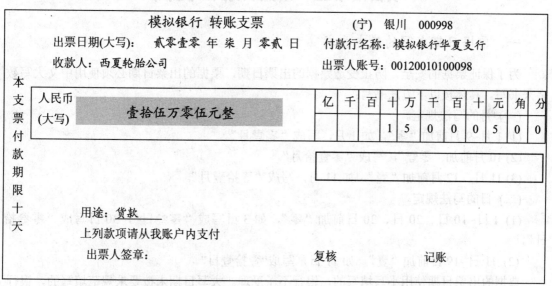

模拟银行　转账支票　　　　　　　　　（宁）　银川　000998

出票日期(大写)：　贰零壹零 年 零柒 月 零贰 日　　付款行名称：模拟银行华夏支行

收款人：西夏轮胎公司　　　　　　　　出票人账号：00120010100098

本支票付款期限十天

人民币(大写)	壹拾伍万零伍元整	亿	千	百	十	万	千	百	十	元	角	分
					1	5	0	0	0	5	0	0

用途：货款

上列款项请从我账户内支付

出票人签章：　　　　　　　　　　复核　　　　记账

模拟银行 转账支票　　　　　　　　　（宁）　银川　000998

出票日期(大写)：　　贰零壹零 年 柒 月 零贰 日　　付款行名称：模拟银行华夏支行

收款人：西夏轮胎公司　　　　　　　　出票人账号：00120010100098

本支票付款期限十天

人民币(大写)	壹拾伍万零伍元整	亿	千	百	十	万	千	百	十	元	角	分
					1	5	0	0	0	5	0	0

用途：货款

上列款项请从我账户内支付

出票人签章：　　　　　　　　　　复核　　　　记账

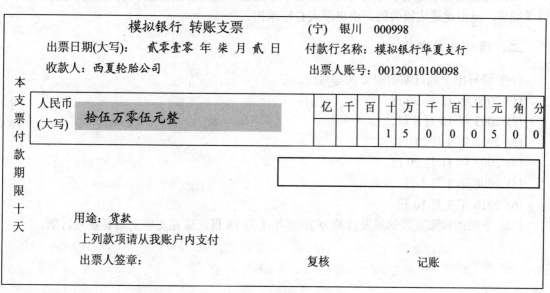

模拟银行 转账支票　　　　　　　　（宁）　银川　000998

出票日期(大写)：　贰零壹零 年 柒 月 贰 日　　付款行名称：模拟银行华夏支行

收款人：西夏轮胎公司　　　　　　　　出票人账号：00120010100098

本支票付款期限十天

人民币(大写)	拾伍万零伍元整	亿	千	百	十	万	千	百	十	元	角	分
					1	5	0	0	0	5	0	0

用途：货款

上列款项请从我账户内支付

出票人签章：　　　　　　　　　　复核　　　　记账

（二）用墨水笔练习中文数字"壹贰叁肆伍陆柒捌玖拾"的书写。

（三）将下列小写金额数字写成中文大写金额数字。

小写金额	大写金额	小写金额	大写金额
203.50		56，123.67	
35，550.23		430.21	
62.32		578，123.89	
120，345.00		10，200，000.12	

项目活动三　票据日期书写训练

一、票据日期书写的基本要求

为了保证票据的安全，防止变造票据的出票日期，票据的出票日期必须使用中文大写数字来书写。具体按以下方法书写：

（一）月的写法规定。

(1) 1月~9月前加"零"，如1月，写成"零壹月"。

(2) 10月前加"零壹"，写成"零壹拾月"。

(3) 11月、12月前加"壹"，如11月，写成"壹拾壹月"。

（二）日的写法规定。

(1) 1日~10日、20日、30日前加"零"，如3日写成"零叁日"，30日写成"零叁拾日"。

(2) 11日~19日前加"壹"，如11日，写成"壹拾壹日"。

票据的出票日期使用小写填写的，银行不予受理。大写日期未按要求规范填写的，银行可予受理，但由此造成损失的，由出票人自行承担。

二、项目活动实践

（一）请写出下列日期的中文大写写法。

(1) 2000年12月30日。

(2) 2003年10月8日。

(3) 2006年9月21日。

(4) 2007年11月20日。

(5) 2008年2月1日。

(6) 2010年3月10日。

（二）下面的转账支票的签发日期为2008年1月18日，请在支票上填写签发日期。

模拟银行 转账支票		(宁) 银川 000998

出票日期(大写): 　　　年　　月　　日　　　付款行名称:

收款人: 　　　　　　　　　　　　　　出票人账号:

本支票付款期限十天

人民币(大写)		亿	千	百	十	万	千	百	十	元	角	分

用途: _____

上列款项请从我账户内支付

出票人签章: 　　　　　　　　复核　　　　记账

工作任务四　重要单证、印章管理规范实训

【活动目标】

能按照银行重要单证的管理规定正确地进行重要单证的领用、签发、出售和作废处理；按照银行印章和重要机具的管理规定，进行印章和密押等重要机具的保管和使用。

【基础知识】

一、重要单证

重要单证包括有价单证和重要空白凭证。

有价单证是指经批准发行的印有固定面额的特殊凭证，主要包括银行发行或银行代理发行的债券、银行定额本票、定额存单以及印有固定面额的其他单证。

重要空白凭证是指本身无面额，须经银行或客户填写金额并签章后，具有付款效力的空白凭证，包括各类存折、存单、存款开户证实书、支票、汇票、本票等。

二、会计业务印章

会计业务印章分为重要业务印章和一般业务印章。

重要业务印章包括汇票专用章、本票专用章、储蓄业务专用章、贷款审批专用章、结算专用章、票据清算专用章等。

一般业务印章包括现金清讫章(现金收讫章、现金付讫章)、转讫章等。

三、重要机具

重要机具包括密押器、压数机和磁码机。

【项目活动】

项目活动一　重要单证领用训练

一、重要单证领用的业务操作流程

重要单证领用业务操作流程如图 1-1 所示。

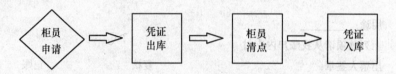

图 1-1　重要单证领用业务操作流程

二、操作步骤

(一) 柜员申请。营业网点柜员领用重要空白凭证时，需填写重要单证出／入库单(图 1-2)，填写所要领用的凭证名称、数量，加盖本人私章，并经主管签章同意后，向凭证管理员申请领用。

模拟银行　重要单证出／入库单

年　　月　　日　　　　　　　　　　　　　　　　第　　号

凭证种类	凭证号码		单位	面额	数量	金　额										
	起	止				亿	千	百	十	万	千	百	十	元	角	分

业务部门签章　　　　　　　　　　　　　　保管　　　　　　　　　　经办

图 1-2　模拟银行重要单证出/入库单

(二) 凭证出库。凭证管理员审核营业网点柜员填制的重要单证出／入库单后，登记重要空白凭证登记簿，办理凭证出库。完成凭证出库。

(三) 柜员清点。营业网点柜员领用重要空白凭证时，需逐份清点凭证。每开启一捆(本)重要单证时，必须逐本(份)进行清点，不能只点大数，防止印刷重号、跳号、漏号。

(四) 凭证入库。营业网点柜员填制表外收入凭证(图 1-3)，出入库单作表外收入凭证的附件，并登记柜员重要空白凭证登记簿(图 1-4)。

模拟银行 表外科目收入传票

| | | | | | 总字第　　　号 |
| | | | | | 字第　　　号 |

表外科目(收入)_____　　　　　　年　　　月　　　日

户 名 或 账 号	摘　　　要	金　　　额										附 件 张
		亿	千	百	十	万	千	百	十	元	角	分	
合　　　　　计												

会计　　　　　　保管　　　　　　复核　　　　　　记账

图1-3　模拟银行表外科目收入传票

模拟银行 重要空白凭证、有价单证登记簿

种类　　　　　　表外账号　　　　　　年　　　　　　第　　号

年		摘　要	单位名称或账号	号 码 区 间		数量或金额		结存	经办人	复核员
月	日			起	止	收	付			

图1-4　模拟银行重要空白凭证、有价单证登记簿

知识拓展：

重要单证管理

(1) 各种重要单证必须由专人负责保管，建立严密的进出库和领用制度，坚持章证分管的原则。

(2) 各种重要单证应纳入表外核算，有价单证以面额入户，重要空白凭证以一份一元的假定价格入账。各柜员严格按规定领取和使用有价单证与重要空白凭证。

(3) 重要单证保管人员变动时，应按会计人员变动的有关规定办理交接手续，经监交人员、接交人员核对，达到账簿、账表、账证(实)三项相符后，方可办理交接手续离岗。

三、项目活动实践

(一) 资料。模拟银行华夏支行2010年2月8日发生下列业务。

(1) 柜员刘平向重要空白凭证保管人王林领入下列凭证：

　　1 本现金支票(3320950～3321000)；

1 本转账支票(4562900~4562950);

2 本银行汇票(91200300~91200400)。

(2) 柜员张元元向重要空白凭证保管人王林领入下列凭证:

5 本储蓄存折(2516001~2516005);

8 份储蓄存单(6545300l~65453008)。

(二) 要求。以模拟银行华夏支行柜员的身份进行相应业务的处理。

项目活动二　重要单证出售训练

一、重要单证出售的业务操作流程

重要单证出售业务操作流程如图 1-5 所示。

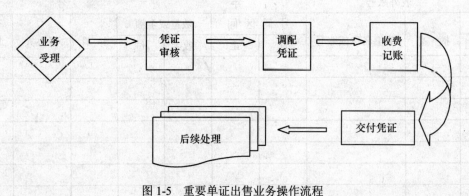

图 1-5　重要单证出售业务操作流程

二、操作步骤

(一) 业务受理。银行柜员受理客户提交的重要空白凭证请购单(客户需要购买重要单证时,应填写一式五联空白收费凭证请购单)如图 1-6 所示。

模拟银行　重要空白凭证请购单

年　　　月　　　日

购 买 单 位				账　号										
序号	凭 证 名 称	凭 证 号 码		工 本 费					手 续 费					
		起	止	百	十	元	角	分	百	十	元	角	分	
														现金□　　转账□
														预留银行印鉴
小　　　　计														
总　　计　(大　　写)														

事后监督　　　　　　主管　　　　　　　　　复核　　　　　　　　经办

图 1-6　模拟银行重要空白凭证请购单

（二）凭证审核。银行柜员核对请购单的签章与预留银行签章一致后，核查请购人的身份证件。

（三）调配凭证。柜员按照客户需要的凭证种类、数量，调配凭证，将凭证号码写在请购单上。

（四）收费、记账。柜员根据客户购买凭证的种类和数量，按照银行收费标准，向客户收取工本费、手续费等相关费用。

（五）交付凭证和后续处理。柜员在请购单第一联加盖业务清讫章，连同调配好的重要空白凭证，一并交给客户。请购单第二联、第三联、第四联、第五联作凭证收费业务的借、贷方凭证，填制表外科目付出凭证(图 1-7)，登记柜员重要空白凭证登记簿(图 1-4)。

模拟银行　表外科目付出传票

表外科目(付出)＿＿＿＿＿	年 月 日												总字第　　号 字第　　号

户 名 或 账 号	摘　　　　　要	金　　额										附件
		亿	千	百	十	万	千	百	十	元	角	分	
													张
合　　　　计													

会计　　　　　保管　　　　　　　　　　复核　　　　　记账

图 1-7　模拟银行表外科目付出传票

知识拓展

银行主要业务凭证收费标准如表 1-3 所列。

表 1-3　银行主要业务凭证收费标准

凭证名称	工本费(元/本)	手续费(元/笔)
现金支票	5.00	0.60
转账支票	5.00	1.00
银行汇票	0.28 元/份	1.00
电汇委托书	2.50	5,000 元以下，面额的 1%
		5,000 元(含)以上，50.00

三、项目活动实践

（一）资料。模拟银行华夏支行 2010 年 3 月 12 日发生下列业务。

(1) 柜员李宝鑫出售 1 本现金支票(3320950～3321000)，支票工本费 5 元、手续费 15 元，现金支付。

(2) 柜员黄建华出售 1 本转账支票(4562950～4563000)，支票工本费 5 元、手续费 25 元，转账支付。

（二）要求。请以模拟银行柜员的身份进行相应业务的处理。

项目活动三　　重要单证使用训练

一、重要单证使用的业务操作流程

重要单证使用业务操作流程如图1-8所示。

图1-8　重要单证使用业务操作流程

二、操作步骤

(一) 凭证签发。柜员根据业务需要签发重要空白凭证时，必须按顺序号(从小到大)使用，不得跳号。凭证签发时，柜员应根据银行各项业务的具体要求按照凭证与票据的填写要求正确填写凭证相关内容。

(二) 审核签章。填写的凭证审核无误后，加盖相关业务印章；对于填制错误、印刷有瑕疵的重要空白凭证，以及因其他原因导致不能再使用的重要空白凭证，应进行作废处理。进行作废处理时应将凭证剪角，并在其正面显著位置加盖"作废"戳记。

(三) 记账、销号。经办柜员填制表外科目付出凭证，销记重要空白凭证登记簿。

(四) 后续处理。柜员将相关记账凭证按要求整理后作当日传票装订保管，作废凭证须附当日传票后作附件。

知识拓展

(一) 重要单证的使用。

(1) 每开启一箱(包)重要单证时，必须逐捆(本)清点，每开启一捆(本)重要单证时，必须逐本(份)进行清点，不能只点大数，防止印刷重号、跳号、漏号。

(2) 每班使用重要单证时，必须顺号使用，不得跳号使用。

(3) 重要单证在未使用前，不得事先加盖业务公章和个人名章。

(4) 任何部门和个人不得以任何名义将重要单证挪作他用。

(5) 如果发现重要空白凭证遗失或发现印刷重号、跳号、漏号时，应当及时向负责人报告，支行应当及时向分行作出书面报告，不得拖延及隐瞒；如果发现是属于印刷差错的，应当整捆(本)退回分行。

(6) 每班交接时，必须在"交接登记簿"上登记凭证名称、数量和起止号码。核对数量、号码时，要按照印刷号码逐本(份)进行点数，不得只核对前后号码或只数数量。

(7) 每日营业终了，各柜员及重要单证保管人员必须核点各类重要单证的库存数量、号码，并与重要单证登记簿及报表核对。重要单证登记簿数字必须与实物、报表数字核对一致，做到账实、账表相符。

(8) 对遗失重要单证的当事人，应视情节轻重进行处罚；若遗失的重要单证给银行造成经济损失，应追究当事人的经济责任。

(二) 凭证填写的基本规范。

会计凭证是记账的依据，凭证的质量直接影响会计核算的质量。编制会计凭证的总体要求是：必须做到有根有据、要素齐全、符合规定、数字正确、字迹清楚、书写规范、不得涂改。

(1) 填制凭证应用蓝黑墨水钢笔书写，套写凭证可用圆珠笔、双面复写纸书写，签发支票应使用碳素墨水或墨汁填写。

(2) 套写凭证不准分张单写。

(3) 阿拉伯数字的书写不能连笔，凡阿拉伯数字前冠有"￥"符号的，数字后面不再写"元"字，所有以元为单位的阿拉伯数字，一律写到角分，无角分的，应以"0"补足。

(4) 凡有特定格式凭证的经济业务，应使用专用的特定凭证，联数缺一不可，不能随便以其他格式的凭证代用。

(5) 凡是规定由客户填写的凭证，银行工作人员一律不准代填。

三、项目活动实践

(一) 资料。模拟银行华夏支行 2010 年 3 月 15 日发生下列业务。

(1) 柜员夏贺签发 3 本储蓄存折(2516001～2516003)、2 份储蓄存单(65453001～65453002)、5 份银行汇票(91200376～91200380)。

(2) 柜员周莉在签发储蓄存单时将客户姓名填错，发现后将该存单(65453003)作废处理，重新签发了一份新存单(65453004)。

(二) 要求以模拟银行柜员的身份进行相应业务的处理。

项目活动四　重要单证上缴训练

一、重要单证上缴的业务操作流程

重要单证上缴业务操作流程如图 1-9 所示。

图 1-9　重要单证上缴业务操作流程

二、操作步骤

(一) 上缴申请。柜员因业务需要不再使用重要空白凭证时，应及时上缴给本行凭证管理员。使用"柜员上缴凭证"交易，选择凭证种类，输入起止号码及凭证份数，在"对方柜员号"中输入凭证管理员的柜员号。

(二) 记账出库。柜员填制表外科目付出凭证(图 1-7)，记账完毕后，登记柜员重要空白凭证登记簿(图 1-4)。同时，柜员填制重要单证出／入库单(图 1-1)，连同需上缴的凭证一并交凭证管理员签收。

(三) 清点收妥。凭证管理员办理凭证入库时，主管或其指定其他人员应会同凭证管理员办理实物清点、入库工作，并在重要空白凭证领用／上缴单上共同签章。

(四) 登记入库。凭证管理员登记重要空白凭证登记簿，使用"凭证入库"交易将重要空白凭证记入总库。重要单证出／入库单经凭证管理员签收后，作表外科目付出凭证的附件。

知识拓展

重要单证的销毁

除银行汇票、银行承兑汇票、商业承兑汇票由一级分行组织销毁外，其他重要空白凭证由二级分行统一进行销毁。销毁时，应由组织销毁部门填制一式两联重要单证(卡)销毁清单，报主管行长批准，由会计主管人员或结算专管员会同审计部门、保卫部门核实并监督销毁。各种重要空白凭证在销毁前，除原封未开的重要空白凭证可采取抽点法外，其余应当全部复点。如发现账实不符，应立即追查，在未查对落实前，一般不得销毁，情节严重的应将有关情况和处理意见及时向上级行报告。销毁完毕，必须由监销人员在重要单证(卡)销毁清单上注明销毁日期，并在监销人签章处签章。将一份重要单证(卡)销毁清单报分行备案，另一份销毁清单和作废重要凭证(卡)登记簿按年装订，随会计档案一同保管。

三、项目活动实践

(一) 资料。模拟银行华夏支行网点 2010 年 4 月 5 发生下列业务。

(1) 柜员李影上缴 3 本储蓄存折(2516004、2516005、2516006)。

(2) 柜员上缴 10 份银行汇票(91200381～91200390)。

(二) 要求。以模拟银行柜员的身份进行相应业务的处理。

2008 年 5 月 4 日，柜员周虹领用本票专用章。

项目活动五　业务专用印章领用训练

一、业务专用印章领用的操作流程

业务专用印章领用业务的操作流程如图 1-10 所示。

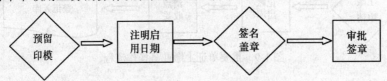

图 1-10　业务专用印章领用业务的操作流程

二、操作步骤

(一) 预留印模。业务印章启用时必须由相关经办人员在印章保管使用登记簿上预留印模。

(二) 注明启用日期。印章启用时须在印章保管使用登记簿上填写启用时间。

(三) 签名盖章。印章的领用保管人要在印章保管使用登记簿上签名盖章。

(四) 审批签章。经办双方签章后，并经会计主管审批签章，方可领取使用印章。

知识拓展

(一) 业务印章的使用管理。

(1) 各种业务专用印章不仅要有专人保管，而且不得散乱放置，要把印章存放在带锁的铁皮盒里。

(2) 营业时打开铁皮盒，如临时离岗，要上锁，做到"人在章在，人走章锁，严禁托人代管"。

(3) 营业终了，各柜台的柜员必须对所使用的印章进行认真清点，核对相符后，入箱上锁，随同现金入库保管。印章保管人员遇公差或因事请假，应办理交接手续及登记，会计主管负责监交。

(4) 严格各种专用印章的使用范围，个人之间不得私自授受专用印章。因个人之间授受专用印章出了问题，原保管人员要承担连带责任。

(5) 印章的加盖应清晰到位，严禁在重要单证上预盖印章。

(6) 各种印章、名章要爱护使用，应经常保持印章清洁、字迹清晰。

(二) 几种主要印章的使用范围。

(1) 现金收讫章。适用于已收款的现金收款凭证及回单。

(2) 现金付讫章。适用于已付款的现金付款凭证及回单。

(3) 转讫章。适用于已进行账务处理的转账凭证及回单。

(4) 结算专用章。适用于发出的结算凭证。

(5) 汇票专用章。适用于银行汇票的签发、银行承兑汇票的承兑。

(6) 票据受理章。适用于受理客户提交而尚未进行账务处理的各种凭证的回执。

(7) 票据交换专用章。适用于提出同城票据交换的各类凭证。

(8) 业务公章。适用于对外签发的重要单证和协议等。

(9) 储蓄专用章。适用于对外签发的储蓄存单(折)和代理业务委托等特定业务申请书。

三、项目活动实践

(一) 资料。模拟银行华夏支行 2010 年 4 月 5 日发生下列业务。

(1) 柜员刘影领用现汇票专用章、转讫章各一枚。

(2) 柜员李平领用票据交换专用章一枚。

(二) 要求。以模拟银行柜员的身份进行相应业务的处理。

项目活动六　重要机具的保管使用

银行的重要机具主要包括密押器、压数机、磁码机等。银行柜台业务常用的机具，应按规定转让负责，妥善保管和使用。

一、密押器的保管

(一) 密押器的保管使用实行个人负责制，经办人员调动工作时，由会计主管指定接办人员，办理交接手续。交接时，由会计主管监交，交接人员和会计主管应在交接登记簿上签章。在办理交接时，离岗人员应更改自己的开机口令，接收人员应设置自己的口令。临时交接时，经办人应将密押器交给会计主管保管使用。

(二) 密押经办人员不得兼管与密押配套使用的印章、重要空白凭证。密押员的口令应不定期更换，不得将本人生日、住宅或单位门牌号码、常用电话号码等常用数码作为启用口令，以防失密。

(三) 密押器不得让非经办人员练习和操作，不得在讲课中讲解使用方法；如发生丢失、被盗，要立即采取有效措施查找并立即上报。查明情况后，视情节轻重追究经办人员和有关领导的责任。

二、压数机、磁码机的保管

压数机、磁码机须指定专人使用保管，无关人员不得随意动用机器。营业期间，保管使用人应做到"人在机开，人走机锁"，营业结束后应上锁寄库保管。使用人员必须爱护机器，轻拿轻放，使用过程中要认真检查，如发生故障，应联络机器保修单位，不得自行拆开机器。

知识拓展

(一) 印鉴的使用和保管。印鉴是客户预留在银行的业务专用章印模，开户银行应当妥善保管。通常，印鉴应放入专用的印鉴簿内，专人负责保管，不得散失。保管人员离开或营业终了，要入箱保管。换人使用时，应做好交接登记。正、副本印鉴卡应定期核对，并做好记录，发现问题要及时整改。

(1) 采用手工验印的，验印人员采用折角或折叠验印方法验印后必须签章表示核对无误，如果是大额支付，必须实行复验印。

(2) 采用计算机验印的，应专人专机录入，严格操作人员的密码管理，非操作人员不得进入验印系统，操作人员离开验印机具时，应及时退出验印系统。

(二) 支票磁码。支票磁码是清分机的唯一识别码，银行在支票出售之前，必须对其进行打码，即在支票下方打印支票磁码。磁码打印采用 E13BMICR 标准字模。一般情况下，磁码分五个域，从左至右分为支票号、交换行号、支票账号、交易码(或用途代码)和金额。出售支票时打印前三个域。提出票据交换的银行业务柜台在收到票据准备提出票据之前，要对提出的票据进行打码处理：对支票补打交易码和金额。

(三) 压数机的使用。银行签发银行汇票和银行承兑汇票时，由经办人员用总行统一制作的压数机在"汇票金额"栏小写金额下端压印汇票金额。

三、想一想

每日中午休息、交接班、下午营业终了时，印、押、证应如何保管?

项目活动七　柜员交接训练

一、柜员交接的操作流程

柜员交接的操作流程如图 1-11 所示。

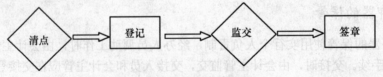

图 1-11　柜员交接的操作流程

二、操作步骤

(1) 清点。柜员办理交接时，双方应对有关账、款、实物等进行认真核对，逐份清点，仔细确认交接物品的名称、数量、号码等。

(2) 登记。交接双方登记柜员交接登记簿(图 1-12),在柜员交接登记簿上详细列明交接的凭证、账簿、印章、重要机具以及应交接的其他物件。

(3) 监督交接。主办会计负责监督交接，主要是监督交接双方按规定程序办理交接。

(4) 签章。交接双方及监交人应在柜员交接登记簿及有关书面资料上签章证明。

模拟银行　支行

柜员交接登记簿　　　　　　　　第　　页

移交人		接交人			监交人		交接时间		
一、重要空白凭证	起止号码	份数	二、印、押、机		三、有价单证	份数	金　额	四、库房钥匙	
1. 储蓄存单			1. 全国汇票专用章					正钥匙	
2. 一般储蓄存折			2. 省辖汇票专用章					副钥匙	
3. 单位定期存款实证书			3. 结算专用章					ATM 钥匙	
4. 现金支票			4. 本票专用章						
5. 转账支票			5. 票据交换专用章						
6. 银行汇票			6. 全国联行编押机						
7. 个人借记卡			7. 压数机						
8. 国库券收款凭证			8. 实时汇兑核押机				五、现金:		
9. 汇票申请书			9. 储蓄专用章						
10. 单位定期存单			10. 业务公章						
11. 信汇凭证			11. 转讫章						
12. 电汇凭证			12. 现金收讫章				六、合计档案:		
13. 结算存折			13. 现金付讫章						
14. 单位借记卡			14. 全国联行印模卡						
15. 商业承兑汇票			15. 省辖印模卡						
16. 银行承兑汇票							七、其他说明:		

图 1-12　柜员交接登记簿

三、项目活动实践

(一) 资料。模拟银行华夏支行柜员刘影因公差短期离岗，与柜员李平办理交接班手续。交接内容如下。

(1) 现金：23,800 元。

(2) 1 本转账支票(4562950～4563000)。

(3) 2 本储蓄存折(2518001～2518002)。

(4) 5 份储蓄存单(65453005～65453009)。

(5) 10 份银行汇票(91200388～91200397)。

(6) 印章：转讫章、票据受理章、储蓄专用章、现金付讫章、现金收讫章。

(二) 要求。以模拟银行柜员的身份进行相应业务的处理。

项目二　商业银行会计基本核算方法

学 习 指 南

【学习目标】

1. 了解商业银行会计科目的分类。
2. 熟悉商业银行会计凭证的特点。
3. 掌握商业银行的记账方法。
4. 了解商业银行的账务组织及账务处理方法。

【学习重点】

1. 会计科目的分类。
2. 会计凭证的种类及运用。
3. 借贷记账法和收付记账法。
4. 商业银行会计的账务组织及处理。

【学习难点】

1. 会计科目的分类与使用。
2. 借贷记账法的运用。

【工作任务】

1. 划分会计科目。
2. 记账方法的运用。
3. 会计凭证的处理。
4. 账务记载。

工作任务一　划分会计科目

【基础知识】

一、会计科目

商业银行会计科目是对商业银行资产、负债、所有者权益和损益进行分类汇总反映的类别名称，是设置账户、分类记载会计事项的工具，也是确定报表项目的基础。

二、设置会计科目的基本原则

为了充分发挥会计科目的作用，提高会计核算质量和效率，必须科学、合理地设置会计科目。会计科目的设置要考虑下列基本原则。

(一) 准确反映不同性质资金的增减变化情况。

(二) 根据业务需要反映专业特点。

(三) 适应银行经营管理和经济核算的需要。

(四) 符合会计核算方法的技术要求。

(五) 必须统一核算口径。

(六) 体现权责发生制原则、资本保全原则和谨慎性原则。

知识拓展

银行在其经营活动过程中，每天都要发生成千上万、各种各样的经济业务。而经济业务的发生又必然会引起各项资产、负债、所有者权益的增减变化。为了对各项经济业务的发生情况和由此引起的各项资金增减变化的结果，分门别类地进行核算和监督，就必须设置一定的会计科目。会计科目在会计核算中起着重要的作用。

(1) 会计科目是连接核算方法的纽带。会计科目是涉及会计核算各个环节的基础工具，从填制记账凭证、设置和登记账簿到编制会计报表，都离不开会计科目。即通过会计科目的纽带作用，把各种核算方法连接起来，形成一个有机的整体，保证核算工作有序进行。

(2) 会计科目是进行系统核算的前提。在日常会计核算中，通过将各种各样的经济业务分别登记到不同的会计科目中去，可使核算资料条理化、系统化，以便为各有关方面提供各种有用的会计信息。

(3) 会计科目是统一核算口径的基础。每个会计科目都有一定的内涵和名称，各银行根据统一的会计科目进行核算，可保证会计核算指标在全国范围内口径一致，便于会计资料的审核汇总和分析利用。

三、科目的划分

(一) 按资金性质划分会计科目。掌握银行会计科目按资金性质进行划分及分类的结果，能够对会计科目按不同的资金性质进行分类。

目前，我国银行的会计科目，按资金性质可分为资产类、负债类、所有者权益类和损益类。各银行系统根据自身业务特点和核算需要，基本上都增设了资产负债共同类科目，同时还增设一些系统内使用的科目。

(1) 资产类科目。该类科目用于核算过去的交易、事项形成并由银行所拥有或者控制的，并预期能给银行带来经济利益的资源。它包括现金、存放他行款项、各种贷款、各种应收款、投资、固定资产、无形资产及其他资产等。其科目余额一般反映在借方。

(2) 负债类科目。该类科目用于核算过去的交易、事项形成的银行所承担的，预期履行时会导致银行经济利益流出的义务。它包括各种存款、借入款项、各种应付款、发行债券及应解(汇出)汇款等。其科目余额一般反映在贷方。

(3) 所有者权益类科目。该类科目用于核算所有者在银行资产中享有的经济利益。它主要有实收资本、资本公积、盈余公积、本年利润和利润分配等。其科目余额一般反映在贷方。

(4) 损益类科目。该类科目用于核算银行各项收入、各项支出、营业费用、税金、汇兑损益等。反映收入的科目，其余额反映在贷方；反映支出的科目，其余额反映在借方。

(5) 资产负债共同类科目。该类科目是指那些资金性质不确定、可依一定条件变化的科目。如清算资金往来、待清算辖内往来、系统内上存(借用)资金、外汇买卖等。其科目余额在借方时表示银行的资产，余额在贷方时表示银行的负债。

(二) 按与资产负债表的关系划分会计科目。银行会计科目按与资产负债表的关系，可以分为表内科目和表外科目两类。

(1) 表内科目是用来核算和监督银行资金实际增减变化情况并反映在资产负债表和利润表中的科目。

(2) 表外科目是用以核算业务确已发生而尚未涉及银行资金实际增减变化，需要记载、控制实物库存数量变化和反映或有资产负债等备忘登记的事项。

表外科目虽然不涉及银行资金增减变动，但对于银行来说是非常重要的核算内容。各商业银行根据各自的业务特点和核算及管理的需要来设置表外科目并规定其适用规则。一般而言，商业银行主要设置的表外科目包括有价单证、重要空白凭证、未发行债券、已兑付债券、代保管有价值品、银行承兑汇票、发出托收结算凭证、定期代收结算凭证、发出委托收款结算凭证、代收委托收款结算凭证、开出信用证等。

知识拓展

资产负债表是总括反映商业银行某一特定日期资产、负债和所有者权益及其构成情况的会计报表。其作用在于向有关利益关系单位、部门提供编报行各项资产、负债和所有者权益的增减变动信息，据以检查分析编报行的资产、负债和所有者权益的结构是否合理，并为分析编报行的偿债能力、预测未来财务状况提供数据。

正确使用会计科目，是保证会计核算质量的关键。《会计科目使用说明》对每一个会计科目的核算内容都作了限定，因此，会计科目要按照《会计科目使用说明》使用，以保证正确提供核算信息。对发生的各项经济业务，首先要根据业务发生所涉及的资金性质和业务类别，以及科目使用的规定来确定所涉及的会计科目，然后再进行账务处理。银行业主要会计科目如表 2-1 所列。

表 2-1 银行业会计科目表

代号	科目名称	代号	科目名称
	一、资产类	1203	短期贷款
1001	现金	1204	中长期贷款
1002	银行存款	1205	抵押贷款
1003	贵金属	1206	贴现
1101	存放中央银行款项	1207	逾期贷款
1102	存放同业款项	1209	贷款损失准备
1103	缴存中央银行财政性存款	1301	进出口押汇
1201	拆放同业	1302	应收利息
1202	拆放金融性公司	1308	资产减值准备

代号	科目名称	代号	科目名称
1309	其他应收款	2701	长期借款
1401	短期投资	2702	发行债券
1402	长期投资	2703	长期应付款
1501	固定资产	2705	住房周转金
1502	累计折旧	2801	外汇买卖
1503	固定资产清理		三、共同类
1504	在建工程	3001	清算资金往来
1601	无形资产		四、所有者权益类
1603	待处理财产损溢	4001	实收资本
	二、负债类	4002	资本公积
2001	活期存款	4101	盈余公积
2005	定期存款	4102	本年利润
2101	活期储蓄存款	4103	利润分配
2105	定期储蓄存款		五、损益类
2201	财政性存款	5001	利息收入
2301	向中央银行借款	5002	金融企业往来收入
2302	同业存放款项	5101	手续费收入
2303	联行存放款项	5102	其他营业收入
2401	同业拆入	5103	汇兑收益
2402	金融性公司拆入	5104	投资收益
2403	应解汇款	5105	营业外收入
2404	汇出汇款	5201	利息支出
2501	保证金	5202	金融企业往来支出
2502	本票	5301	手续费支出
2601	应付利息	5302	营业费用
2602	其他应付款	5303	营业税金及附加
2211	应付工资	5304	其他营业支出
2604	应付福利费	5305	汇兑损失
2605	应交税金	5306	营业外支出
2606	应付利润	5500	所得税
2607	预提费用	5600	以前年度损益调整

知识拓展

会计科目体系由一级科目、二级科目和三级科目组成。为了适应会计电算化核算的需要和操作的方便，一般每一会计科目都会按一定的规则编制一个特定的代号。一般一级科目代码由 3 位~4 位数字组成，二级科目代码由 5 位~6 位数字组成，三级科目代码可以根据各行业务发展与管理的需要以及某些特殊的管理需求设置，位数由各商业银行视不同情况而定。

就目前来看，各商业银行会计科目(包括一级科目、二级科目)的设立、编号、使用说明以及停用、撤销均由总行会计部统一负责。各分行、直属支行均不得自行设立会计科目，确实需要增设会计科目的，应报总行会计部批准，由总行统一增设。各行都应严格按照总行会计科目使用范围、要求正确使用会计科目，监控辖属科目使用情况。如遇会计科目变更，在年度中间通过会计分录结转，年度终了通过新旧科目结转表方式结转。

在会计核算的过程中，根据会计科目设置账户。科目是进行综合核算的基础，账户是进行明细核算的基础。商业银行根据业务类型又将账户分为存款账户、贷款账户、内部账户、表外账户等几大类，每个账户都有自己的账号及对应的科目号，其中账号由 15 位~22 位数字构成，账号组成内容一般为地区号、机构号、币种码、业务种类科目号、顺序号、计算机校验位号。随着会计核算电算化程度的日益提高，会计科目的综合核算作用已经开始淡化，会计科目实际上逐渐成为一个统计项目。另外，为了避免因银行内部科目调整而影响到客户账号的使用，目前，商业银行在设定对外的存贷款账号时，账号的编码中一般不含对应的会计科目代码。

【实践活动】

一、将下列会计科目按资金的性质进行分类

现金、活期存款、汇出汇款、本票、存放中央银行款项、外汇买卖、固定资产、本年利润、短期贷款、利息收入、利息支出、资本公积、汇兑损益、向中央银行借款。

二、判断下列会计科目哪些是表内科目，哪些是表外科目

银行承兑汇票、重要空白凭证、现金、活期存款、代保管有价值品、未发行债券、汇出汇款、本票、存放中央银行款项、外汇买卖、固定资产、本年利润、短期贷款、利息收入、利息支出、资本公积、营业费用。

【课后思考】

1. 银行会计科目按资金的性质可分为几类？各有哪些组成？
2. 表内科目和表外科目区分的本质是什么？

工作任务二　记账方法运用

【基础知识】

一、记账方法

记账方法是指根据一定的记账原理，按照一定的记账规则，运用一定的记账符号，把经济业务进行分类整理并记入账簿的一种专门方法。

二、记账方法的分类

记账方法按记录方式的不同，可分为单式记账法和复式记账法。

(一) 单式记账法。单式记账法是对每一项经济业务只在一个账户中登记的一种记账方法。它不能系统、全面地反映经济业务的来龙去脉，不便于检查账簿记录的正确性。这种记账方法，只适用于记录简单的经济业务。在银行实践中采用的单式记账法是收付记账法。

(二) 复式记账法。复式记账法是对每项经济业务以相等的金额，在两个或两个以上相互关联的账户中进行登记的一种记账方法。它能够全面、完整地反映经济业务的全貌，便于检查账户记录的正确性，因而，它是一种科学的记账方法。复式记账法按采用的记账符号和记账规则的不同可以分为借贷记账法、收付记账法和增减记账法。实践证明，增减记账法和收付记账法有其缺陷，因而，最科学的是借贷记账法。我国企业会计准则明确规定："企业应当采用借贷记账法记账。"

注意：银行对表内科目采用复式的借贷记账法，对表外科目采用单式的收付记账法。

【项目活动】

项目活动一　复式借贷记账法的运用

一、借贷记账法的基本内容

借贷记账法是根据复式记账原理和资产总额等于负债加所有者权益总额的基本会计等式原理，以"借"、"贷"为记账符号，以"有借必有贷、借贷必相等"为记账规则，对企业资产、负债、所有者权益等的增减变化过程及其结果进行记载的一种复式记账方法。其主要内容包括平衡原理、记账符号、记账规则和平衡账务。

(一) 平衡原理。借贷记账法的平衡原理为

$$资产=负债+所有者权益$$

(二) 记账符号。借贷记账法以"借"、"贷"为记账符号。账户的左方为"借方"，右方为"贷方"，"借"和"贷"在不同类型账户中的含义是不一样的。"借"表示资产和费用的增加，负债、所有者权益、收入和利润的减少；"贷"表示资产和费用的减少，负债、所有者权益、收入和利润的增加。

(三) 记账规则。借贷记账法以"有借必有贷、借贷必相等"为记账规则。即当经济业务发生时，都以相等的金额、借贷相反的方向，在两个或两个以上相互联系的账户中进行登记。也就是说，记入一个账户借方的同时，必须记入另一个或几个账户的贷方；或者在记入一个账户贷方的同时，必须记入另一个或几个账户的借方。记入借方的金额与记入贷方的金额必须相等。

(四)平衡账务。由于借贷记账法在处理每笔经济业务时，是根据复式记账原理，按资产总额等于负债加所有者权益总额的平衡原理，并贯彻了"有借必有贷、借贷必相等"的记账规则，因此，每天或一定时期内，各科目所属账户的借贷累计发生额及其余额都必须体现不同方向的数量平衡。其账务平衡的公式为

各科目借方发生额合计=各科目贷方发生额合计

各科目借方余额合计=各科目贷方余额合计

当日账务平衡可用试算平衡表来表示，如表 2-2 所列。

表 2-2 试算平衡表

科目代码	科目名称	上日余额		本日发生额		本日余额	
		借方	贷方	借方	贷方	借方	贷方
合计							

二、借贷记账法在银行的具体运用

(一) 借贷记账法的类型。银行在其经济活动和财务收支过程中，会发生各种各样的经济业务，但归纳起来不外乎为以下四种类型。

类型一：资产增加，负债或所有者权益增加。

类型二：资产减少，负债或所有者权益减少。

类型三：一项资产增加，另一项资产减少。

类型四：一项负债或所有者权益增加，另一项负债或所有者权益减少。

(二) 商业银行会计借贷记账法的常用账户类型结构。

(1) 资产类。

借方	贷方
期初余额　××××	
本期借方发生额　××××	本期贷方发生额　××××
本期借方发生额合计　××××	本期贷方发生额合计　××××
期末余额　　××××	

(2) 负债类。

借方	贷方
	期初余额　　××××
本期借方发生额　××××	本期贷方发生额　××××
本期借方发生额合计　××××	本期贷方发生额合计　××××
	期末余额　　××××

(3) 损益类。

借方	贷方
本期×支出发生额　××××	本期×收入发生额　××××
本期支出发生额合计　××××	本期收入发生额合计　××××
	净收入　　××××

三、项目活动案例

(一) 开户单位百货商场向模拟银行华夏支行交存营业现金收入 100,000 元。

该笔经济业务使银行现金(资产)增加了 100,000 元，同时也使活期存款(负债)相应地增加了 100,000 元。

会计分录为

借：现金　　　100,000

　　贷：活期存款——百货商场　　　100,000

(二) 开户单位服装厂用银行存款归还模拟银行华夏支行流动资金贷款 50,000 元。

该笔经济业务使该银行短期贷款(资产)减少了 50,000 元，同时也使活期存款(负债)相应地减少了 50,000 元。

会计分录为

借：活期存款——服装厂　　　50,000

　　贷：短期贷款——服装厂　　　50,000

(三) 模拟银行华夏支行从中央银行准备金存款户中提取现金 100,000 元。

该笔经济业务使该银行现金(资产)增加了 100,000 元，同时也使存放中央银行款项(资产)相应地减少了 100,000 元。

会计分录为

借：现金　　　100,000

　　贷：存放中央银行款项　　　100,000

(四) 模拟银行华夏支行的开户单位电视机厂从其基本存款账户中转出 100,000 元，办理为期一年的单位定期存款。

该笔经济业务使该银行定期存款(负债)增加了 100,000 元，同时也使活期存款(负债)相应地减少了 100,000 元。

会计分录为

借：活期存款——电视机厂　　　100,000

　　贷：定期存款——电视机厂　　　100,000

在假设各科目上日余额的基础上，根据以上四笔经济业务的会计分录编制试算平衡表，如表 2-3 所列。

表 2-3　试算平衡表　　　　　　　　　单位：元

科目代码	科目名称	上日余额		本日发生额		本日余额	
		借方	贷方	借方	贷方	借方	贷方
1001	现金	100,000		200,000		300,000	
1101	存放中央银行款项	500,000			100,000	400,000	
1203	短期贷款	150,000		50,000	100,000	100,000	
2001	活期存款		600,000	150,000	100,000		550,000
2005	定期存款		150,000		100,000		250,000
合计		750,000	750,000	400,000	400,000	800,000	800,000

四、项目活动实践

模拟银行华夏支行今日发生下列业务。

(一) 本行开户单位华夏百货公司申请三个月的短期贷款 1,000,000 元，受理并转入其账户。

(二) 本行从中央银行备用金账户提取现金 300,000 元。

(三) 本行开户单位长城铸造厂签发现金支票 1,000 元，支付差旅费。

(四) 本行开户单位化工厂开出转账支票 20,000 元支付华夏百货公司货款。

本行上日余额如表 2-4 所列。

表 2-4　模拟银行华夏支行各科目昨日余额表

科目名称	余额	科目名称	余额
现金	200,000	活期存款	5,058,000
短期贷款	6,058,000	利息收入	200,000
存放中央银行款项	1,520,000	向中央银行借款	2,520,000

要求：根据以上业务编制相关会计分录，并编制试算平衡表。

项目活动二　收付记账法运用

一、收付记账法的基本内容

商业银行各项业务发生后所涉及的表外科目采用单式收付记账法进行账务处理。表外单式记账法是指对发生的每一笔经济业务一般只在一个账户内登记，账户之间没有直接的关系，账户记录没有相互平衡的概念。一般记载不涉及银行资金运动的或有事项和其他重要业务事项的表外科目时采用单式收付记账法。

(一) 单式收付记账法，以收入、付出作为记账符号。

(二) 业务发生时记收入，业务销减时记付出，余额反映在收入方，表示已经发生但尚未完成的业务事项。各科目只单方面反映自身的增减变动，不涉及其他科目，也不存在平衡关系。

知识拓展

在银行会计工作中，对表外科目所涉及的会计事项，如重要空白凭证、银行承兑汇票、待清算凭证等采用单式的收付记账法。表外科目的记账金额，一般是按经济业务发生额或凭证的票面额记载，有些控制实物数量的表外科目则按假定价格记载，例如，重要空白凭证通常按 1 元每份来表示。

二、项目活动案例

(一) 模拟银行华夏支行收到重要空白凭证现金支票 50 本，每本 25 元，并入库保管，用单式收付记账法记账如下：

收入：重要空白凭证——现金支票　　1,250

(二) 模拟银行华夏支行为开户单位承兑面额为 10,000,000 元的商业汇票，用单式收付记账法记账如下：

收入：银行承兑汇票　　10,000,000

（三）开户单位来银行购买空白转账支票一本 25 元，用单式收付记账法记账如下：

付出：空白重要凭证——转账支票　　25

三、项目活动实践

模拟银行华夏支行发生下列表外业务：

（一）收到重要空白凭证现金支票 200 本，转账支票 100 本，每本 25 元，入库。

（二）为开户单位承兑未到期的银行承兑汇票 1,000,000 元。

（三）开户单位华夏百货公司购买空白现金支票 2 本。

（四）收到开户单位抵押物房产一套，评估价 120 万元。

要求：根据以上业务编制相关会计分录。

【课后思考】

1．表外科目是如何进行记账的？

2．单式记账法与复式记账法有何区别？

工作任务三　会计凭证处理

【基础知识】

一、会计凭证

会计凭证是记录各项经济业务活动和财务活动的原始记录，是明确经济责任的书面证明，是办理资金收付和登记会计账簿的依据。由于银行会计凭证要在银行内部有关部门间传递，因此，银行会计凭证在习惯上又称为"传票"。

银行每项经济业务从发生到完成，其业务处理手续都必须以会计凭证为依据，没有合法、完整的凭证就不能处理业务、记载账务和向计算机输入数据。会计凭证在银行会计工作中起着重要的作用。

二、会计凭证的分类

（一）银行的会计记账凭证按其形式可分为单式凭证和复式凭证。

单式凭证是指一笔业务的借方和贷方科目，分别填列在两张或两张以上的凭证上，即一张凭证只填列一个科目，作为该科目的记账依据。该种凭证便于分工记账和凭证传递，但不能反映经济业务的全貌，不利于事后查考和检查业务的对应关系。

复式凭证是指一笔业务的借方和贷方科目都填列在一张凭证上，同时作为借贷双方科目的记账依据。这种凭证便于事后查考某项业务的全貌和易于保持账务记载平衡，但不便于传递、分工记账。

目前，银行除现金业务外，一般采用单式凭证；而使用计算机记账的，则采用复式凭证。

（二）银行会计凭证按其使用范围，可以分为基本凭证和特定凭证。

基本凭证是银行会计人员根据原始凭证或业务事项有关信息填制或生成的凭以记账的凭证。基本凭证共四类可分为八种。

（1）现金收入传票和现金付出传票（格式如图 2-1 和图 2-2 所示）。

贷：_____ 借：现金_____				总字第　　号 字第　　号										附件
		年　　月　　日												

户名或账号	摘　要	金　额											附件
		亿	千	百	十	万	千	百	十	元	角	分	
													张
合　　计													

会计　　　　出纳　　　　复核　　　　记账

图 2-1　模拟银行现金收入传传票（一）

贷：现　金_____ 借：_____				总字第　　号 字第　　号										附件
		年　　月　　日												

户名或账号	摘　要	金　额											附件
		亿	千	百	十	万	千	百	十	元	角	分	
													张
合　　计													

会计　　　　出纳　　　　复核　　　　记账

图 2-2　模拟银行现金付出传票

(2) 转账借方传票和转账贷方传票(格式如图 2-3 和图 2-4 所示)。

模拟银行　转账借方传票

科目（借）			总字第　　号 字第　　号								对方科目（贷）		
		年　　月　　日											

户名或账号	摘　要	金　额											附件
		亿	千	百	十	万	千	百	十	元	角	分	
													张
合　　计													

会计　　　　复核　　　　记账

图 2-3　模拟银行转账借方传票

模拟银行　转账贷方传票

				总字第　　　号
				字第　　　号

科目（贷）			对方科目（借）

年　　月　　日

户 名 或 账 号	摘　　要	金　　额											附件
		亿	千	百	十	万	千	百	十	元	角	分	
													张
合　　　计													

会计　　　　　　　　复核　　　　　　　　记账

图 2-4　模拟银行转账贷方传票

(3) 特种转账借方传票和特种转账贷方传票(格式如图 2-5 和图 2-6 所示)。

模拟银行　特种转账借方传票

			总字第　　　号
			字第　　　号

年　　　　月　　　　日

付款人	全　称		收款人	全　称		附件
	账号或地址			账号或地址		
	开户银行	行号		开户银行	行号	张

金　额	人民币(大写)	亿	千	百	十	万	千	百	十	元	角	分

原凭证金额		赔偿金		科目(借) _____
原凭证名称		号　码		对方科目(贷) _____
转账原因	银行盖章			会计　　复核　　记账

图 2-5　模拟银行特种转账借方传票（一）

33

模拟银行　特种转账贷方传票

<table>
<tr><td colspan="7"></td><td colspan="2">总字第　　号</td></tr>
<tr><td colspan="7">年　　月　　日</td><td colspan="2">字第　　号</td></tr>
</table>

付款人	全　称		收款人	全　称													附件
	账号或地址			账号或地址													
	开户银行		行号		开户银行					行号							
金　额	人民币(大写)					亿	千	百	十	万	千	百	十	元	角	分	张
原凭证金额		赔偿金			科目(贷)　＿＿＿＿＿												
原凭证名称		号　码			对方科目(借)　＿＿＿＿＿												
转账原因	银行盖章				会计　　　复核　　　记账												

图 2-6　模拟银行特种转账贷方传票

(4) 表外科目收入传票和表外科目付出传票(格式如图 2-7 和图 2-8 所示)。

模拟银行　表外科目收入传票

表外科目(收入)　＿＿＿＿＿　　　年　　月　　日

户名或账号	摘　要	金　额										附件
		亿	千	百	十	万	千	百	十	元	角	分
												张
合　计												

会计　　　保管　　　复核　　　记账

图 2-7　模拟银行表外科目收入传票

模拟银行　表外科目付出传票

表外科目(付出)　＿＿＿＿＿　　　年　　月　　日

户名或账号	摘　要	金　额										附件
		亿	千	百	十	万	千	百	十	元	角	分
												张
合　计												

会计　　　保管　　　复核　　　记账

图 2-8　模拟银行表外科目付出传票

34

知识拓展

转账传票主要用于银行内部资金收付的账务处理；特种转账传票主要用于涉及外单位的资金收付而且又是银行主动代为收款或扣款时的账务处理，使用特种转账传票应经过会计主管审核。采用计算机记账后，有的银行不再使用以上固定大小、格式、颜色的八种凭证，而采用现金和转账两种机制凭证。

特定凭证是银行根据某项业务的特殊需要而制定的专用凭证。特定凭证一般由银行印制，单位领用和填写，并交银行凭以办理业务，银行则直接用以代替传票并凭以记账，如支票、进账单等；也有由银行自行填制并凭以办理业务及记账的，如银行汇票、联行报单等。特定凭证一般一式数联套写，其格式和使用方法将在后面项目中介绍。

三、会计凭证的基本要素

会计凭证是记载经济业务的原始记录和记载账务的依据。因此，每张凭证都必须填记一定的事项，这些事项称为要素。银行会计凭证种类繁多，具体的格式和内容也不一样，但都必须具有以下一些基本要素。

(一) 凭证的名称及编制的日期(以特定凭证作为记账凭证时，还须注明记账日期)。

(二) 收付款人的户名、账号和开户银行。

(三) 货币符号和大小写金额。

(四) 业务摘要及附件张数。

(五) 凭证编号。

(六) 客户确认标志及银行印鉴。

以上内容是各种银行会计凭证一般应具备的基本要素。各种凭证无论是银行编制的记账凭证，还是由单位提交的专用凭证，都应按照规定的内容填写齐全，字迹要清楚，数字要正确，不得有任何涂改和污损。

【项目活动】

项目活动一　会计凭证的填制

一、会计凭证的填制方法

编制会计凭证是进行会计核算的起点。凭证编制正确与否，直接影响会计核算的质量。因此，会计凭证的编制要求做到：要素齐全、内容真实、数字准确、字迹清晰、填写规范。

(一) 单联式凭证用蓝黑墨水钢笔书写；多联式凭证用蓝黑圆珠笔、双面复写纸套写；票据的收款人、出票日期和金额不得更改，填写错误应作废重填；其他凭证的大小写金额填写错误应作废重填，文字填写错误可以画线注销，将正确的内容填在错误内容的上方；大写金额书写应规范；电子网络下生成凭以记账的电子凭证，应符合规定的格式，并加编密押或密码。

(二) 在银行会计业务处理的过程中，应根据不同业务的实际需要进行不同凭证的编制。其中，每笔现金收入业务，只填制一张现金收入凭证，即只填制一张与现金科目所对应账户的凭证；同样，每笔现金付出业务，只需填制一张现金付出凭证。而每笔转账业务，则必须同时填制两张或两张以上的凭证，而且借贷凭证双方的金额应该相等。

二、项目活动案例

(一) 2010 年 3 月 1 日营业终了时，1 号柜员出现出纳长款 20 元，经主管审批同意列入其他应付款，则应填制如图 2-9 所示格式的凭证。

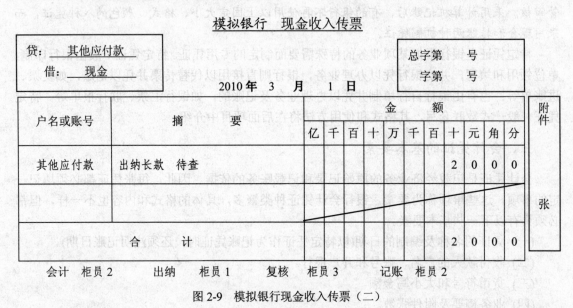

图 2-9　模拟银行现金收入传票（二）

(二) 2010 年 3 月 1 日，开户单位新华百货公司(001200101050766)提交了一张面额为 2,000,000 元的 4658 号商业汇票申请承兑，经信贷部门审核同意并到会计部门办理相关承兑手续，模拟银行华夏支行按规定从该单位账户上收取承兑手续费 1,000 元，由经办柜员 3 编制特种转账传票(图 2-10)进行收款手续。

模拟银行　特种转账借方传票

总字第　　号
字第　　号

2010 年 3 月 1 日

付款人	全　称	新华百货公司	收款人	全　称	模拟银行华夏支行	附件
	账号或地址	001200101050766		账号或地址	5101000001	
	开户银行	华夏支行　行号　123		开户银行	华夏支行	张

金　额	人民币(大写)壹千元整	亿 千 百 十 万 千 百 十 元 角 分
		¥ 1 0 0 0 0 0

原凭证金额	2,000,000元	赔偿金		科目(借) _____
原凭证名称	商业汇票	号　码	4,658	对方科目(贷) _____
转账原因	承兑手续费收入 2,000,000×0.5‰=1,000 元			
	银行盖章		会计柜员 2　复核 柜员 3　记账柜员 2	

图 2-10　模拟银行特种转账借方传票（二）

三、项目活动实践

根据业务编制相应传票。

（一）2010年3月2日，营业终了时，柜员1出现出纳短款100元，经主管审批同意暂列入其他应收款。

（二）2010年3月1日，开户单位新大中电器公司(001200101050701)提交了一张面额为4,000,000元的22658号未到期的商业汇票申请承兑，经信贷部门审核同意，模拟银行华夏支行按规定从该单位账户上收取承兑手续费。

项目活动二　　会计凭证审核

一、银行会计凭证的审核的要点

会计凭证的审核就是根据业务事实以及核算的需要，对每笔业务的有关凭证，从形式上、内容上和数字上审查其真实性、正确性、合法性和完整性。只有经过审核合格的凭证才能作为记账凭证处理账务。审核的要点如下。

（一）是否属于本行受理的凭证。

（二）凭证种类是否正确，凭证内容、联数与附件是否完整齐全，是否超过有效期限。

（三）账号与户名是否相符，该账户是否为冻结户。

（四）大小写金额是否一致，字迹有无涂改。

（五）密押、印鉴是否真实、齐全。

（六）款项来源、用途是否填写清楚，是否符合有关规定要求，可以更改的部分若更改是否按规定盖章，不能更改的部分是否被更改。

（七）支付的款项是否超过存款余额或批准的贷款额度或拨款限额。

（八）内部科目、账户使用是否正确。

（九）计息、收费、赔偿金等的计算是否正确。

知识拓展

根据会计凭证传递的有关规则，对经过审核后符合要求的凭证才能予以账务处理或进行传递。而对于不符合要求的凭证，应拒绝受理，如属内容不全或填写有误的凭证，要求更正、补充或重填；如属伪造凭证等违法乱纪行为，要认真追究，配合有关部门严肃查处。

二、项目活动案例

2010年5月10日(星期一)模拟银行华夏支行临柜工作人员李鹏受理号码为000998的转账支票一张(图2-11)，系开户单位西夏轮胎公司(00120010100089)支付给新盛皮革有限公司的货款50,005元。要求根据上述背景资料审查所受理的转账支票。

通过对该支票的审核可以发现有以下不当之处：

（一）出票日期大写不规范；

（二）收款人名称不正确；

（三）出票人账号有误；

(四) 人民币大小写不规范；

(五) 出票人签章缺。

因此，按规定该支票应予以退票处理。

模拟银行 转账支票									(宁) 银川 000998				
出票日期(大写)： 贰零壹零 年 零伍 月 壹拾 日							付款行名称：模拟银行华夏支行						
收款人：西夏轮胎公司							出票人账号：00120010100098						

本支票付款期限十天	人民币 (大写) 伍万零伍元整	亿	千	百	十	万	千	百	十	元	角	分
						5	0	0	0	5	0	0
	用途：货款											
	上列款项请从我账户内支付											
	出票人签章： 复核 记账											

图 2-11 模拟银行转账支票

知识拓展

(一) 支票的填写。

(1) 出票日期(大写)。数字必须大写，大写数字写法：零、壹、贰、叁、肆、伍、陆、柒、捌、玖、拾。

2009 年 8 月 5 日：贰零零玖年捌月零伍日；捌月前零字可写也可不写，伍日前零字必写。

2010 年 2 月 13 日：贰零壹零年零贰月壹拾叁日；壹月贰月前零字必写，叁月至玖月前零字可写可不写。拾月至拾贰月必须写成壹拾月、壹拾壹月、壹拾贰月(前面多写了"零"字也认可，如零壹拾月)。

注意： 壹日至玖日前零字必写，拾日至拾玖日必须写成壹拾日及壹拾×日(前面多写了"零"字也认可，如零壹拾伍日，下同)，贰拾日至贰拾玖日必须写成贰拾日及贰拾×日，叁拾日至叁拾壹日必须写成叁拾日及叁拾壹日。

(2) 人民币大写。数字大写写法：零、壹、贰、叁、肆、伍、陆、柒、捌、玖、亿、万、仟、佰、拾。

注意： "万"字不带单人旁。

289,546.52：贰拾捌万玖仟伍佰肆拾陆元伍角贰分。

7,560.31：柒仟伍佰陆拾元零叁角壹分。此时，"陆拾元零叁角壹分""零"字可写可不写。

532.00：伍佰叁拾贰元正。"正"写为"整"字也可以。不能写为"零角零分"。

425.03：肆佰贰拾伍元零叁分。

325.20：叁佰贰拾伍元贰角。角字后面可加"正"字，但不能写"零分"，比较特殊。

(3) 人民币小写。最高金额的前一位空白格用"￥"字头打掉，数字填写要求完整清楚。

(4) 用途。现金支票有一定限制，一般填写"备用金"、"差旅费"、"工资"、"劳务费"等。

转账支票没有具体规定，可填写如"货款"、"代理费"等。

(5) 盖章。支票正面盖财务专用章和法人章，缺一不可，印泥为红色，印章必须清晰，印章模糊只能将本张支票作废，换一张重新填写重新盖章。

(二) 会计凭证签章。会计凭证的签章是确认凭证有效、表示业务手续完成程度和明确经济责任的重要措施。凡是经过处理的会计凭证，均应由客户和银行会计部门加盖有关印章。

会计印章的种类和使用范围如下：

(1) 业务公章。凡对外签发的重要单证及柜台受理业务的回单，如存单、存折等应加盖业务公章。

(2) 现金收、付讫章。一切现金收入凭证及现金缴款单应加盖现金收讫章；一切现金付出凭证应加盖现金付讫章。

(3) 转讫章。一切转账凭证和转账回单及收付款通知应加盖转讫章。

(4) 专用章。对外签发结算凭证、资金汇划应加盖结算专用章、票据专用章、资金汇划专用章等；其他专用章按照相关业务管理规定使用。

(5) 个人名章。会计人员经办和记载的凭证账簿、报表应加盖个人名章。

(6) 其他。会计凭证的附件要加盖附件戳记；空白重要凭证作废不得销毁，应加盖作废戳记。

注意：以上印章，除个人名章外，均应冠以行名，并带有日期。

会计印章应由专人妥善保管使用，建立登记簿。在领用和收回时，使用人员必须在登记簿上签署个人名章；人员调换时要办理交接手续。个人名章由本人保管，不得随意交由他人使用。因特殊原因确需由他人使用的必须经过授权确认。

三、项目活动实践

(一) 资料。2010 年 6 月 1 日(星期二)，模拟银行金苑支行临柜工作人员张华受理 887645 号现金支票一张(图 2-12)，系开户单位新华百货公司(001200101000088)支付给该单位员工刘青山的差旅费 2,400 元。

模拟银行 现金支票							**(宁)** 银川 088124						
出票日期(大写)： 贰零壹零 年 零陆 月壹拾壹日							付款行名称：模拟银行华夏支行						
收款人：刘青山							出票人账号：00120010100098						
	人民币	亿	千	百	十	万	千	百	十	元	角	分
本支票付款期限十天	(大写) 贰仟肆佰元整						2	4	0	0	0	0
	用途：差旅费											
	上列款项请从我账户内支付											
	出票人签章：				复核				记账			

图 2-12 模拟银行现金支票

(二) 要求。要求根据上述背景资料审查所受理的 088124 号现金支票，指出该支票填制过程中的差错，并改正。

项目活动三 会计凭证传递

一、银行会计凭证传递的基本原则

会计凭证的传递是指从会计部门受理或编制凭证开始，到业务处理完毕、凭证装订保管为止的整个过程。会计凭证的传递过程也是业务处理和会计核算的过程。

银行业务量大，凭证种类多，各种业务凭证的性质和内容也不相同，其凭证的传递程序也不尽相同。因此，必须根据各业务凭证的特点，分别制定不同的传递程序。一般说来，外来凭证首先要经接柜员审核，在业务系统录入相关信息并提交确认，再交复核员复核；自制凭证经有关人员签章并记账后，也应交复核员复核。会计凭证必须按照"准确及时、手续严密、安全可靠、先外后内、先急后缓"的原则传递，并建立严格的签收制度。内部凭证不得通过客户传递。凭证传递同时应遵守以下原则。

(一) 现金收入业务必须"先收款、后记账"，以防止漏收或错收款项，保证账款一致。

(二) 现金付出业务必须"先记账、后付款"，以防止透支、冒领事故的发生。

(三) 转账业务必须"先记付款人账户、后记收款人账户"，以贯彻银行不垫款原则。

(四) 代收他行票据必须坚持"收妥抵用"，以防止票据退票而造成银行垫款。

二、项目活动案例

模拟银行华夏支行开户单位华丰集团公司(001201001000068)于 2010 年 7 月 6 日向开户行提交现金交款单，交存营业收入现金 45,000 元。本行会计经办人员刘青山受理该业务。有关会计凭证传递程序如图 2-13 所示。

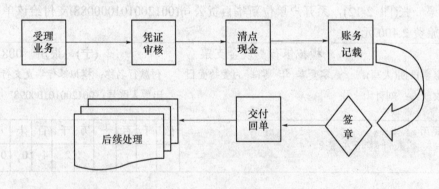

图 2-13 有关会计凭证传递程序

三、项目活动实践

模拟银行华夏支行开户单位华泰公司(001201010000118)于 2010 年 7 月 16 日向开户行提交现金支票，要求提取备用金 2,000 元，柜员李鹏受理该业务。

要求：作出该业务操作的有关会计凭证传递的流程图。

项目活动四　会计凭证的装订保管

一、会计凭证装订保管的基础知识

会计凭证是会计档案的重要组成部分。为了保证其完整无缺和便于事后查考，核算完毕的会计凭证每日应按方便查阅的原则整理装订，妥善保管。

目前，会计凭证的整理依各行会计核算系统、业务处理流程等方面的不同，大体分为按会计科目编号整理和按交易流水序号整理两种模式。

(一) 按会计科目编号整理。一般情况下，于每日营业终了，将已办完会计核算的凭证按照会计科目顺序整理，对每一科目下的传票按现金借方、现金贷方、转账借方、转账贷方顺序排列，科目日结单放在各科目凭证之前。

(二) 按交易流水序号整理。目前，大多数银行采用计算机进行账务处理，因此，很多银行采用按交易流水序号整理会计凭证的模式，一般同一营业机构所有柜员的会计凭证均按柜员号顺序整理，并可根据凭证数量的多少将一个或多个柜员凭证合并为一本进行装订。凭证经整理后，外加传票封面和封底，装订成册，由装订人员在骑缝处加盖名章。业务量大、凭证多的可分册装订。已装订的传票，应编列传票总号，以防散失。在装订成册的传票封面上注明日期、传票顺序号、注明共几册及第几册，由装订人员和会计主管人员签章，登记"会计档案保管登记簿"入库妥善保管。

已装订的传票，不得随意拆封，任何人不得抽换、涂改。如需调阅已入库的凭证，必须按有关规定办理，履行必要的手续。对拆封的传票，要按规定重新装订和加封。

二、项目活动实践

根据教材内容将前述典型案例中所使用的凭证按科目进行整理、清分，并编制科目日结单，加以装订保管。

【课后思考】

1. 会计凭证的审核包括哪些内容？
2. 想一想商业银行会计处理中使用的业务用章有哪些？
3. 商业银行会计凭证传递的过程中应遵循的原则有哪些？为什么必须遵循这些原则？

工作任务四　账务记载

【基础知识】

一、银行账务组织

银行的账务组织要求结构严密，能够保证核算资料系统、准确，反映情况完整并符合经营管理的要求。合理、科学地设置账务组织，能使银行会计核算工作有条不紊地进行，避免和减少核算差错，提高核算质量和工作效率。银行账务组织包括明细核算和综合核算两个系统。

明细核算由分户账、登记簿、流水账、现金日记簿、余额表组成，按账户进行核算。

综合核算由科目日结单、总账、日计表组成，按科目核算。

(一) 明细核算。明细核算是对每个科目的详细记录，是在各个科目下设账户进行详细、系统地核算。其作用是反映开户单位各项资金的增减变化情况。

(1) 分户账。分户账是明细核算的主要形式，是各科目的明细记录，也是对账的依据。分户账按货币种类、单位、个人或资金性质开立账户，根据会计凭证逐笔、顺序、连续记载。随着计算机记章的普及，目前，分户账的格式有两种：分户式账页和销账式账页。

分户式账页，一般设有借方发生额、贷方发生额、余额三栏，也称三栏式账(图 2-14)。适用于日常由计算机打印凭证的存款、贷款账务和内部账务。

× × 银行( )
( ) 分户账

年		凭证	摘　要	借方发生额	贷方发生额	借贷	余　额
月	日						

会计　　　　　　　　　　复核　　　　　　　　记账

图 2-14　分户式账页

销账式账页，一般设有借方金额、销账日期、贷方金额、余额四栏，也称四栏账(图 2-15)。适用于逐笔记账、逐笔销账的一次性账务。

× × 银行( )
( ) 分户账

年		账号	户名	摘要	借方金额	销账			贷方金额	借贷	余　额
月	日					年	月	日			

会计　　　　　　　　　　复核　　　　　　　　记账

图 2-15　销账式账页

(2) 登记簿。登记簿是明细核算中的一种辅助性账簿，是为了适应某些业务需要而设置的辅助性的账簿和账卡。其账页格式无统一规定，视业务需要而定。

(3) 流水账。流水账是每日按会计事项发生时间的先后顺序逐笔登记的明细记录。

(4) 现金日记簿包括现金收入日记簿(图 2-16)与现金付出日记簿。现金收入日记簿与现金付出日记簿是逐笔记载和控制现金收入、现金付出数额及现金传票张数的序时账簿，也是现金收付的明细记录。一般按照现金收付款项的先后顺序，并根据现金收入和付出传票逐笔登记，于每日营业终了加计现金收入、付出的合计数以控制当日现金收付总数，并与当日现金科目日结单和总账的现金收付发生额核对相符。

× × 银行(   )

现金收入日记簿

凭证编号	科目代码	户名或账号	金　额										
			亿	千	百	十	万	千	百	十	元	角	分

会计　　　　　　　　　　复核　　　　　　　　记账

图 2-16　现金收入日记簿

(5) 余额表。余额表是用来填制分户账余额的一种明细表，是用以连接总账和分户账并进行两者核对的工具，更是计算利息的重要工具。余额表分为计息余额表(图 2-17)和一般余额表(图 2-18)两种。

(二) 综合核算。综合核算是按科目进行核算的，各科目的总括记录。综合核算由科目日结单、总账、日计表组成。

(1) 科目日结单(图 2-19)。科目日结单是每一会计科目当日借、贷发生额和传票张数的汇总记录，是据以监督明细账户发生额，轧平当日账务的重要工具，也是登记总账的依据。

(2) 总账(图2-20)。总账是综合核算的主要形式，是各科目的总括记录，是综合核算与明细核算相互核对及统驭分户账的主要工具，也是编制各种会计报表的依据。总账按科目设置。

(3) 日计表(图2-21)。日计表是综合反映各科目当日发生额和余额的报表，也是平衡当日全部账务的重要工具。

×× 银行(   )
计息余额表

账 号 余额 日期	（位 数）	（位 数）	（位 数）	合 计 （位 数）
上月底止累计应计积数				
1				
2				
3				
⋮				
10 天小计				
11				
12				
⋮				
20 天小计				
21				
22				
23				
⋮				
本月合计计息积数				
应 加 积 数				
应 减 积 数				
本月累计应计积数				
结息时计算利息积数				
备 注				

会计   复核   制表

图 2-17 计息余额表

×× 银行(   )
一般余额表
年   月   日

科目代号	户 名	摘 要	余 额 （位数）	科目代号	户 名	摘 要	余 额 （位数）

会计   复核   制表

图 2-18 一般余额表

44

＿＿＿×　×　银行(　　　　　)

＿＿＿＿科目日结单

年　　　月　　　日

凭证种类	借　方													凭证种类	贷　方												
	传票张数	金　　额													传票张数	金　　额											
		亿	千	百	十	万	千	百	十	元	角	分				亿	千	百	十	万	千	百	十	元	角	分
现金														现金													
转账														转账													
合计														合计													

会计　　　　　　　　复核　　　　　　　制单　　　　　　事后监督

图 2-19　科目月结单

＿＿＿＿×　×　银行(　　　　　)

＿＿＿＿＿总　账＿＿＿＿＿

科目代号：

科目名称：　　　　　　　　　　　　　　　　第　　页

年　　　　　　月	借方	贷方
	(位数)	(位数)
上年底余额		
本年累计发生额		
上月底余额		
上月底累计未计息积数		

日　期	发生额		余额		核对盖章
	借方	贷方	借方	贷方	复核员
	(位数)	(位数)	(位数)	(位数)	
1					
2					
月　　计					
自年初累计					

会计　　　　　　　　　　复核　　　　　　　　记账

图 2-20　总账

<u>×　×　银行(　　　　　)</u>
<u>日计表</u>

年　　　月　　　日编制　　　　　　　　　　　　　　　　共　页　　第　　页

科目号	科目名称	发生额		余额		科目号
		借方	贷方	借方	贷方	
		(位数)	(位数)	(位数)	(位数)	

会计　　　　　　　　　　　　　复核　　　　　　　　　记账

图 2-21　日计表

二、银行账务核对

为保证业务处理及会计核算的真实、准确性，必须由各级会计人员通过一定方法对各类账务进行核查、证实，即进行账务核对。账务核对是防止内外账务发生差错，确保账务准确、真实的重要措施，是保证"账账、账据、账实、账款、账表、内外账"相符的重要手段。账务核对方法分每日核对和定期核对两种。

(一)每日核对。每日营业终了结账后，必须核对下列账务。

(1)核对账务平衡。每日营业终了，柜员必须分类轧打凭证，将笔数、金额分别与柜员轧账表核对一致后，打印柜员轧账表并加盖个人名章。全部柜员轧账平衡后，由有权人员进行机构轧账，平衡后打印机构轧账单，核对营业网点轧账表，轧平标志均为已轧平，临时存欠借、贷发生额平衡，主管应在轧账单上签章确认。

(2)账款核对。现金经办柜员清点核对现金实物后，应与柜员现金轧库单进行核对，并确保一致；现金经办柜员日终核对时，检查是否超过尾箱库存限额，超过的应上交给主出纳；现金经办柜员的尾箱现金应换人复点，复点人员在登记簿上签章确认；复点后柜员与复点人员当面立即加锁交主出纳入库保管；主出纳集中收妥柜员尾箱后，应清点尾箱个数，无误后，库箱实行双人双锁及定向交接管理；与代理行办理网点现金库箱交接时，应严密库箱交接和身份确认手续。

(3)检查核对其他事项。柜员检查核对往来报文、查询查复等是否存在需处理而未处理业务或事项，对未处理的应及时处理；主管或指定柜员检查核对挂账户、临时存欠、应解汇款等内部账户的核算是否正确；或有事项类和备忘登记类账务，应与其有关系的表内账户进行核对；跨行支付、系统内汇划往来报文与清单核对一致。

(4)表外科目余额应与有关登记簿核对相符。每日营业终了，各柜员应清点保管的重要空白凭证，将实物与系统输出的柜员库存量核对，确保数量和起讫编号相符；柜员对当日领用、使用或作废的重要空白凭证进行表外核算；柜员表外核算应建立登记簿，并对重要票据类空白凭证进行换人复点、签章确认，确保账、实、簿核对一致。

(5) 对存折户，应坚持账折见面，当时核对。

(二) 定期核对。对于不能纳入每日核对的账务，应建立定期核对的制度。定期核对的内容主要包括以下各项。

(1) 按旬轧打销账式账页分户账中未销账的各笔总数，与该科目总账余额核对相符。

(2) 按月轧打贷款借据，与各贷款科目总账核对相符。

(3) 各类卡片账每月与各该科目分户账或有关登记簿核对相符。

(4) 余额表上的计息积数，应按旬、按月、按结息期与科目总账上的累计积数核对相符。

(5) 固定资产、低值易耗品等财物应在年终决算前账实核对相符。

(6) 内外账务核对。通常进行定期或不定期与单位对账。定期与央行、同业对账；联行往来的账务核对按联行制度规定办理。

【项目活动】

项目活动一　日初工作准备

一、营业前准备工作规范

各商业银行网点对外营业之前必须做好各项营业前准备工作，并遵循以下工前准备工作规范。

网点营业前必须由网点主管进行主机开机：

(1) 柜员签到在柜员终端进行，必须对其进行操作权限认定。

(2) 操作柜员密码必须定期更换。

(3) 严格遵守现金出库和重要空白凭证管理规定。

二、日初工作流程

日初工作准备工作流程(图2-22)。

图 2-22　日初工作准备工作流程

(一) 签到。网点主管开启主机后，柜员打开终端，在系统界面上录入事先设定的柜员号和密码进行注册并进入相关操作系统。

(二) 现金出库。临柜柜员在办理日常业务前，首先要根据前日匡算所需现金数填写"现金出库单"，从库管处领取备用金。在领取的过程中应该注意柜员钱箱的出库手续必须由两名柜员一起办理，并且应在录像监控之下进行。出库时应检查柜员钱箱封口是否完好，钱箱与登记簿记录是否一致。从库管处领取的现金要当面点清大数，并与出库单逐项核对无误后进行"柜员领用现金"交易，确认后将款项归类放入钱箱保管。现金出库步骤如图2-23所示。

47

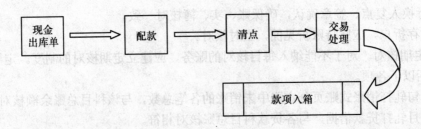

图 2-23　现金出库步骤

(三) 重要空白凭证出库。柜员首先要向库管员发出领用重要空白凭证、有价单证的申请，确定领用的种类、数量；库管员根据申请登记账簿，并将单证交付给柜员，柜员接受并会同库管员在录像监控设备下清点无误后进行"柜员领用凭证、有价单证"交易并确认。柜员根据领用重要空白凭证、有价单证的品种、数量登记账簿，入箱入库妥善保管。重要空白凭证出库步骤如图 2-24 所示。

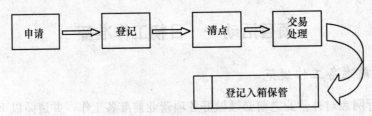

图 2-24　重要空白凭证出库步骤

三、项目活动实践

(一) 以银行 3 号柜员马丰的身份签到，进入业务处理系统。

(二) 以银行 3 号柜员马丰的身份办理现金出库业务，领取 100,000 元备用金。

(三) 以银行 3 号柜员马丰的身份办理重要空白凭证出库业务，领取空白转账支票 1 本，号码是 002470~002570。

项目活动二　分户式账页登记

一、分户式账页登记的基本要求

(一) 业务发生后，根据凭证及时逐笔记载，账户登记前必须切实核对户名、账号、印鉴、余额等，防止串户、透支、冒领等事故的发生。

(二) 摘要填写简明扼要，根据重要凭证记账时应填记凭证号码，准确登记发生额，随时结记余额。

(三) 对同一收付单位的多笔借方或贷方凭证，可编制汇总传票记账，将原来的记账凭证作汇总传票附件。

(四) 账页记满时应及时更换新账页，并及时或定期与单位对账，发现不符，及时查明。

二、项目活动案例

(一) 资料。模拟银行华夏支行开户单位新禾化工有限公司(001200101000108)发生以下业务。

(1) 该单位分户式账页记满，于 2010 年 9 月 1 日更换新的账页，8 月 31 日该单位存款账户余额为 10,278,000 元。

(2) 2010 年 9 月 1 日，该单位收到一笔转账款项，金额为 12,000 元。

(3) 2010 年 9 月 2 日，该单位签发 3566 号转账支票转出 10,000 元。

(4) 2010 年 9 月 3 日，该单位签发 3567 号转账支票转出 40,000 元。

(二) 要求。请根据业务内容登记新禾化工有限公司活期存款分户账(图 2-25)。

模拟银行(华夏支行)

(新禾化工有限公司) 分户账

账号 001200101000108   第 2 页

2010 年		凭 证	摘 要	借方发生额	贷方发生额	借贷	余 额	记账员
月	日							
9	2		承前页			贷	10,278,000	
9	1		转贷		12,000	贷	10,290,000	
9	2		转借	10,000		贷	10,280,000	
9	3		转借	40,000		贷	10,240,000	

图 2-25 新禾化工有限公司分户账

三、项目活动实践

(一) 资料。模拟银行华夏支行开户单位凯悦集团发生以下业务。请根据业务内容登记凯悦集团(0012001010000915)活期存款分户账。

(1) 该单位分户式账页记满，于 2010 年 8 月 1 日更换新的账页，7 月 31 日，该单位存款账户余额为 788,000 元。

(2) 2010 年 8 月 2 日，该单位收到一笔转账款项，金额为 500,000 元。

(3) 2010 年 8 月 3 日，该单位签发 1690 号转账支票转出 28,000 元。

(4) 2010 年 8 月 6 日，该单位签发 1691 号转账支票转出 40,000 元。

(二) 要求。请根据业务内容登记凯悦集团活期存款分帐户。

项目活动三 销账式账页登记

一、销账式账页登记的基本要求

销账式账页设有借方金额、贷方金额、余额和销账四栏，适用于逐笔记账、逐笔销账的一次性账务。其登记的基本规则与分户式账页基本相同，不同之处在于使用销账式账页记载的业务，在销记某笔款项时，应在原发生业务的销账栏内填明销账日期。如遇一次性不能销账而需要分次销账时，可另设专户登记。

二、项目活动案例

(一) 资料。模拟银行华夏支行其他应收款分户账发生以下业务。

(1) 该分户式账页记满，于 2010 年 3 月 1 日更换新账页，2 月 28 日，该账户余额为 300 元。

(2) 3 月 2 日，柜员刘芳发生出纳短款 100 元。

(3) 3 月 9 日，柜员马君华发生出纳短款 200 元。

(4) 3 月 10 日，客户李鹏退回 9 月 5 日银行多付给他的现金 150 元。

(二) 要求。根据业务为模拟银行华夏支行登记分户账（图 2-26）。

模拟银行(华夏支行)
(其他应收款——待处理出纳短款) 分户账

| 2010年 | | 账号 | 户名 | 摘要 | 借方金额 | 销账 | | | 贷方金额 | 借贷 | 余 额 |
月	日					年	月	日			
3	1			承前页						借	300
3	2		刘芳	短款	150		3	10		借	400
3	9		马君华	短款	200					借	600
31	10		李鹏	退款			3	2	100	借	500

图 2-26 模拟银行华夏支行登记分户账

三、项目活动实践

(一) 资料。模拟银行华夏支行其他应付款——待处理出纳长款分户账发生以下业务：请根据业务内容登记该分户账。

(1) 该分户账账页记满，于 2010 年 4 月 1 日更换新的账页，3 月 31 日，该账户余额为 700 元。

(2) 2010 年 4 月 2 日，柜员刘芳发生出纳长款 300 元。

(3) 2010 年 4 月 3 日，柜员马君华发生出纳长款 100 元。

(4) 2010 年 4 月 7 日，柜员马君华多收的 100 元退给客户张爱华。

(二) 要求。根据业务为模拟银行华夏支行登记分户账。

项目活动四　计息余额表编制

一、计息余额表编制的基本要求

(一) 计息余额表适用于计息的各存、贷款科目，按月、按科目分别设立。

(二) 每日营业终了，根据各分户账当天的最后余额填列，当日未发生业务或遇节假日，应根据上日余额填列。

(三) 当日应按科目加计各账户余额，与该科目总账余额核对相符。月末要结出合计数，并与同科目总账余额核对相符。

(四) 如遇应加应减积数要分别填入应加、应减积数栏，以保证利息计算的正确。

二、项目活动案例

(一) 资料。模拟银行华夏支行 2010 年 8 月底开户单位新禾化工有限公司 (001200101000108)活期存款账户累计应计息积数为 456,790,000，9 月 1 日至 10 日，该公司活期存款账户余额变动情况如下。

(1) 9 月 1 日 50,000 元。

(2) 9 月 2 日 150,000 元。

(3) 9 月 4 日 100,000 元。

(4) 9 月 5 日 50,000 元。

(5) 9 月 7 日 150,000 元。

(6) 9 月 9 日 120,000 元。

(7) 9 月 10 日 110,000 元。

(二) 要求。根据资料填制计息余额表（图 2-27）。

模拟银行(华夏支行)

计息余额表　　　　　　　2010 年 9 月　　第　　页

账　　　号	001200101000108			合　　计
日期 ＼ 余额	(位　数)	(位　数)	(位　数)	(位　数)
上月底止累计应计积数	456,790,000			
9、1	50,000			
9、2	150,000			
9、3	150,000			
9、4	100,000			
9、5	50,000			
9、6	50,000			
9、7	150,000			
9、8	150,000			
9、9	120,000			
9、10	110,000			
……	……			
……	……			
本月合计计息积数				
应 加 积 数				
应 减 积 数				
本月累计应计积数				
结息时计算利息积数				
备　　注				

会计　　　　　　　　　　　复核　　　　　　　　　　制表

图 2-27　模拟银行华夏支行计息余额表

三、项目活动实践

(一) 资料。模拟银行华夏支行开户单位东方贸易有限公司(00120010001745)截至上月底累计应计息积数为 568,087,900 元，2010 年 3 月 1 日至 10 日其活期存款账户余额变动情况如下。

(1) 3 月 1 日 150,000 元。
(2) 3 月 3 日 550,000 元。
(3) 3 月 4 日 450,000 元。
(4) 3 月 5 日 560,000 元。
(5) 3 月 7 日 550,000 元。
(6) 3 月 8 日 350,000 元。
(7) 3 月 9 日 620,000 元。
(8) 3 月 10 日 710,000 元。

(二) 要求。根据上述资料填制计息余额表，并结出上旬累计积数。

项目活动五　科目日结单编制

一、科目日结单编制的基本要求

(一) 当日发生业务的科目均要编制科目日结单，且每个科目编制一张科目日结单。

(二) 将同一科目的现金收入(贷方)、现金付出(借方)、转账借方、转账贷方传票各自加总张数和金额，分别填入科目日结单的各有关栏内。

知识拓展

现金科目日结单的编制方法有其特殊性。由于现金科目没有传票，因此，现金科目日结单的编制是根据其他各科目日结单的现金收付数各自加总，反向填记。即将其他科目日结单中的现金借方数加总，填在现金科目日结单的贷方；将其他科目日结单中的现金贷方数加总，填在现金科目日结单的借方。

随着银行会计处理电子化程度越来越高，许多银行操作系统采用机制科目日结单，每日营业终了根据系统内的信息由计算机自动编制各科目日结单后再与实际会计凭证进行核对。另外，目前一些银行在营业终了时不再编制科目日结单，而是按照柜员流水号来整理当天的会计凭证。

二、项目活动案例

(一) 资料。模拟银行华夏支行 2010 年 3 月 1 日营业终了时，经清分，活期存款科目当天传票张数及金额如下。

(1) 现金付出传票 10 张，合计金额 586,000 元。
(2) 现金收入传票 9 张，合计金额 450,000 元。
(3) 转账借方传票 25 张，合计金额 5,906,897 元。
(4) 转账贷方传票 32 张，合计金额 6,587,983 元。

(二) 要求。根据资料编制"活期存款"科目日结单（图2-28）。

模拟银行(华夏支行)

活期存款　科目日结单

2010 年 3 月 1 日

凭证种类	借方												凭证种类	贷方											
	传票张数	金额												传票张数	金额										
		亿	千	百	十	万	千	百	十	元	角	分			亿	千	百	十	万	千	百	十	元	角	分
现金	10				5	8	6	0	0	0	0	0	现金	9				4	5	0	0	0	0	0	0
转账	25			5	9	0	6	8	9	7	0	0	转账	32			6	5	8	7	9	8	3	0	0
合计	35			6	4	9	2	8	9	7	0	0	合计	41			7	0	3	7	9	8	3	0	0

会计　　　　　　复核　　　　　　　　　　制单　　　　　　事后监督

图 2-28　模拟银行华夏支行活期存款科目日结单

三、项目活动实践

(一) 资料。模拟银行华夏支行 2010 年 3 月 1 日营业终了时，经清分，活期存款科目当天传票张数及金额如下。

(1) 现金收入传票 5 张，现金付出传票 10 张。

(2) 转账借方传票 2 张，合计金额 8,906,897 元。

(3) 转账贷方传票 4 张，合计金额 6,587,000 元。

(二) 要求。根据资料编制活期存款科目日结单。

项目活动六　总账登记

一、总账登记的基本要求

(一) 每日营业终了，根据各科目日结单的借、贷方发生额合计数，登记该科目的发生额栏，并结出余额。

(二) 单方反映余额的科目，本日余额直接在总账上结计。核对公式为

　　上日借(贷)方余额+本日借(贷)方发生额−本日贷(借)方发生额=本日借(贷)方余额

(三) 借、贷双方反映余额的科目，其总账余额应根据分户账或余额表的借、贷方余额合计数分别填列，不得轧差。核对公式为

　　如上日余额为借差，则

　　　　上日借差+本日借方发生额−本日贷方发生额=本日借、贷方余额轧差数

　　如上日余额为贷差，则

　　　　上日贷差+本日贷方发生额−本日借方发生额=本日贷、借方余额轧差数

二、项目活动案例

根据项目五案例，假定 2010 年 8 月 31 日活期存款总账科目贷方余额为 90,500,000 元，登记模拟银行华夏支行 2010 年 9 月 1 日活期存款总账（图2-29）。

模拟银行(华夏支行)
总　　账

科目代号：2001

科目名称：活期存款　　　　　　　　　　　　　　　　　　　第　　页

年　　　月	借方		贷方	
	(位数)		(位数)	
上年底余额	/		/	
本年累计发生额	/		/	
上月底余额			90,500,000.00	
上月底累计未计息积数				

日　　期	发生额		余额		核对盖章
	借方	贷方	借方	贷方	复核员
	(位数)	(位数)	(位数)	(位数)	
1	6,492,897.00	7,037,983.00		91,045,086.00	
2					
月　　计					
自年初累计					

　会计　　　　　　　　　　　　复核　　　　　　　　　　记账

图 2-29　模拟银行（华夏支行）总账

三、项目活动实践

根据项目五活动实践案例，假定 2010 年 8 月 31 日活期存款总账科目余额为 500,650,200 元，登记模拟银行华夏支行 2010 年 9 月 1 日活期存款总账。

项目活动七　日计表编制

一、日计表编制的基本要求

日计表按日编制，每日营业终了，根据各科目总账当日的发生额和余额登记，当日全部科目的借、贷方发生额合计数和余额合计数必须各自平衡。

二、项目活动案例

(一) 资料。

(1) 模拟银行华夏支行 2010 年 8 月 31 日各科目总账余额情况如下(单位：元)：

科目名称	借方余额	科目名称	贷方余额
现金	100,000	活期存款	600,000
短期贷款	150,000	定期存款	150,000
存放中央银行款项	500,000		

(2) 2010 年 9 月 1 日发生业务后，根据各科目日结单显示当日的发生额如下(单位：元)：

科目名称	借方发生额	贷方发生余额
现金	200,000	5,000
短期贷款	100,000	0
存放中央银行款项	0	200,000
活期存款	155,000	100,000
定期存款	0	150,000

(二) 根据以上资料编制 2008 年 9 月 1 日的日计表（图 2-30）。

模拟银行(华夏支行)

日计表

2010 年 9 月 1 日编制 　　　　　　　　　　　　　　　　　　　共　　页　　第　　页

科目号	科目名称	发生额		余额		科目号
		借方	贷方	借方	贷方	
		(位数)	(位数)	(位数)	(位数)	
1001	现金	200,000	5,000	295,000		1001
1101	存放中央银行款项		200,000	300,000		1101
1203	短期贷款	100,000		250,000		1203
2001	活期存款	155,000	100,000		545,000	2001
2005	定期存款		150,000		300,000	2005
	合　计	455,000	455,000	845,000	845,000	

会计 　　　　　　　　　复核 　　　　　　　　制表

图 2-30　模拟银行华夏支行日计表

三、项目活动实践

(一) 资料。

(1) 模拟银行金苑支行 2008 年 10 月 31 日各科目总账余额情况如下(单位：元)：

科目名称	借方余额	科目名称	贷方余额
现金	200,000	活期存款	618,000
短期贷款	650,000	定期存款	158,000
贴现	510,000	利息收入	20,000

(2) 2008 年 11 月 1 日发生业务后，根据各科目日结单显示当日的发生额如下(单位：元)：

科目名称	借方发生额	贷方发生余额
现金	101,000	5,000
短期贷款	100,000	0
贴现	200,000	100,000
活期存款	185,000	120,000
定期存款	20,000	150,000
利息收入	0	5,000

(二) 根据以上资料编制 2008 年 9 月 1 日的日计表。

项目活动八　错　账　冲　正

一、错账冲正的方法

(一) 当日发生差错的冲正方法。

(1) 手工登记账簿上写错的日期和金额，应以一道红线划销全行数字，将正确数字写在划销数字上方，由经办柜员在红线左端盖章证明。如果划错红线，可在红线两端用红色墨水画"×"销去，并由经办柜员在右端盖章证明。文字写错或签章错误，只需将错字或签章用红线划销，将正确文字或签章写在划销文字或签章上方，并由经办柜员在更正处盖章。

(2) 传票填错账号和金额而发生的错账，应先更正传票，并按照第（1）项办法更正账簿。

(3) 账页记载错误无法更改时，不得撕毁，须经主管同意，另换账页记载，经过业务主办复核并在错误账页上画交叉红线注销，由经办柜员、业务主办、主管盖章证明。注销的账页另行保管，待装订账页时附于该户账页之后备查。

(4) 计算机系统输入差错由原录入人员进行冲正处理。同一账户当日冲正应序时办理，严禁隔笔冲正。现金业务冲正需同时清点钱箱。

(二) 次日或以后发现年度内差错的冲正方法。

(1) 记账串户，应填制红、蓝字同方向传票办理冲正。红字传票的摘要中注明"冲销×月×日错账"字样(文字、数字均为红字)，蓝字传票的摘要中注明"补记冲正×月×日账"字样，经办柜员将红、蓝字传票分别录入，经复核人员确认并复核后按红字传票记入错账串户账户，按蓝字传票记入正确的账户。原错账传票上用红字注明"已于×月×日冲正"字样。

(2) 科目、账户或金额因传票填制错误，账簿随之记错的，经办柜员应填制红字错账冲正传票将错误账务全数冲销，再按正确的科目、账户、金额重新填制蓝字传票补记入账，摘要栏均应写明情况。同时，在原错误传票上用红字注明"已于×月×日冲正"字样。

(三) 发现上年度错账的冲正方法。本年度发现上年度错账，应采用蓝字反方向冲正法。即填制蓝字反方向传票冲正。不得更改决算报表。传票的摘要栏应注明情况，原错账凭证上应用红字注明"已于×年×月×日冲正"字样。

(四) 更正错账影响利息的，应及时调整计息积数。办理错账冲正和调整积数，应经过会计主管人员的批准。

所有错账冲正业务必须经主管审批。冲正传票，必须经会计主管人员审查盖章后才能办理冲账，并对错账的日期、金额以及冲正的日期等进行登记以便分析原因进而改进工作。由于系统运行造成的错账以及由于柜员操作失误造成的自身无法处理的错账，按照总行的有关规定办理。

二、项目活动案例

模拟银行华夏支行临柜会计人员9月3日在办理开户单新华纺织厂(001200101000078)向开户单位三丰副食品公司(001200101000084)支付购货款1,200元时记账串户至开户单位三元副食品公司(001200101000064)，9月9日对账时发现差错。

账务处理：

(一) 9月3日银行转账时：

借：活期存款——新华纺织厂 1,200

　　贷：活期存款——三元副食品公司 1,200

(二) 9月9日发现错账，填制冲正传票进行冲正。

错账冲正的会计分录为

贷：活期存款——三元副食品公司 1,200(红字)

贷：活期存款——三丰副食品公司 1,200(蓝字)

(三) 积数调整：1,200×6=7,200元

三元副食品公司调减积数7,200元

三丰副食品公司调增积数7,200元

三、项目活动实践

(一) **资料**。模拟银行华夏支行柜员9月12日发现9月3日的一笔错账，西北农资公司(001200101000155)签发的支付宁夏化工厂(001200101000216)货款的一张金额20,000元的转账支票，误记入银川化工厂(001200101000126)账户，立即冲正。

(二) **要求**。说明冲正方法，并作出冲正的会计分录，同时计算和调整计息积数。

项目活动九　日终工作处理

一、日终工作处理规范

(一) 各银行网点每日营业终了，普通柜员应对日间业务进行轧账处理，并核对现金、有价单证和重要空白凭证，做到账实、账款、账证相符。

(二) 业务主管负责本网点轧账，检测本网点各柜员当日业务处理完整、账务处理平衡并在本网点平账后结束当日工作。

(三) 若本网点不能正常签退时，必须及时通知上级账务机构。

二、日终工作流程

(一) 普通柜员。

(1) 缴现金。普通柜员向业务主管尾箱缴款，普通柜员操作，业务主管输入密码。

(2) 缴凭证。普通柜员向业务主管上缴凭证，普通柜员操作，业务主管授权。

(3) 轧账。普通柜员轧账包括现金日结、单证日结、日结打印等内容。现金轧账的方法是输入钱箱中的实物现金数额并提交轧账；单证轧账则是逐一输入尾箱中单证对应的实际数量并提交轧账。

(4) 打印轧账单。轧账交易随时都可以进行，但作完所有交易、上交尾箱前则应打印最后一次轧账单。

(5) 上缴尾箱。轧账正确后向业务主管上缴尾箱。

(6) 签退。上缴尾箱完成后必须从操作系统中正常签退。

(二) 业务主管。待所有柜员上缴尾箱并签退后，保管主尾箱的业务主管，对自己的尾箱做完轧账后，作"网点轧账"，并直接作"网点签退"，将本网点签退。

【课后思考】

1. 想一想商业银行的账务组织由哪几部分组成？
2. 想一想分户账有几种格式，它们分别是什么形式的？
3. 商业银行会计有哪几种错账更正方法？各在什么情况下使用？

项目三　存款业务处理

学 习 指 南

【学习目标】

1. 了解商业银行存款业务包括的内容。
2. 掌握单位存款业务的账务处理。
3. 掌握个人储蓄存款业务的账务处理。
4. 掌握利息的计算及会计处理方法。

【学习重点】

1. 单位存款业务的账务操作处理。
2. 个人储蓄存款业务的账务操作处理。
3. 利息的计算及会计操作处理方法。

【学习难点】

1. 单位活期存款业务的账务操作处理。
2. 个人储蓄存款业务的账务操作处理。
3. 定期存款利息的会计操作处理方法。
4. 个人零存整取存款利息的计算方法。

【工作任务】

1. 单位活期存款业务的账务处理。
2. 单位定期存款业务的账务处理。
3. 个人活期储蓄存款业务操作处理。
4. 整存整取定期储蓄存款业务操作处理。
5. 零存整取定期储蓄存款业务操作处理。
6. 储蓄存款特殊业务操作处理。

工作任务一　单位活期存款业务操作处理

【基础知识】

一、单位存款账户的管理

银行账户是在会计科目之下，按照单位性质或款项性质进行具体的分类名称。根据《现

59

金管理暂行条例》规定，一切企业、事业、机关、学校、部队等单位，除了保留必要的库存现金外，其余的必须存入银行。因此，各单位都必须在银行开立账户以便办理存款、贷款、结算等各项经济业务。

二、单位活期存款账户的种类

按照中国人民银行颁布的《人民币银行结算账户管理办法》的规定，单位银行结算账户按用途分为基本存款账户、一般存款账户、专用存款账户和临时存款账户。

(一) 基本存款账户。基本存款账户是存款人因办理日常转账结算和现金收付需要开立的银行结算账户。单位银行结算账户的存款人只能在银行开立一个基本存款账户。存款人日常经营活动的资金收付及其工资、奖金和现金的支取，只能通过本账户办理。

(二)一般存款账户。一般存款账户是指存款人因借款或其他结算需要，在基本存款账户开户银行以外的银行营业机构开立的银行结算账户。存款人可以通过本账户办理结算和现金缴存，但不能办理现金支取。

(三) 专用存款账户。专用存款账户是指存款人按国家法律、法规和行政规章，对其特定用途的资金进行专项管理和使用而开立的银行账户。该账户用于办理各项专用资金的收付。

(四) 临时存款账户。临时存款账户是指存款人因临时经营活动的需要并在规定期限内使用而开立的银行账户，存款人可以通过本账户办理转账结算和根据国家现金管理的规定办理现金收付。临时存款账户一般为外来临时机构或单位注册验资时开立的账户。单位只有将注册验资用的临时存款账户销户后，方可开立基本存款账户。

此外，金融企业为各单位开立的账户，按其存款的形式分为支票户和存折户。支票户适用于财务制度比较健全、存款额大、存取款频繁的单位，通常凭缴款单和支票办理存取款；存折户适用于业务规模小、存款额少、存取款业务不多的单位，通常凭存折和存取款凭条办理存、取款。

三、单位存款的种类

(一) 按照缴存范围划分为财政性存款和一般性存款。

(二) 按照存款期限划分为活期存款和定期存款。

四、存款业务会计核算要求

严格账户管理、正确使用会计科目、加强柜面监督、维护存款人的利益、规范操作规程，提高服务质量。

五、存款业务会计核算设置的会计科目

(一) 活期存款。本类科目属负债类科目，核算本行吸收的单位活期存款及信用卡存款。

(二) 定期存款。本类科目属负债类科目，核算本行吸收的单位定期存款。

(三) 利息支出。本类科目属权益类科目，核算本行吸收各类存款应支付的利息。

(四) 应付利息。本类科目属负债类科目，核算本行按权责发生制计提的应付利息。

项目活动一　　单位活期存款账户开立

一、单位活期存款账户开立业务操作流程

单位存款账户开立业务操作流程图如表 3-1 所示。

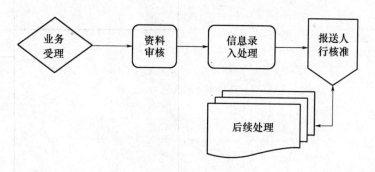

图 3-1　单位存款账户开立业务操作流程图

二、开立活期存款账户的操作步骤

(一) 业务受理。客户申请开立基本存款账户时，应按《人民币银行结算账户管理办法》的有关规定，提供相应的开户资料，具体包括以下几方面。

(1) 由当地工商行政机关核发的"企业法人执照"或"营业执照"正本。

(2) "中华人民共和国法人代码证(副本)"或代码卡。

(3) 税务登记证。

(4) 法人身份证。

以上材料均需提供原件及复印件两份。经开户行审核符合开户条件的单位客户填写"银行结算账户开户申请书"一式三联，并加盖单位公章，连同有关证明文件原件及复印件两份提交给开户银行。

(二) 资料审核。会计经办人员接收开户单位提交的开户申请书和有关证明文件后，认真审核证明文件及复印件，无误后在复印件上注明"与原件核对相符"，并加盖个人名章。经办人员还应认真审查开户申请书填写事项的真实性、完整性、合规性，并在开户申请书银行意见栏加盖经办人员个人名章，然后，将所有材料一并交业务主管。业务主管审核后在开户申请书银行意见栏签署相关意见，并加盖业务公章和主管个人名章。法人身份证原件退还给客户。

(三) 信息录入处理。主管签署意见后，经办人员登录业务操作系统录入开户信息，生成单位基本存款账号，系统自动记录开销户登记簿。账号生成后，开户单位填制印鉴卡。印鉴卡分为正卡和副卡。正卡一张，由经办人员保管；副卡两张，其中一张交事后监督，一张由银行加盖业务公章后退给开户单位。印鉴卡样式如图 3-2 所示。

(　　)银行　存款户印鉴卡

账　号			户　名	
地　址			邮政编码	
电　话		财务联系人		是否通兑	

图 3-2　印鉴卡样式

（四）报送人行核准。基本存款账户属于人民银行核准类账户。经办人员在人民银行结算账户管理系统录入待核准开户信息，并在信息录入的当日或次日将开户资料报送至中国人民银行当地分支行。人民银行在两个工作日之内对银行报送的相关资料予以审核，符合开户条件的，予以核准，并颁发开户许可证；不符合开户条件的，人民银行应在开户申请书上签署意见，连同有关证明文件一并退回给开户行。

（五）后续处理。开户行登录人民银行结算账户管理系统查询人民银行审核情况。人民银行核准允许开立基本存款账户的，开户行从人民银行取回相关材料，开户申请书第一联由开户行留存归档，开户申请书第二联、开户许可证以及证明文件原件一并交还给客户。该基本存款账户自人民银行核准之日次日起生效，三个工作日内不能办理付款业务；人民银行未批准开户的，由开户行向客户说明情况后对该账户办理销户处理。

知识拓展

单位银行结算账户开户手续分为两类。

一是核准类，包括基本存款账户、临时存款账户(存款人因注册验资和增资验资需要开立的临时存款账户除外)、预算单位专用存款账户。核准类账户开户时，开户行应将有关开户资料报送中国人民银行当地分支机构，经其核准后颁发开户许可证。

二是备案类，包括一般存款账户、非预算单位专用存款账户、存款人因注册验资和增资验资需要开立的临时存款账户。备案类存款账户开户时，开户行在完成行内处理后，于 5 个工作日之内登录人民银行结算账户管理系统，完成向人民银行的备案工作。

基本存款账户、一般存款账户、专用存款账户、临时存款账户四类银行结算账户开户时单位均需填写单位银行结算账户开户申请书。申请书样式如图 3-3 所示。

(   )银行开立单位银行结算账户申请书

存款人名称						电 话		
地 址						邮 编		
组 织 机构 代 码		法定代表人或负责人		姓 名				
				证件种类				
				证件号码				
上级法人或主管单位名称								
上级法人或主管单位组织机构代码		上级法人或主管单位法定代表人或负责人		姓 名				
				证件种类				
				证件号码				
账户性质		基本存款账户( ) 一般存款账户( ) 专用存款账户( ) 临时存款账户( )						
证明文件种类				证明文件编号				
地税登记证号				国税登记证号				
经营范围								
关联企业名称								
以下栏目由开户银行审核后填写：								
开户银行名称								
存款人账号				有效日期		至 年 月 日		
开户核准号								
本存款人申请开立银行结算账户，承诺所提供的开户资料真实、有效，如有伪造、欺诈，承担法律责任。					开户银行审核意见： 同意存款人开立 存款账户。			
法定代表人或负责人(签章)		单位(公章) 年 月 日				经办人(签章) 开户银行(业务公章) 年 月 日		
中国人民银行核准意见					(中国人民银行账管理专用章) 年 月 日			

图3-3 申请书样式

三、项目活动实践

(一) 资料。业务引入：2010年4月3日，华泰电子有限责任公司来模拟银行华夏支行开立基本存款账户。

(二) 要求。

(1) 简述单位基本存款账户开立操作流程。

(2) 情景模拟。请以模拟银行华夏支行柜员的身份，按规定的程序为其办理开户手续(情景：两个同学一组，分别扮演柜员和客户)。

项目活动二　单位存款户现金存入处理

一、单位存款户存入现金业务操作流程

存入现金业务操作流程如图3-4所示。

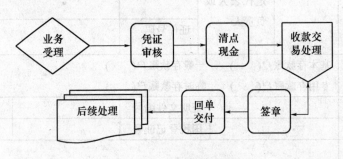

图3-4　存入现金业务操作流程

二、存入现金业务操作步骤

(一) 业务受理。开户单位存入现金时，应填制一式两联现金缴款单，连同现金一并提交给银行。现金缴款单式样如图3-5所示。

(　　)银行　现金缴款单

客户填写	收款人户名																
	收款人账号				收款人开户行												
	缴　款　人				款项来源												
	币种	人民币( )	大写：			亿	千	百	十	万	千	百	十	元	角	分	
		外币( )															
	券别	100元	50元	20元	10元	5元	1元				残币金额						
	张数																
银行填写	日期		日志号		交易码			币种			票据种类						
	金额		终端号		授权主管			柜员			票据号码						

制票：　　　　　复核：

图3-5　现金缴款单式样

64

（二）凭证审核。经办人员接到客户提交的现金缴款单后，应认真审查以下内容：缴款单日期是否正确；单位名称、账号、开户行名称、款项来源、券别登记是否填写完全清楚；大小写金额填写是否准确；凭证联次有无缺少、是否套写。

（三）清点现金。根据券别明细先点大数，无误后再清点细数；先点主币，后点辅币；先点整把，后点零头。将清点后的现金总额与缴款单所填现金总额核对相符。

（四）收款交易处理。现金清点无误后，经办人员进行业务数据录入，现金缴款单第一联作为现金收入传票，贷记收款人账户。系统自动结计余额，现金收入日记簿自动生成相关记载。会计分录为

借：现金
　　贷：活期存款——××单位户

（五）签章并交付回单、后续处理。账务记载完毕后，经办人员在第二联现金缴款单上加盖现金收讫章后作为回单交付给客户。现金缴款单第一联加盖现金收讫章、经办及复核人员个人名章后记账并保管。

三、项目活动实践

（一）资料。模拟银行金苑华夏支行当日发生下列业务：

(1) 2010 年 5 月 2 日，开户单位华泰电子有限公司(001200101000103)缴存营业收入现金85,000 元，缴款人为欧阳海。

(2) 2010 年 5 月 2 日，开户单位光华电器有限公司(001200101000108)缴存营业收入现金17,200 元，缴款人为刘星。

（二）要求。以模拟银行华夏支行柜员的身份进行相应业务的处理，包括凭证审核、业务数据录入、凭证签章与凭证处理等。

项目活动三　单位存款户现金支取处理

一、单位存款户支取现金业务操作流程

支取现金业务操作流程如图 3-6 所示。

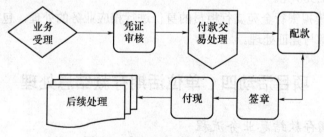

图 3-6　支取现金业务操作流程

二、支取现金业务操作步骤

（一）业务受理。开户单位支取现金时，应在账户存款余额内签发现金支票，注明用途和支取金额，并在支票上加盖预留印鉴，由收款员背书后将支票交银行的会计部门。现金支票样式及填写见项目一相关内容。

(二) 凭证审核。经办人员收到客户提交的现金支票，应认真审查以下内容。

(1) 支票是否真实，是否超过提示付款期限。

(2) 支票填明的收款人名称是否为该收款人，收款人是否在支票背面"收款人签章"处签章，其签章是否与收款人名称一致，收款人为个人的，还应审查其身份证及是否在支票背面收款人签章处注明身份证件名称、号码及发证机关。

(3) 出票人的签章是否符合规定，并折角核对其签章与预留银行签章是否相符，使用支付密码的，其密码是否正确。

(4) 支票的大小写金额是否一致。

(5) 支票必须记载的事项是否齐全，出票金额、出票日期、收款人名称是否更改，其他记载事项的更改是否由原记载人签章证明。

(6) 出票人账户是否有足够支付的款项。

(7) 支取现金的用途是否符合国家现金管理的规定。

(三) 付款交易处理。现金支票审核无误后，以支票作现金付出传票进行业务数据录入，借记出票人账户，系统自动结计余额，并自动生成现金付出日记簿等相关账务记载。会计分录为

  借：活期存款——××单位户
    贷：现金

(四) 配款。账务记载完毕后，以支票为依据凭以配款，搭配主辅币。配款时，先点辅币，后点主币。

(五) 签章并付现、后续处理。将配好的款项再次复点无误，在支票上加盖现金付讫章、经办及复核人员个人名章，然后将复点无误的款项向客户付款，付出的款项与客户当面点清。已办理付款手续的支票放入记账凭证保管箱内。

三、项目活动实践

(一) 资料。模拟银行华夏支行当日发生下列业务。

(1) 2010 年 5 月 4 日，开户单位华业电子有限公司(001200101000108)开出 002523 号现金支票 2,800 元，支付差旅费。

(2) 2010 年 5 月 4 日，开户单位大华电器有限公司(001200101000112)签发 003148 号现金支票，支取备用金 2,500 元。

(二) 要求。以模拟银行金苑支行柜员的身份进行相应业务的处理，包括凭证审核、业务数据录入、凭证签章与凭证处理。

项目活动四　单位活期存款结息处理

一、单位活期存款结息业务流程

单位活期存款结息业务流程如图 3-7 所示。

图 3-7　单位活期存款结息业务流程

二、单位活期存款结息业务操作步骤

(一) 计算利息。

(1) 单位存款计息的一般规定。单位活期存款的计息，一般采取按季定期结息的办法。即每季末月 20 日为结息日，计息期为上季末月 21 日至本季末月 20 日。

(2) 利息计算的基本公式为

$$利息 = 本金 \times 存期 \times 利率$$
$$利息 = 累计计息积数 \times (月利率 \div 30)$$
$$计息积数 = 存款余额 \times 存款日数$$

(3) 存款利率一般为年利率(%)、月利率(‰)、日利率(‰₀)三种，它们之间的换算是年利率除以 12 为月利率，月利率除以 30 为日利率。

知识拓展

银行对各种存款应在规定的结息日结计利息。活期存款结息时按结息日或销户日挂牌公告的利率计息。单位活期存款按季计息，结息日为每季度末月的 20 日，季度末月的 21 日办理利息的入账手续。具体计息方法有两种，余额表计息和明细账计息，其中明细账计息已不再使用，现在计算机自动结息的原理是余额表计息。

(二) 交易处理。结息日结息后，系统自动将结计的利息入账。会计分录为

借：利息支出——活期存款利息支出户

贷：活期存款——××单位户

(三) 凭证打印签章及后续处理。会计经办人员打印利息清单一式两联，第一联作为借方凭证，加盖转讫章、经办及复核人员名章。第二联作为给客户的收账通知，加盖转讫章后放入客户回单箱内。利息清单样式如图 3-8 所示。

(   )银行(存)贷款利息清单

币种   年   月   日

借	户 名		贷	户 名		
方	账 号		方	账 号		
实付(收)金额			计息户账号			
借据编号			借据序号			
备注	起息日期	止息日期	积 数	利 率		利 息
	调整利息：			冲正利息：		
应付(收)利息合计：						

图 3-8 利息清单样式

三、项目活动案例

(一) 资料。模拟银行华夏支行开户单位(001200101000123)华泰电子有限责任公司 2010 年 3 月 21 日至 6 月 18 日账户余额累计计息积数为 6,604,000，6 月 19 日、20 日账户余额分别为 4,000 元、5,000 元，年利率为 0.72%。

(二) 要求：作为模拟银行华夏支行的柜员为其办理第二季度结息。

(1) 计算，即

应付利息=(6,600,000+4,000+4,000+5,000)×(0.72%/360)=132.26(元)

(2) 填制(打印)利息清单如图 3-9 所示。

(模拟银行华夏支行)(存)贷款利息清单

币种：人民币 2010 年 6 月 20 日

借 方	户 名	利息支出		贷 方	户 名	华泰电子有限责任公司
	账 号	001502101000001			账 号	001200101000123
实付(收)金额		132.26		计息户账号		001200101000123
借据编号		00121		借据序号		0000467
备 注	起息日期	止息日期	积 数	利 率	利 息	
	20100321	20100620	6613000	0.72	132.26	
	调整利息：			冲正利息：		
应付(收)利息合计：(大写)壹佰叁拾贰元贰角陆分						

图 3-9 模拟银行华夏支行（存）贷款利息清单

(3) 会计分录为

借：利息支出 132.26

　　贷：活期存款——华泰电子有限责任公司 132.26

(4) 利息清单第二联交华泰电子有限责任公司。

四、项目活动实践

(一) 资料。2010 年第三季度，模拟银行开户单位活期存款账户余额如下：

账 号	户 名	6 月 21 日至 9 月 20 日累计计息积数
001200101000111	西夏电子公司	789,000,000
001200101000112	大海化工公司	983,210,000
001200101000113	华泰有限公司	12,560,000,000

(二) 要求。以模拟银行柜员的身份进行相应业务的处理，包括利息计算、账务处理与凭证填制及凭证处理。

【课后思考】

1. 想一想现金支票填写过程中应注意哪些问题？
2. 比较单位活期存款现金存入和支取业务操作流程，并说明有何不同。

工作任务二 单位定期存款业务操作处理

【基础知识】

单位定期存款业务的基本规定如下。

（一）单位定期存款 10,000 元起存，多存不限。期限有三个月、半年、一年、两年、三年、五年六个档次。

（二）单位定期存款一次存入，到期支取。到期办理支取时，只能以转账方式转入单位的结算账户，定期存款账户不能支取现金，也不能用于结算。

（三）单位定期存款可以全部或部分提前支取，但只能提前支取一次。全部提前支取的，按支取日挂牌公告的活期存款利率计息。部分提前支取的，提前支取的部分按支取日挂牌公告的活期存款利率计息，其余部分如不低于起存金额起点的，由银行按原存期开具新的证实书，按原利率计息；不足起存金额的，则予以清户。逾期支取的，逾期部分按支取日挂牌公告的活期存款利率计息。

（四）单位定期存款利息的支付采取利随本清的方式结息。但为了准确反映各期的成本和利润水平，按照权责发生制原则，银行每季度结息日按单位定期存款总额先计提应付利息，到期一次支付。

【项目活动】

项目活动一　单位定期存款开户处理

一、单位定期存款开户业务的操作流程

单位定期存款开户业务的操作流程如图 3-10 所示。

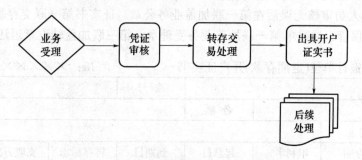

图 3-10　单位定期存款开户业务的操作流程

二、单位定期存款开户业务的操作步骤

（一）业务受理与凭证审核。单位存入定期存款时，应填写定期存款开户申请书一联，同时签发转账支票(见项目二)及一式三联进账单，如图 3-11 所示，提交银行，并在开户申请书及转账支票上加盖单位预留印鉴。

经办人员受理单位提交的定期存款开户申请书、转账支票及三联进账单时，应认真审查：开户申请书、支票内容是否正确、完整，进账单填写的内容是否与支票相符，支票是否超过提示付款期限，支票印鉴是否与预留印鉴相符，大小写金额是否一致，付款人账户是否有足够支付的余额。

（二）转存交易处理。经办人员依据存款人提交的转账支票、进账单及定期存款开户申请书，为其开立单位定期存款账户。转账支票作借方传票，进账单第二联作贷方传票，将相关信息录入业务操作系统进行转账交易。会计分录为

模拟银行　进账单

年　　月　　日

出票人	全　称		付款人	全　称					
	账号或地址			账号或地址					
	开户银行			开户银行			行号		

金　额	人民币(大写)	亿	千	百	十	万	千	百	十	元	角	分

票据种类		票据张数	
票据号码			

受理银行签章

图 3-11　模拟银行进账单

借：活期存款——××单位

贷：定期存款——××单位

开户申请书专夹保管，作日后支取时核对印鉴用。

(三) 出具开户证实书。完成转存交易后，打印一式两联单位定期存款开户证实书，如图 3-12 所示，经办人员审核无误后在第一联加盖业务公章。证实书第一联交存款人，第二联留存开户机构专夹保管。进账单第一联加盖业务受理章、第三联加盖转讫章退还给客户。

模拟银行单位(定期存款)开户证实书　　No：×××××××

户　名			账　号			
币　种			金　额			
开户行名称						
存入日期	存期	年利率%	起息日	到期日	转存标志	支取方式	操作员

事后监督：　　　　会计主管：　　　　　授权：　　　　　经办：

图 3-12　模拟银行单位（定期存款）开户证实书

(四) 后续处理。经办员将第二联开户证实书作卡片账按顺序专夹保管，转账支票和进账单第二联加盖转讫章、经办及复核人员名章后与其他记账凭证一并保管。

知识拓展

银行签发的开户证实书不能作为质押权证，若存款人因办理质押贷款的需要，可以向开户银行办理开户证实书换开定期存款存单。

三、项目活动实践

(一) 资料。模拟银行华夏支行当日发生下列业务。

70

(1) 2010 年 5 月 2 日，开户单位新华书店(001200101000129)提交转账支票及三联进账单，存入定期存款 500,000 元，存期 1 年，年利率 3.14％。

(2) 2010 年 5 月 2 日，开户单位华新电器厂(001200101000133)提交转账支票及三联进账单，存入定期存款 1,000,000 元，存期 3 年，年利率 5.40％。

(二) 要求。以模拟银行华夏支行柜员的身份进行相应业务的处理，包括凭证审核、业务数据录入、凭证签章与凭证处理。

项目活动二　单位定期存款销户处理

一、单位定期存款销户业务的操作流程

单位定期存款销户业务的操作流程如图 3-13 所示。

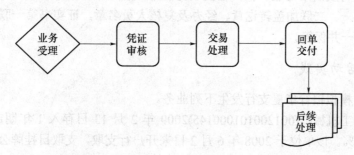

图 3-13　单位定期存款销户业务的操作流程

二、单位定期存款开户业务的操作步骤

(一) 业务受理与凭证审核。单位定期存款到期，存款人应填写一式三联单位定期存款支取凭证，如图 3-14 所示，加盖预留印鉴，并在定期存款开户证实书背面加盖预留印鉴，一并提交银行。

模拟银行　单位定期存款支取凭证

年　　　月　　　日

存款人名称		活期存款账号												
定期存款账号		活期存款开户行名称												
存款本金		利息金额												
本　息合　计	人民币(大写)			亿	千	百	十	万	千	百	十	元	角	分
支款人预留印鉴　　　　　　会计主管　　　　　　复核　　　　　　记账														

图 3-14　模拟银行单位定期存款支取凭证

经办人员收到存款人提交的开户证实书和支取凭证，应认真审核支取凭证的内容是否准确、完整；调出专夹保管的开户证实书卡片联及开户申请书，与客户提交的开户证实书核对无误；客户提交的开户证实书背面加盖的预留印鉴以及支取凭证上的预留印鉴与开户申请书上的预留印鉴核对无误。

(二) 交易处理。首先按规定计算利息，并在支取凭证上填写利息金额、本息合计金额。支取凭证第一联作借方凭证，第二联作贷方凭证。在两联开户证实书上加盖"结清"戳记，第一联作借方凭证附件，第二联作销户凭证，将相关信息录入业务操作系统进行转账交易。会计分录为

借：定期存款——××单位
借：应付利息——应付定期存款利息户
　　贷：活期存款——××单位

(三) 回单交付及后续处理。柜员在支取凭证第三联加盖转讫章后作为业务回单交付给客户。支取凭证第一、二联加盖转讫章、经办及复核人员名章，证实书第一联加盖附件章后，与其他记账凭证一并保管。

三、项目活动实践

(一) 资料。模拟银行华夏支行发生下列业务。

开户单位华工机械厂(001200101000145)2009 年 2 月 13 日存入 1 年期定期存款 300,000 元，年利率 3.14％。该单位于 2008 年 6 月 2 日来开户行支取，支取日挂牌公告的活期存款年利率为 0.72％。

(二) 要求。以模拟银行华夏支行柜员的身份进行相应业务的处理，包括凭证审核、计息、业务数据录入、凭证签章与凭证处理。

项目活动三　单位定期存款结息处理

一、单位定期存款结息业务操作流程

单位定期存款结息业务操作流程如图 3-15 所示。

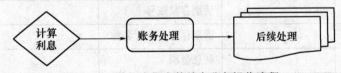

图 3-15　单位定期存款结息业务操作流程

二、单位定期存款结息业务操作步骤

(一) 计算利息。即
到期利息=存款本金×同档次年利率×存期(年)
逾期利息=存款本金×到期日活期日利率×逾期天数
实际工作中，因需要按季预提利息，故到期利息是分次计算预提的。

(二) 账务处理。单位定期存款利息的支付是采取分季预提、利随本清的方式。具体操作处理分为两步。

(1) 预提时的会计分录为

借：利息支出——定期存款利息户

贷：应付利息——应付定期存款利息户

(2) 到期实际支付时，将各期预提的利息累加后支付。其会计分录为

借：应付利息——应付定期存款利息户

贷：活期存款——××单位

知识拓展

单位定期存款采取利随本清的方式计算利息。计息时按照对年对月对日的方法计算存期，对年一律按 360 天，对月则按 30 天，零头天数按实际天数计算。单位定期存款在存期内按存入日挂牌公告的利率计息，遇利率调整不分段计息；单位定期存款逾期支取，其逾期部分按支取日挂牌公告的活期存款利率计息。

三、项目活动实践

(一) 资料。模拟银行华夏支行发生下列业务。

开户单位五金商店(001200101000123)2009 年 3 月 10 日存入 1 年期定期存款 120,000 元，年利率 3.14%。于 2010 年 5 月 2 日来开户行支取，支取日挂牌公告的活期存款年利率为 0.72%。

(二) 要求。以模拟银行华夏支行柜员的身份进行相应业务的处理，包括凭证审核、业务数据录入、利息计提与支付、凭证签章及凭证处理。

【课后思考】

1. 想一想单位定期存款开、销户业务操作流程。

2. 想一想单位定期存款的有关规定有哪些？其结息方法如何？

工作任务三　个人活期储蓄存款业务操作处理

【基础知识】

一、储蓄的概念及种类

(一) 储蓄的概念。储蓄是指个人将其拥有的人民币或外币存入储蓄机构，储蓄机构开具存折(银行卡)或存单作为凭证，个人凭存折(银行卡)或存单可以支取本金和利息，储蓄机构依照规定支付存款本金和利息的活动。

(二) 储蓄的种类。按储蓄期限分为活期储蓄存款、定期储蓄存款、定活两便储蓄存款、通知储蓄存款等。

其中定期储蓄存款包括整存整取定期储蓄存款、零存整取定期储蓄存款、存本取息定期储蓄存款、整存零取定期储蓄存款、教育储蓄存款。

二、我国的储蓄政策和原则

(一) 储蓄政策。我国政府对储蓄采取保护和鼓励的政策。《中华人民共和国宪法》第十三条规定，国家保护公民的私有财产权。

(二) 储蓄原则。"存款自愿、取款自由、存款有息、为储户保密"是储蓄的基本原则，是储蓄政策的具体体现，是办理储蓄业务必须遵守的基本准则。

(1) 存款自愿。存款自愿是指储户对参加储蓄有充分的自主权，参加不参加储蓄、参加何种储蓄、存多少钱、存多长时间、存在哪一个储蓄机构，均由储户自主决定，任何机构和个人均无权干涉。

(2) 取款自由。取款自由是指储户什么时候取款、取多少、作什么用，由储户自行决定，银行必须照章支付，不得刁难或限制，不得过问存款来源和取款用途。

(3) 存款有息。存款有息是指储蓄机构对任何储蓄存款应按照国家规定的利率计息办法，为储户准确计付一定的利息。它体现了储蓄存款利息收入的合法性和储户依法获取利息的基本权利。

(4) 为储户保密。为储户保密是银行承担对储户及其存款的一切情况保守秘密的职责和义务，对储户的姓名、性别、年龄、身份、地址、签章式样、存款金额、支取时间、笔数、过户、继承等情况保守秘密，不得向任何人和机构透露。司法机关查询个人存款，必须持合法证明文件。

三、办理储蓄业务的基本规定

柜员在办理储蓄日常业务时，应注意遵守以下基本规定。

(一) 要严格按照储蓄业务管理制度及有关规定办理储蓄业务。

(二) 营业中柜员必须在自己签到的终端上办理客户的储蓄业务。严禁柜员在自己签到的终端上办理本人储蓄业务，严禁其他柜员代为签章，严禁柜员在储蓄存取款凭证客户签字确认处代客户签名。

(三) 柜员办理储蓄业务必须认真审核凭证要素，保证存单(折)与凭证上的账号、户名、金额三相符。柜员必须认真审核储户的存单／折、卡，辨别其真伪，并注意审核以下事项：是否为本行账户，是否必须到开户行办理，存单／折有无公章，存单／折内容有无涂改，定期存单／折是否到期。

(四) 办理储蓄开户及存取款业务必须严格执行有关制度规定，在客户的视线范围内和监控下完成；坚持收款当面点清、付款金额当面问清、钞券当面交清。存取款凭证由客户填写金额，柜员据此核对。现金存款应当面核准大数(整把以上的把数)，点清细数(零散现钞)，使用点(验)钞机全数清点无误后，确认实收金额与客户填写的金额一致，再录入终端，打印凭证，交客户签字后收回。取款业务与此类似。办理业务时应坚持一笔一清、一份一清，一笔业务未办理完毕，不得擅自离岗。

(五) 各类储蓄业务开户、大额取款[5 万元(含)以上或等值 1 万美元]及定期类储蓄存款的提前支取等，均应出示存款人身份证件，代理支取的应同时出示代理人身份证件。认真审核客户及代理人身份证件的真实性、有效性，无误后方可办理。5 万元(含)以上的大额取现应登记备案。

(六) 柜员不得以任何理由删改存取款凭证上储户填写及银行打印的各项内容。

(七) 在储户的存折／单及储蓄凭证上加盖的储蓄业务公章、转讫章、现讫章，必须为当天日期。

(八) 客户存款时要先收款后记账，取款时要先记账后付款，转账业务必须先记付款账户，再记收款账户。

(九) 一般业务当日复核，提前支取、挂失、解挂等特殊业务必须坚持当场复核。

(十) 当出现现金错款时，要执行长款归公、短款自赔的规定，要及时告知主管柜员，严禁柜员私自处理。

(十一) 凡以手工计息的储蓄品种，柜员计算应付利息并经复核无误后，方可支付。发生计息差错需进行冲销或手工计息调整的，需经复核并经主管柜员审核批准后，方可办理。

四、利息与税金

活期储蓄存款是指不固定存期，可随时以现金存取和在同名账户之间转账的存款。人民币活期储蓄存款 1 元起存，多存不限。活期储蓄存款以结息日挂牌公告的活期储蓄存款利率计付。元以下的尾数不计息，但利息的角分计入本金。未到结息日销户的，按销户日挂牌公告的活期储蓄存款利率计付利息。

我国规定，自 1999 年 11 月 1 日起滋生的储蓄存款利息，由银行代扣代缴储蓄存款个人利息所得税；按照国务院修订后的对储蓄存款所得征收利息税的实施办法，储蓄利息所得应该按照政策调整前和调整后分时段计算，要按照不同的税率计征个人所得税，即自 1999 年 11 月 1 日起至 2007 年 8 月 14 日止滋生的利息所得按照 20% 的税率计征个人所得税，自 2007 年 8 月 15 日起滋生的利息所得应按照 5% 的利息税税率计征个人所得税。利息税的计算公式为

$$代扣利息所得税 = 应纳税利息额 \times 税率$$

储蓄机构代扣个人利息所得税的税款时，应在给储户的利息清单上注明已扣税款的数额，注明已扣税款数额的利息清单，视同完税证明。

五、个人储蓄存款业务会计核算设置的科目

(一) 活期储蓄存款。本类科目属负债类科目，核算本行吸收的个人活期存款及信用卡存款。

(二) 定期储蓄存款。本类科目属负债类科目，核算本行吸收的个人各类定期存款。

(三) 利息支出。本类科目属权益类科目，核算本行吸收各类存款应支付的利息。

(四) 应付利息。本类科目属负债类科目，核算本行按权责发生制计提的应付利息。

【项目活动】

项目活动一　活期储蓄开户存款业务操作处理

一、活期储蓄存款开户及存款业务操作流程

活期储蓄存款开户业务操作流程如图 3-16 所示。

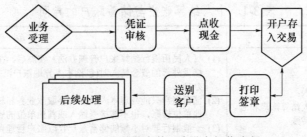

图 3-16　活期储蓄存款开户业务操作流程

二、活期储蓄开户存款业务操作步骤

(一) 业务受理。客户填写储蓄存款凭条，连同客户的有效身份证件和现金。若他人代理开户，还应接收代理人的身份证件。

(二) 凭证审核。柜员审核客户身份证件是否有效，并确定是否为本人(对身份证、户口簿等可以通过身份证联网系统进行核查的，必须核查)。

(三) 点收现金。柜员收到客户递交的现金后，应询问客户的存款金额，然后，在监控下和客户视线内的柜台上清点。清点时，柜员一般需在点钞机上正反清点两次，金额较小时，也可手工清点，但要注意假币的识别，并再次与客户唱对金额。

(四) 开户交易。柜员输入开户交易代码，进入个人活期储蓄存款现金开户界面，刷存折，系统自动读取磁条信息，输入储户姓名、证件类型、证件号码、电话号码、邮政编码及地址。需凭密码支取的，请客户输入密码(一般要求输入两遍)，确认无误后提交，发送主机记账。开户时的会计分录为

借：现金

贷：活期储蓄存款——××个人户

(五) 打印、签章。柜员取出新折，进行划折操作，然后根据系统提示打印存折及存款凭证，并请客户在存款凭证上签名确认。然后，柜员在存折上加盖储蓄专用章或业务专用章，在存款凭条上加盖现金收讫章或业务清讫章，最后，在上述所有凭证上加盖柜员名章。

(六) 送别客户。柜员将身份证件、存折(单)交给客户后，与之道别。

(七) 后续处理。银行柜员将现金放入钱箱，存款凭条作贷方凭证整理存放。

知识拓展

(一) 从2000年4月1日开始，实行个人存款账户实名制。个人存款账户实名制是指要求存款人到金融机构办理各种本外币存款开户时必须出示个人有效身份证件，使用身份证件上的姓名(代理开户的应同时出示代理人有效身份证件)。金融机构应按规定进行核对，并登记身份证件上的姓名和证件号码。

个人存款账户实名制所指的有效证件包括居民身份证、有效期内的临时居民身份证、户口簿、军官证、士兵证，外籍储户凭护照、居住证，港、澳、台同胞凭回乡证。

(二) 根据中国人民银行《人民币银行结算账户管理办法》的规定，活期存款账户分为结算账户和储蓄账户两种，又包括普通存折和一本通两种形式。其中，一本通是集人民币、外币等不同币种于一体的活期存款账户。所以，个人活期储蓄存款开户既可开成结算账户，也可开成储蓄账户，其形式既可采用普通存折，也可采用一本通（表3-1）。

表3-1 个人结算账户与储蓄账户的异同

共 同 点	区 别
(1) 均可以存取现金； (2) 存款均可获得利息收入； (3) 存款人本人名下的个人结算账户和活期储蓄账户可以相互转账	(1)《人民币银行结算账户管理办法》实施后，在办理对外的资金转出或接受外部的资金转入时(包括本人异地账户汇款)，只能通过结算账户办理； (2) 储蓄账户只能办理本人名下的存取款业务和转账，而不能对他人或其他单位转账，也不能接受他人或其他单位的资金转入； (3) 一般银行要对小额的储蓄账户收取账户管理费，而对结算账户不收取账户管理费

三、项目活动实践

(一) 资料。

(1) 储户李丽萍(身份证号：640×××××××××××122)于 2010 年 2 月 2 日来办理活期储蓄存款开户，存入人民币 30，000 元(账号：001203538120312)。

(2) 储户李云龙(身份证号：640×××××××××××122)于 2010 年 2 月 3 日来办理活期存款开户，存入人民币 8，000 元(账号：001203538120313)。

(二) 要求。请以模拟华夏支行营业网点柜员货身份，完成相关业务处理(假定利息税率为 5%)。

项目活动二　活期储蓄存款支取的处理

一、活期储蓄取款业务操作流程

活期储蓄取款业务操作流程如图 3-17 所示。

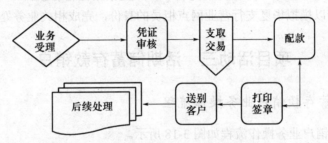

图 3-17　活期储蓄取款业务操作流程

二、活期储蓄取款业务操作步骤

(一) 业务受理。柜员聆听客户口述取款要求，并接收客户的储蓄存折等。若客户取款金额超过人民币 5 万元(含)的，还应接收客户的身份证件，他人代理的还应接收代理人的身份证件。

(二) 审核。柜员与客户确认取款数额。审核客户存折的真实性和有效性；取款金额超过人民币 5 万元(含)的，还应审核客户身份证件，并在待打印的个人业务取款凭证上摘录证件名称、号码、发证机关等信息。

(三) 支取交易和配款。柜员输入交易码，进入个人活期储蓄存款取款交易界面。根据系统提示划折后，系统自动反馈账号、户名、凭证号等信息，然后录入取款金额。待客户输入正确密码后，系统要求配款操作，然后进行电子配款和实物配款。配款结束后柜员确认提交。活期储蓄存款支取时的会计分录为

(1) 本行开户支取。

借：活期储蓄存款——××个人户

　　贷：现金

(2) 他行通存支取。

借：辖内往来

贷：现金

(四) 打印、签章。交易成功后，柜员根据系统提示打印存折和取款凭证，核对后请客户在取款凭证上签名确认，并加盖现金付讫章或业务清讫章和柜员名章。

(五) 送别客户。柜员与客户唱对金额，无误，将现金和存折交客户，送别客户。

(六) 后续处理。柜员整理、归档凭证，取款凭证作现金付出凭证或作当日机制凭证附件。

知识拓展

《中国人民银行关于加强金融机构个人存取款业务管理的通知》(1997 年第 363 号)中规定：5 万元(不含)以上的大额取现应登记备案。但在实际业务中，各家商业银行在办理个人一次性提取现金 5 万元(含)以上的业务时，均要求取款人提前预约并在取款时提供有效身份证件。

三、项目活动实践

(一) 资料。

(1) 储户张丽于 2010 年 4 月 3 日来行支取 4,000 元活期储蓄存款。

(2) 储户吕丽于 2010 年 4 月 5 日来支取 51,500 元活期储蓄存款。

(二) 要求。请以模拟华夏支行营业网点柜员的身份，完成相关业务处理。

项目活动三 活期储蓄存款销户

一、活期储蓄存款销户业务操作流程

活期储蓄存款销户业务操作流程如图 3-18 所示。

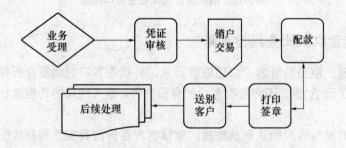

图 3-18 活期储蓄存款销户业务操作流程

二、活期储蓄存款销户业务操作步骤

(一) 业务受理。柜员聆听客户口述销户及取款要求，接收客户的储蓄存折等。若为个人结算账户销户，要请客户填交变更、撤销个人银行结算账户申请书；若客户销户本息超过人民币 5 万元(含)的，还应接收客户的身份证件，他人代理的还应接收代理人的身份证件。

(二) 审核。柜员应审核客户是否符合销户条件，核查客户的有效身份证件，并批注在取款凭证上；凭印鉴支取的，客户需回开户行办理。若为个人结算账户销户，审核申请书填写是否完整，核对存折和申请书上的账号是否一致。若需提供身份证件的，应审核身份证件是否真实、有效，在待打印的取款凭证上摘录其身份证件名称、号码、发证机关等信息。

(三) 销户交易和配款。柜员输入交易码，进入个人活期储蓄存款销户交易界面。柜员根据系统提示划折后，界面反馈账号、户名和凭证号等信息，柜员录入取款金额进行配款操作。完成后，经营业经理授权确认提交。活期储蓄存款销户时的会计分录(本行开户)为

借：活期储蓄存款——××个人户

借：利息支出——活期储蓄存款利息支出

贷：现金

贷：代扣代缴利息所得税

(四) 打印、签章。根据系统提示依次打印存折，变更、撤销个人银行结算账户申请书，取款凭证，储蓄存款利息清单。核对无误后，非结算账户客户需在取款凭证上签名确认；结算账户客户需在取款凭证和申请书上签名确认。柜员在申请书记账联或取款凭证、利息清单上加盖业务付讫章或业务清讫章及柜员名章，在申请书客户和银行留存联上加盖业务公章。将已销户的存折加盖销户戳记后剪角或加盖附件章，申请书记账联或取款凭证和利息清单作银行记账凭证，存折作上述凭证的附件。

(五) 送别客户。柜员与客户唱对金额后，将现金(本息)、利息清单客户联和申请书客户联交给客户，送别客户。

(六) 后续处理。柜员将有关凭证按规定存放，结束该笔交易。

知识拓展

活期存折销户后，若客户要求留存已销户的活期存折，柜员需要破坏活期存折磁条的完整性，在最后的一笔交易记录的下一行批注"某年某月某日销户，以下空白"字样(或加盖印章，画线注销)，并在存折封面上加盖"销户"戳记后交客户。

三、项目活动实践

(一) 资料。

(1) 储户王丽萍于 2010 年 4 月 6 日来行办理活期储蓄存款(非结算账户)销户。

(2) 储户李平于 2010 年 4 月 6 日来行办理活期存款(结算账户)销户。

(二) 要求。请以模拟华夏支行营业网点柜员的身份，完成相关业务处理。

项目活动四　活期储蓄存款利息业务的处理

一、活期储蓄存款利息计算的基本规定

(一) 基本公式，即

$$利息 = 本金 \times 存期 \times 利率$$

(1) 本金。储蓄存款本金以元为起点，元以下角、分不计息。利息金额算至厘位，实际支付或入账时四舍五入至分位。

(2) 存期。算头不算尾，存入日起息，支取的前一日止息，支取日不计息。活期储蓄存款存期按实际天数计算。计算定期储蓄存款的存期时，整年或整月可按对年对月对日计算，也可按实际天数计算。

(3) 利率。利率单位有年利率、月利率、日利率三种；计算利息要注意利率单位与存期单

位的一致性。

(二) 计息的基本规定。

(1) 结息日与结息期。活期储蓄存款按季结息，每季末月的 20 日为结息日，按结息日挂牌活期储蓄存款利率计息，每季末月的 21 日为利息的入账日。对未到结息日办理销户的，其利息应随本金一同结清，利息算至销户的前一天止。

(2) 储蓄存款积数的计算。活期储蓄存款由计算机自动累加存款积数，结息或结清时将存款的累计未计息积数乘按结息日或结清日挂牌公告的活期储蓄存款利率，结计出储户的利息，即

$$应付利息=累计日积数×结息日或销户日挂牌公告的活期储蓄存款日利率$$
$$实付利息=应付利息-应付利息×利息所得税税率$$

二、项目活动案例

储户李三 2010 年 1 月 11 日开立活期储蓄存款存折户，其活期储蓄存款分户账如图 3-19 所示，销户日的利息计算如图 3-19 所示(注：2 月按 28 天计算，假定利息税率为：5%)。

活期储蓄存款分户账

户名：李三 账号：0001203000589001 利率：0.72%

日 期	摘 要	存 入	支 取	余 额	天数	计息积数	累计积数
20100111	开户	10,000		10,000	32	10,000×32=320,000	320,000
20100212	支取		2,000	8,000	30	8,000×30=240,000	560,000
20100314	续存	1,000		9,000	7	9,000×7=63,000	623,000
20100321	结息	12.46		9,012.46			
20100321	利息税		0.62	9,011.84	52	9,011×52=468,572	468,572
20100512	销户利息	9.37		9,021.21			
20100512	利息税		0.47	9,020.74			
20100512	销户支取		9,020.74	0			

图 3-19 活期储蓄存款分户账

利息计算：

2010 年 3 月 20 日：

 应付利息：623000×0.72%/360=12.46 元

 利息税=12.46×5%=0.62 元

 税后实得利息=12.46-0.62=11.84 元

2010 年 5 月 12 日：

 应付利息：468572×0.72%/360=9.37 元

 利息税=9.37×5%=0.47 元

 税后实得利息=9.37-0.47=8.90 元

 合计支取现金：9020.74 元

三、项目活动实践

(一) 资料。储户王丽萍(0001203000589008)账户资料如下。

(1) 2010 年 1 月 6 日来行办理活期储蓄存款开户存入 2,000 元人民币。

(2) 2010 年 1 月 16 日续存 3,000 元。

(3) 2010 年 2 月 16 日支取 1,000 元。

(4) 2010 年 3 月 12 日续存 3,000 元。

(5) 2010 年 6 月 10 日来行办理销户。

(二) 要求。请以模拟华夏支行营业网点柜员的身份，完成相关业务处理(记账、结息、销户)。

工作任务四 整存整取定期储蓄存款业务操作处理

【基础知识】

整存整取定期储蓄存款是储户开户时一次性存入本金，约定存期，到期一次支取本息的一种储蓄形式。开户时 50 元起存，多存不限。存款期限分为三个月、六个月、一年、两年、三年和五年六个档次，存期越长，利率越高。存入时由储蓄机构发给存单，到期储户凭存单一次支取本息。开户时为了安全起见，可预留印鉴或密码，凭印鉴或密码支取。存款未到期，如果储户急需用款，可凭存单和储户身份证件办理提前支取。

整存整取定期储蓄存款可约定转存的一种服务方式，即客户在开户时约定在存款到期日由银行自动将客户未支取的整存整取定期储蓄存款本金连同税后利息，按到期日当日利率自动转存为同种类、同期限(部分银行也可按约定金额和约定期限转存为另一指定的存款种类)定期储蓄存款。

一、存本取息定期储蓄存款

存本取息定期储蓄存款是指储户一次存入本金，在约定存期内分次支取利息，到期一次性支取本金和最后一次利息的一种定期储蓄存款。一般 5,000 元起存，多存不限；存期分为一年、三年和五年三个档次。支取利息的时间可以一个月一次、一个季度一次或半年一次，由储户与储蓄机构协商确定。分期支取利息时，必须在约定的取息日支取，不得提前预支利息。如到期未取息，以后可以随时支取，但不计复利。存本取息定期储蓄存款可以全部提前支取，但不办理部分提前支取。提前支取全部本金时，已分期支付给储户的利息应从计算的应付利息中扣回，如应付利息不足，不足部分从本金中扣回。

二、教育储蓄存款

教育储蓄存款是为鼓励城乡居民以储蓄方式为其子女接受非义务教育积蓄资金，促进教育事业发展而开办的储蓄存款。教育储蓄存款的对象为在校小学四年级(含四年级)以上学生，存期分为一年、三年和六年三种，每一账户起存 50 元，本金合计最高限额为 2 万元，开户时，客户须与银行约定每次固定存入的金额，分次存入，中途如有漏存，应在次月补存，未补存者按零存整取定期储蓄存款的有关规定办理。

按照国家相关政策规定，客户凭学校出具的"正在接受非义务教育学生的身份证明"一次支取本金和利息时，可以享受利率优惠，即一年期、三年期的教育储蓄按开户日同期同档次整存整取定期储蓄存款利率计息，六年期按开户日五年期整存整取定期储蓄存款利率计息。

教育储蓄在存期内如遇利率调整，仍按开户日利率计息，并免征储蓄利息所得税。若客户不能提供证明，存款不享受利率优惠，按正常个人整存整取定期储蓄存款业务办理，并应按有关规定征收储蓄存款利息所得税。

【项目活动】

项目活动一　整存整取定期储蓄存款开户业务操作处理

一、整存整取定期储蓄存款开户业务的操作流程

整存整取定期储蓄存款开户业务的操作流程如图 3-20 所示。

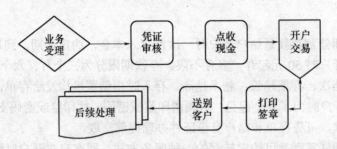

图 3-20　整存整取定期储蓄存款开户业务的操作流程

二、整存整取定期储蓄存款开户业务操作步骤

(一) 业务受理。柜员仔细聆听客户的开户要求(即开立何种存款账户、存入现金的数量)，请客户填写储蓄存款凭条，接收客户填写的储蓄存款凭条、有效身份证件和现金。若他人代理开户，还应接收代理人的身份证件。

(二) 凭证审核。柜员审核客户身份证件是否有效，并确定是否为本人。若为代理他人开户的，还需审核代理人证件。

(三) 点收现金。柜员收到客户递交的现金后，先询问客户存款金额，然后应在监控下和客户视线内的柜台上清点。清点时，柜员一般须在点钞机上正反清点两次，金额较小时，也可手工清点，但要注意假币的识别，并再次与客户唱对金额。完成后，应将现金放置于桌面上，待开户业务办理结束后再予以收存。

(四) 开户交易。柜员输入开户交易代码，进入整存整取定期储蓄存款开户交易界面，根据系统提示输入储户姓名、证件类型、证件号码、电话号码、邮政编码及地址。须凭密码支取的，请客户设置密码(一般要求输入两遍)，确认无误后提交，发送主机记账。整存整取定期储蓄存款开户时的会计分录为

借：现金

　　贷：整存整取定期储蓄存款——××个人户

(五) 打印签章。柜员根据系统提示打印存单及存款凭证，并请客户在存款凭条上签名确认。然后，柜员在存折上加盖储蓄专用章或业务专用章，在存款凭条上加盖现金收讫章或业务清讫章，最后，在上述所有凭证上加盖柜员名章。

(六) 送别客户。柜员将身份证件、存折(单)交给客户后，与之道别。

(七) 后续处理。银行柜员将现金放入钱箱，存款凭条作贷方凭证整理存放。

三、项目活动实践

储户张君于 2010 年 4 月 23 日存入一笔整存整取定期储蓄存款 80，000 元，约定存期一年。请以模拟银行华夏支行某营业网点柜员的身份，完成业务处理。

项目活动二　整存整取定期储蓄存款部分提前支取处理

一、整存整取定期储蓄存款部分提前支取业务操作流程

整存整取定期储蓄存款部分提前支取业务操作流程如图 3-21 所示。

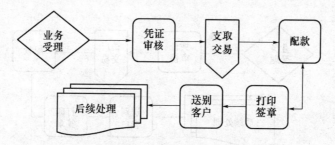

图 3-21　整存整取定期储畜存款部分提前支取业务操作流程

二、整存整取定期储蓄存款部分提前支取业务操作步骤

(一) 业务受理。柜员聆听客户口述取款要求，接收客户的储蓄存单和客户的身份证件，他人代理的还应接收代理人的身份证件。

(二) 凭证审核。柜员审核客户存折(单)是否为本行签发，是否挂失，身份证件是否合法、有效，审核无误后确认客户部分提前支取金额。然后，在待打印的取款凭证或存单背面上摘录证件名称、号码、发证机关等信息。

(三) 部分提前支取交易及配款。柜员输入交易码，进入整存整取定期储蓄存款部分提前支取交易界面。手工录入账户、原凭证号、本金、部分提前支取金额、证件类型、证件号码和新凭证号，超限额取款需经营业经理授权。待客户输入密码无误后，系统要求配款操作，配款结束后柜员确认提交。整存整取定期储蓄存款提前支取时的会计分录为

借：整存整取定期储蓄存款——××个人户(提前取款金额)

借：利息支出——定期储蓄存款利息支出(提前取款金额应付利息)

　　贷：现金

　　贷：代扣代缴利息所得税

(四) 打印签章。柜员根据系统提示依次打印旧存单、储蓄存款利息清单存款凭证和新存单，核对后请客户在存款凭证上签名确认，然后，柜员在旧存单上加盖现金付讫章或业务清讫章和结清章，在储蓄存款利息清单上加盖现金付讫章，在存款凭证上加盖业务清讫章，在新存单上加盖储蓄专用章或业务专用章，并在上述所有凭证上加盖柜员名章。

(五) 送别客户。柜员与客户唱对金额后，将现金、身份证件、新存单和利息清单客户联交给客户，与客户道别。

（六）后续处理。柜员将旧存单、利息清单记账联和存款凭证按规定整理存放。

三、项目活动实践

客户张平于 2009 年 8 月 3 日存入的 40,000 元一年期整存整取定期储蓄存款，于 2010 年 3 月 30 日提前支取 10,000 元。请以模拟银行华夏支行营业网点柜员的身份，完成业务处理。

项目活动三　整存整取定期储蓄存款账户销户

一、整存整取定期储蓄存款销户业务操作流程

整存整取定期储蓄存款销户业务操作流程如图 3-22 所示。

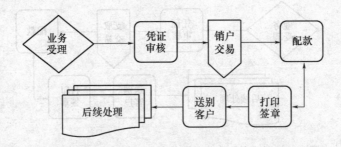

图 3-22　整存整取定期储蓄存款销户业务操作流程

二、整存整取定期储蓄存款销户业务操作

（一）业务受理。柜员聆听客户口述销户要求，接收客户的储蓄存单。若客户提前支取，本息超过人民币 5 万元(含)的，还应接收客户的身份证件，他人代理的，还应接收代理人的身份证件。

（二）凭证审核。柜员审核客户存单是否为本行签发并已到期，审核该账户是否挂失、止付等。若需提供身份证件的，应审核身份证件是否真实、有效，在待打印的取款凭证或存单上摘录其身份证件名称、号码、发证机关等信息。

（三）销户交易及配款。柜员输入交易码，进入整存整取定期储蓄存款销户交易界面，手工录入账号、凭证号、证件类型、证件号码和取款金额，系统要求配款操作，完成后授权提交。整存整取定期储蓄存款销户时的会计分录为

借：整存整取定期储蓄存款——××个人户

借：利息支出——定期储蓄存款利息支出

　　贷：现金

　　贷：代扣代缴利息所得税

（四）打印签章。柜员根据系统提示依次打印存单和储蓄存款利息清单，并加盖现金付讫章或业务清讫章，在存单上加盖结清章，在上述所有凭证上加盖柜员名章。

（五）送别客户。柜员与客户唱对金额后，将现金(本息)、利息清单客户联交给客户，与客户道别。

（六）后续处理。柜员将有关凭证按规定存放，结束该笔交易。

三、项目活动实践

储户王丽萍于 2009 年 8 月 30 日存入的 20,000 元一年期整存整取定期储蓄存款,于 2010 年 4 月 30 日支取 5,000 元后,于 2010 年 5 月 3 日销户。请以模拟银行华夏支行营业网点柜员的身份,完成业务处理。

项目活动四   整存整取定期储蓄存款利息计算与处理

一、整存整取定期储蓄存款利息计算的基本规定

(一) 存期的规定。计算整存整取定期储蓄存款的存期时,整年或整月可按对年对月对日计,也可按实际天数计,不足月的零头天数按实际天数计;算头不算尾,存入日起息,支取的前一日止息,支取日不计息。

(二) 利率的规定。根据不同的取款方式,按下列规定的利率办理计息。整存整取定期储蓄存款到期支取,按存单标注的利率或开户日挂牌公告的相应档次的整存整取定期储蓄存款利率计付利息,利随本清。

整存整取定期储蓄存款全部提前支取,均按支取日挂牌公告的活期储蓄存款利率计付利息。部分提前支取的,支取部分按支取日挂牌公告的活期储蓄存款利率计付利息。

整存整取定期储蓄存款逾期支取,其逾期部分的利息按支取日挂牌公告的活期储蓄存款利率计算。

(三) 整存整取定期储蓄存款约定或自动转存的,区分不同的取款方式,按上述规定的利率计息,利息计入本金生息。

二、整存整取定期储蓄存款利息的计算

整存整取定期储蓄存款利息的计算公式为

应付利息=本金×存期(年或月)×利率(同档次年利率或月利率)

利息税=应付利息×税率

实付利息=应付利息-利息税

三、项目活动案例

案例一:储户李雪于 2009 年 3 月 26 日存入 20,000 元一年期整存整取定期储蓄存款,于 2009 年 9 月 26 日提前支取 5,000 元,其余存至到期日,请分别计算提前支取 5,000 元和到期支取 15,000 元本金的实付利息(假定 2009 年 3 月 26 日定期一年存款利率为 2.79%,2009 年 9 月 26 日挂牌活期利率 0.72%,同时,假定利息税率为 5%)。

2009 年 9 月 26 日提前支取 5,000 元本金的利息计算为

应付利息=5,000×184×0.72%÷360=18.4 元

应交利息税=18.4×5%=0.92 元

实付利息=18.4-0.92=17.48 元

2010 年 3 月 26 日到期支取 15,000 元本金的利息计算为

应付利息=15,000×1×2.79%=418.5 元

应交利息税=418.5×5％=20.93 元

实付利息=418.5-20.93=397.57 元

案例二：储户张军于 2009 年 2 月 10 日存入 3,000 元整存整取定期储蓄存存期六个月，年利率为 2.25％。若储户田宇于 2007 年 8 月 30 日逾期(支取日挂牌公告的活期储蓄存款年利率为 0.72％)，计算实付利息(假定利息税率为 5%)。

2009 年 8 月 10 日到期利息计算为

应付利息=3,000×6×2.79％÷12=41.85 元

2009 年 8 月 10 日至 8 月 30 日逾期利息计算为

应付利息=3,000×20×0.72％÷360=1.2 元

应交利息税=(41.85+1.2)×5％=2.15 元

实付利息=(41.85+1.2-2.15)=40.90 元

四、项目活动实践

(一) 资料。模拟银行华夏支行储户李鹏于 2009 年 6 月 3 日存入的 20,000 元一年期整存整取定期储蓄存款，于 2009 年 8 月 30 日部分提前支取 10,000 元后，于 2008 年 7 月 3 日全部支取。

(二) 要求。请以模拟银行华夏支行柜员的身份，分别完成各阶段的业务处理。

工作任务五　零存整取定期储蓄存款业务操作处理

【基础知识】

零存整取定期储蓄存款是储户开户时约定存期，在存期内分次存入本金，到期一次支取本息的一种定期储蓄存款。它具有计划性、约束性和积累性等特点。该储蓄存款一般 5 元起存，多存不限。存入时由储蓄机构发给存折。存期分一年、三年和五年。每月存入一次，中途如有漏存，应在次月补存，未补存者，视同违约，对违约后存入的部分，支取时按活期储蓄存款利息计算。零存整取定期储蓄存款可以办理全部提前支取，但不办理部分提前支取。

【项目活动】

项目活动一　零存整取定期储蓄存款开户业务操作处理

一、零存整取定期储蓄存款开户业务操作流程

零存整取定期储蓄存款开户业务操作流程如图 3-23 所示。

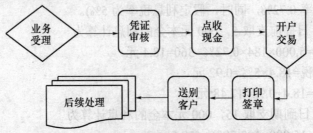

图 3-23　零存整取定期储蓄存款开户业务操作流程

二、零存整取定期储蓄存款开户业务操作步骤

(一) 业务受理。柜员仔细聆听客户的开户要求(即开立何种存款账户、存入现金的数量)，请客户填写储蓄存款凭条，接收客户填写的储蓄存款凭条、有效身份证件和现金。若他人代理开户，还应接收代理人的身份证件。

(二) 凭证审核。柜员审核客户身份证件是否有效，并确定是否为本人。若为代理他人开户的，还需审核代理人证件。

(三) 点收现金。柜员收到客户递交的现金后，先询问客户存款金额，然后应在监控下和客户视线内的柜台上清点。清点时，柜员一般需在点钞机上正反清点两次，金额较小时，也可手工清点，但要注意假币的识别，并再次与客户唱对金额。完成后，应将现金放置于桌面上，待开户业务办理结束后再予以收存。

(四) 开户交易。柜员输入开户交易代码，进入零存整取定期储蓄存款开户交易界面，根据系统提示输入储户姓名、证件类型、证件号码、电话号码、邮政编码及地址。须凭密码支取的，请客户设置密码(一般要求输入两遍)，确认无误后提交，发送主机记账。零存整取定期储蓄存款开户时的会计分录为

借：现金

　　贷：零存整取定期储蓄存款——××个人户

(五) 打印签章。柜员根据系统提示打印存折以及存款凭证，并请客户在存款凭证上签名确认。然后，柜员在存折上加盖储蓄专用章或业务专用章和柜员名章，在存款凭证上加盖现金收讫章和柜员名章。

(六) 送别客户。柜员将身份证件、存单交给客户后，与之道别。

(七) 后续处理。将现金放入钱箱，并将存款凭证作贷方凭证整理存放。

三、项目活动实践

模拟华夏支行储户张丽于 2009 年 3 月 15 日开户存入一笔零存整取定期储蓄存款，约定存期一年，月存 100 元。请以模拟银行华夏支行某营业网点柜员的身份，完成业务处理。

知识拓展

零存整取定期储蓄存款续存业务处理流程及处理步骤与开户业务基本相同。不同的只是在业务受理方面，柜员接收的是客户的储蓄存折和现金，交易时进入的是"零存整取定期储蓄存款续存交易界面"，其余步骤与开户相同，在此就不一一赘述。

项目活动二　零存整取定期储蓄存款销户业务处理

一、零存整取定期储蓄存款销户业务操作流程

零存整取定期储蓄存款销户业务操作流程如图 3-24 所示。

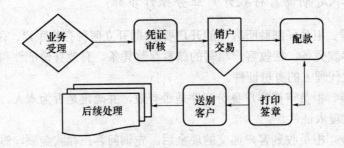

图 3-24　零存整取定期储蓄存款销户业务操作流程

二、零存整取定期储蓄存款销户业务操作步骤

(一) 业务受理。柜员聆听客户口述的取款要求,接收客户的储蓄存折。若提前支取或销户本息超过人民币 5 万元(含)的零存整取定期储蓄存款账户,须接收存款人身份证件,他人代理的,还应接收代理人身份证件。若为教育储蓄销户,柜员应接收客户一式三联的学校出具的由税务局统一印制的"正在接受非义务教育学生的身份证明"。

(二) 凭证审核。柜员审核客户存折是否为本行签发并已到期(若未到期,还需审核身份证件),审核该账户是否挂失、止付等。若需接收身份证件的,应审核身份证件是否真实、有效,在待打印的取款凭证或存折上摘录其身份证件名称、号码、发证机关等信息。若为教育储蓄销户,应审核"正在接受非义务教育学生的身份证明"的真实性。

(三) 销户交易及配款。柜员输入交易码,进入零存整取定期储蓄存款销户交易界面,柜员根据系统提示划折后,界面反馈账号、户名和凭证号等信息,柜员录入取款金额进行配款操作。完成后,经确认后提交。零存整取定期储蓄存款销户时的会计分录为

借:零存整取定期储蓄存款——××个人户(每月存额×存期)

借:利息支出——定期储蓄利息支出

　　贷:现金

　　贷:代扣代缴利息所得税

(四) 打印签章。柜员根据系统提示依次打印存折、取款凭证、储蓄存款利息清单,核对无误后,请客户在取款凭证上签名确认。柜员在取款凭证、利息清单上加盖现金付讫章及柜员名章,在已销户的存折上加盖业务清讫章后剪角或加盖附件章,取款凭证和利息清单作银行记账凭证,存折作上述凭证的附件。

(五) 送别客户。柜员与客户唱对金额后,将现金、利息清单客户联交给客户,与客户道别。

(六) 后续处理。柜员将有关凭证按规定存放,结束该笔交易。

三、项目活动实践

模拟银行华夏支行储户李丽于 2009 年 2 月 15 日开户存入 100 元,并按约定每月存入 100 元的一年期零存整取定期储蓄存款,于 2010 年 2 月 15 日到期支取。请以模拟银行华夏支行柜员的身份,完成业务处理。

项目活动三　零存整取定期储蓄存款利息业务处理

一、零存整取定期储蓄存款结息业务的基本规定

(一) 存期内按存入日(开户日)利率计息。

(二) 存期内遇利率调整不分段计算。

(三) 提前支取应按支取日挂牌公告的活期储蓄存款利率计息。

(四) 逾期支取的逾期部分按支取日公告的活期储蓄存款利率计息。

二、利息的计算方法

零存整取定期储蓄存款本金是分次等额存入的，存款余额逐次递增，因而，利息计算方法与整存整取定期储蓄存款利息计算不同。零存整取定期储蓄存款一般采用固定基数计息法或日积数计息法计息。

(一) 日积数计息法。该方法适用于每月固定或不固定存款金额，中途有漏存的零存整取定期储蓄存款到期或提前支取的利息计息。其计算公式为

应付利息=累计日积数×日利率

应交利息税=应付利息×税率

实付利息=应付利息−利息税

(二) 固定基数计息法，该方法适用于储户每月存入固定存款金额的零存整取定期储蓄存款到期支取的利息计算。其计算公式为

应付利息=每月固定存款额×存款月数×固定基数×利率(月)

固定基数=(存款月数+1) / 2

利息税=应付利息×税率

实付利息=应付利息−利息税

(三) 零存整取定期储蓄存款逾期支取应付利息的计算

应付利息=存款余额×逾期天数×支取日活期储蓄存款利率(日)

三、项目活动案例

案例一：模拟银行储户孙斌于 2009 年 1 月 8 日开立三年期零存整取定期储蓄存款账户，每月定期存入 1,000 元，于 2010 年 1 月 8 日到期支取，请计算实付利息。

可直接使用固定基数计息法：

应付利息=1000×12×(12+1)÷2×2.4％÷12=156 元

应交利息税：目前没有利息税

实付利息：156 元

案例二：模拟银行储户张平(00012105000231)的零存整取定期储蓄存款账户如图 3-25 所示。若该储户于 2010 年 4 月 10 到期支取，请计算支付给储户的利息。

零存整取定期储蓄存款分户账

户名：张平　　　　　　账号：　00012105000231　　　　利率：1.8%

日　期	摘　要	存　入	余　额	天数	计息积数	累计积数
20090410	开户	100	100	23	100×23=2,300	2,300
20090503	续存	100	200	43	200×43=8,600	10,900
20090615	续存	100	300	23	300×23=6,900	17,800
20090708	续存	100	400	28	400×28=11,200	29,000
20090805	续存	100	500	41	500×41=20,500	49,500
20090915	续存	100	600	50	600×50=30,000	79,500
20091104	续存	200	800	31	800×31=24,800	104,300
20091205	续存	100	900	34	900×34=30,600	134,900
20100108	续存	100	1000	29	1,000×29=29,000	163,900
20100206	续存	100	1100	37	1,100×37=40,700	204,600
20100316	续存	100	1200	25	1,200×25=30,000	234,600

图 3-25　零存整取定期储蓄存款分户账

利息计算：应付利息=234,600×1.8%÷360=11.73。

知识拓展

教育储蓄存款与一般的零存整取定期储蓄存款的区别如表3-2所列。

表 3-2　教育储蓄存款与一般的零存整取定期储蓄存款的区别

区别点	一般的零存整取定期储蓄存款	教育储蓄存款
对象	所有居民	在校小学四年级(含四年级)以上学生
起存金额	5元	50元
本金限额	不限	每一账户本金合计最高限额为2万元
存期	一年、三年和五年三种	一年、三年和六年三种
利息税	按有关规定征收储蓄存款利息所得税	免利息税
到期免税证明	无	正在接受非义务教育的学生身份证明

四、项目活动实践

(一) 模拟银行华夏支行储户王丽萍于 2009 年 8 月 10 日开立一年期零存整取定期储蓄账户，每月定期存入 200 元，于 2010 年 8 月 10 日支取，请以模拟银行华夏支行柜员的身份，计算实付利息。

(二) 模拟银行华夏支行储户张华于 2009 年 4 月 20 日开立一年期零存整取定期储蓄存款账户，开户时利率为 1.98%，约定月存 500 元，其存款账如表 3-26 所示。请以模拟银行华夏支行柜员的身份，记账并计算实付利息。

零存整取定期储蓄存款分户账

户名：张华　　　　　账号：00012105000239　　　　　利率：1.8%

日　期	摘　要	存　入	余　额	天数	计息积数	累计积数
20090420	开户	500				
20090503	续存	500				
20090610	续存	500				
20090704	续存	500				
20090805	续存	500				
20090918	续存	500				
20091004	续存	500				
20091205	续存	1,000				
20100108	续存	500				
20100206	续存	500				
20100316	续存	500				

图 3-26　零存整取定期储蓄存款分户账

知识拓展

其他储蓄存款业务

(一) 定活两便储蓄存款。定活两便储蓄存款是一种不确定存款期限、利率随存期长短而变动的储蓄存款。起存金额为 50 元，存款时不约定存期，由储蓄机构发给存单，客户取款时凭存单支取，存期不满三个月的，按活期存款利率计付利息；三个月以上(含三个月)不满半年的，整个存期按支取日整存整取定期储蓄存款三个月的存款利率打六折计息；存期半年以上(含半年)不满一年的，整个存期按支取日整存整取定期储蓄存款半年的存款利率打六折计息；存期一年以上(含一年)的，无论存期多长，整个存期按支取日整存整取定期储蓄存款一年的存款利率打六折计息。

该种储蓄具有活期储蓄存款可随时支取的灵活性，又能享受到接近定期存款利率的优惠。

(二) 个人通知存款。个人通知存款是指储户在存入款项时不约定存期，支取时需提前通知银行，约定支取存款日期和金额方能支取存款的一种储蓄形式。从1999年2月1日起开户的通知存款，最低起存金额为5万元，最低支取金额也为5万元。通知存款不论实际存期多长，按存款人提前通知的期限划分为一天通知存款和七天通知存款两个品种。

外币通知存款只设七天通知存款一个品种，最低起存金额为5万元人民币等值外汇；最低支取金额个人为5万元人民币等值外汇。对于个人300万美元(含300万)以上等值外币存款，经与客户协商，可以办理外币大额通知存款。在支取时按照大额外币通知存款实际存期和支取日利率(即支取日上一交易日国际市场利率-约定利差)计息。

目前，银行提供的通知存款业务多种多样，有一天或七天等的个人通知存款，还有自动转存功能的个人通知存款。例如，农行"双利丰"个人通知存款业务开通七天通知存款转存后，客户每笔"双利丰"个人通知存款自开户日起，每七天向银行发出支取通知，银行按七天个人通知存款自动转存并计算复利，不满七天按活期储蓄存款挂牌利率计算利息。最低起存金额为人民币5万元或等值人民币5万元的外币。

个人通知存款计息规定如下：

(1) 个人通知存款的利息按支取日挂牌公告的相应档次利率、支取金额、实存期限计算，利随本清。

(2) 对已办理通知手续而不支取或在通知期限内取消通知的，通知期限内不计息，即实际存期需剔除通知期限，七天通知存款存期剔除七天，一天通知存款存期剔除一天。

(3) 下列情况，按活期储蓄存款利率计息：

实际存期不足通知期限的，按活期储蓄存款利率计息；

未提前通知而支取存款的，支取部分按活期储蓄存款利率计息；

已办理通知手续而提前支取或逾期支取的，支取部分按活期储蓄存款利率计息；

支取金额不足或超过约定金额的，不足或超过部分按活期储蓄存款利率计息；

支取金额不足最低支取金额的，按活期储蓄存款利率计息。

【课后思考】

1. 如果客户(居民)手中持有一笔长期不用的节余款项来行存款，作为柜员你会推荐何种存款形式给客户？

2. 想一想定活两便储蓄存款的利息是如何计算的？

3. 想一想教育储蓄的适用对象和最高存储额？

4. 想一想个人通知存款都有哪些规定？

工作任务六　储蓄存款特殊业务操作处理

【基础知识】

储蓄存款特殊业务主要指储蓄存款挂失、储蓄存款解挂、假币收缴、票币兑换等。

项目活动一　存单(折)挂失的处理

一、存单(折)挂失基本的规定

(一) 储户遗失存单、存折、预留印鉴的印章、账户的密码、个人支票等，均可到原储蓄机构书面申请挂失。不记名式的存单、存折，银行不受理挂失。正式挂失必须到原开户网点办理。

(二) 储户办理挂失时，必须持本人身份证件，并提供姓名、存款时间、种类、金额、账号及住址等有关情况。如储户本人不能前往办理挂失，可委托他人代为办理。

(三) 银行根据客户提供的资料，确认存款未被支取和未被冻结止付后，方可受理申请。银行在受理挂失申请(包括临时挂失和正式挂失)前账户内的资金已被他人支取的，储蓄机构不负赔偿责任。

(四) 对挂失金额较大的，要复印身份证件作附件备查。

(五) 储户在特殊情况下，以口头、电话、电报、信函等方式申请挂失，均视为口头挂失，储户必须在办理口头挂失后的五天之内，到原开户行办理正式挂失手续，否则挂失将失效，口头挂失不收手续费。

二、补发存折(单)或取现

(一) 储户在办理正式挂失手续七天后，持挂失申请书来银行办理补领新存折(单)或取现等手续。必须是原存款人亲自办理，他人不得代办。

(二) 储户办理挂失后，在挂失七天内找到了原存单(折)的，可以要求撤销挂失。撤销挂失必须持原挂失申请书到原挂失的开户网点办理。

(三) 挂失人致函要求撤销挂失申请的，银行不予办理。挂失撤销后，原收取的手续费不退还客户。

三、储蓄存款挂失业务操作步骤

(一) 业务受理。柜员受理客户正式挂失申请或口头挂失申请时，若为正式挂失，柜员接收客户的身份证件，并请客户填写一式三联的挂失申请书，他人代理挂失的，还应接收代理人的身份证件。若为口头挂失(客户可通过电话、网上银行或到营业网点来办理)，由柜员填写挂失止付单。

(二) 审核。柜员根据储户提供的有关资料，认真核对储户的身份证件及账户的各项内容，审核储蓄挂失申请书上的内容填写是否完整、准确；在确认存款确未被支取的情况下，先冻结账户，再办理其他挂失手续。

(三) 系统处理。柜员输入交易码，进入存折(单)、密码挂失界面，录入挂失账户信息，经主管柜员审核并授权后确认提交。

(四) 打印签章。柜员完成系统操作后，打印挂失申请书后请客户签名，并加盖授权人和柜员名章。

(五) 收费。若为正式挂失，柜员需向客户收取手续费(一般收费10元)，并打印一式三联

业务收费凭证,由客户签收后收回。同时登记挂失登记簿。挂失业务的会计分录为

借:现金

贷:其他营业收入——挂失手续费收入

(六) 送别客户。柜员将加盖了业务公章和柜员名章的储蓄挂失申请书客户联、收费凭证回单联及客户身份证交客户,与客户道别。若为口头挂失,应明确告知客户必须在 5 日(异地为 15 天)内持本人身份证件到原开户网点办理正式挂失手续。

(七) 后续处理。柜员将客户身份证件复印件和储蓄挂失申请书银行留存联专夹保管,业务收费凭证记账联按规定整理存放。

四、储蓄存款解挂业务操作步骤

(一) 业务受理。柜员接收客户的身份证件、储蓄挂失申请书客户联。若客户已找回挂失的存折(单),则还需接收存折(单)。

(二) 审核。柜员根据储户提供的有关资料,确认挂失时限已过,且储户为客户本人后,按储蓄挂失申请书编号从专夹中抽出申请书银行留存联,会同主管柜员进行核对。

(三) 系统处理。柜员输入解挂交易码,进入储蓄存折(单)解挂界面,录入账户信息、证件类型、证件号码等,经主管柜员审核并授权后确认提交。

(四) 打印签章。若为挂换、挂开业务,柜员根据系统提示打印新存折(单)和特殊业务凭证(若为存折,应先划新存折写磁后再打印);若为挂撤、挂销和密码重置业务,则系统直接打印特殊业务凭证,挂销还需打印储蓄存款利息清单。打印后,柜员审核各类存折(单)、特殊业务凭证和储蓄存款利息清单,确认无误后,在储蓄挂失申请书的"处理结果"栏注明处理结果,并请客户在储蓄挂失申请书和特殊业务凭证上签名确认。然后,柜员在新存折(单)上加盖储蓄专用章或业务专用章和柜员名章。

(五) 送别客户。若为挂撤和密码重置业务,柜员将旧存折(单)交给客户;若为挂换、挂开业务,柜员将新开的存折(单)交给客户;若为挂销业务,柜员将现金(本息合计数)、储蓄存款利息清单请客户签名确认后交给客户,与客户道别。

(六) 后续处理。柜员在挂失登记簿上写明处理结果,并与主管柜员分别签章确认,将特殊业务凭证(挂失申请书银行留存联作附件)和储蓄存款利息清单记账联整理存放。

五、项目活动实践

资料:模拟银行华夏支行 2010 年 4 月 8 日受理以下业务。

(一) 客户林兵持本人身份证(身份证号为 640×××××××××××122)来行申请其活期存折(账号为 120200016886666),开户日期为 2010 年 2 月 5 日)挂失。

(二) 2010 年 4 月 13 日,客户林兵持本人身份证(身份证号为 640×××××××××122)、活期存折(账号为 120200016886666,开户日期为 2008 年 2 月 5 日)、挂失申请书客户联来撤销挂失。

(三) 2008 年 4 月 16 日,客户李丽持本人身份证(身份证号为 640×××××××××131)、挂失申请书客户联等来申请活期存折(账号为 120200016886233,开户日期为 2008 年 3 月 2 日)销户。

项目活动二　假币收缴业务处理

一、假币收缴的基本规定

(一) 商业银行在办理业务时，若发现假币，由该银行两名以上业务人员(持有反假币资格上岗证书)当面予以收缴。

(二) 对假人民币纸币，应当面加盖"假币"字样的戳记；对假外币纸币及各种假硬币，应当面以统一格式的专用袋加封，封口处加盖"假币"字样戳记，并在专用袋上标明币种、券别、面额、张(枚)数、冠字号码、收缴人、复核人名章等细项。

(三) 收缴人员必须当面并告知持有人如对被收缴的货币真伪有异议，可向中国人民银行当地分支机构或中国人民银行授权的当地鉴定机构申请鉴定。收缴的假币，不得再交予持有人。

(四) 《中华人民共和国人民币管理条例》规定，单位、个人持有伪造、变造的人民币的，应当及时上缴中国人民银行、公安机关或者办理人民币存取款业务的金融机构；发现他人持有伪造、变造的人民币的，应当立即向公安机关报告。

(五) 中国人民银行及中国人民银行授权的国有商业银行的业务机构应当无偿提供鉴定人民币真伪的服务。

二、办理假币收缴业务处理步骤

(一) 发现假币。柜员在办理业务时发现假币应立即向客户声明，并马上报告主管柜员。

(二) 双人确认。两名(含)以上持有反假货币上岗资格证书的柜员在客户的视线范围内采用人、机结合的方式进一步鉴定和确认。

(三) 加盖戳记。确认为假币后，两名(含)以上持有反假货币上岗资格证书的柜员在客户视线范围内办理假币收缴手续，对假人民币纸币，应当面加盖"假币"字样戳记；对假外币纸币及各种假硬币，应当面以统一格式的专用袋加封，封口处加盖"假币"字样戳记，并在专用袋上标明币种、券别、面额、张(枚)数、冠字号码、收缴人、复核人名章等细项。

(四) 出具凭证。柜员输入交易码，进入假币收缴操作界面，完整录入中国人民银行统一设计的假币收缴凭证上的所有内容后，打印假币收缴凭证，并请客户在银行留存联上签字确认；若客户拒绝签字，应在客户签字栏注明"客户拒签"，然后，在假币收缴凭证上加盖经办柜员和复核柜员名章及业务公章。将假币收缴凭证客户联交给客户。收缴的假币，柜员不得再交予持有人(客户)，也不得自行将假币销毁。

(五) 告知权利。柜员应告知客户，如对被收缴的货币真伪有异议，可自收缴之日起三个工作日内，持假币收缴凭证直接或通过收缴单位向中国人民银行当地分支机构或中国人民银行授权的当地鉴定机构申请鉴定。

(六) 送别客户。柜员将假币收缴凭证客户联交给客户并告知权利后，与客户道别。

(七) 后续处理。柜员使用"假币出入库"交易，选择"收缴入库"，查询"登记"状态下柜员假币收缴记录，与实物核对无误后，作入库处理。待营业终了前，柜员使用"假币出入库"交易，选择"收缴出库"，将本人当日收缴的全部假币实物上缴给主管柜员或保管假币的指定柜员。

知识拓展

(一) 金融机构在收缴假币过程中有下列情形之一的，应当立即报告当地公安机关，提供有关线索。

(1) 一次性发现假人民币 20 张(枚)(含 20 张、枚)以上、假外币 10 张(枚)(含 10 张、枚)以上的。

(2) 属于利用新的造假手段制造假币的。

(3) 有制造贩卖假币线索的。

(4) 持有人不配合金融机构收缴行为的。

(二) 持有人对被收缴货币的真伪有异议，可以自收缴之日起三个工作日内，持假币收缴凭证直接或通过收缴单位向中国人民银行当地分支机构或中国人民银行授权的当地鉴定机构提出书面鉴定申请。中国人民银行分支机构和中国人民银行授权的鉴定机构应当无偿提供鉴定货币真伪的服务，鉴定后应出具中国人民银行统一印制的货币真伪鉴定书，并加盖货币鉴定专用章和鉴定人名章。

(三) 对盖有"假币"字样戳记的人民币纸币，经鉴定为真币的，由鉴定单位交收缴单位按照面额兑换完整券退还持有人，收回持有人的假币收缴凭证，盖有"假币"戳记的人民币按损伤人民币处理；经鉴定为假币的，由鉴定单位予以没收，并向收缴单位和持有人开具货币真伪鉴定书与假币没收收据。

(四) 对收缴的外币纸币和各种硬币，经鉴定为真币的，由鉴定单位交收缴单位退还持有人，并收回假币收缴凭证；经鉴定为假币的，由鉴定单位将假币退回收缴单位依法收缴，并向收缴单位和持有人出具货币真伪鉴定书。

三、项目活动实践

客户李丽到模拟银行华夏支行办理存款 8,000 元，其中有 2 张 50 元纸币、15 张 20 元纸币、5 张 100 元纸币为假币。请以模拟银行柜员的身份，进行业务处理。

项目活动三　票币兑换业务处理

一、票币兑换业务包含的内容

票币兑换业务主要指根据客户的要求将大额主币兑换零钞、辅币兑换大额主币及残缺币兑换等业务。

二、票币兑换业务操作步骤

(一) 业务受理。银行柜员仔细聆听客户口述主、辅币兑换或残缺币兑换的要求，接收需兑换的票币。

(二) 核对。主、辅币兑换，柜员要确认客户兑换金额或请客户填写兑换清单，进行清点与核对；特殊残缺、污损人民币兑换由柜员按照《中国人民银行残缺污损人民币兑换办法》有关规定确定兑换标准，经复核、业务主管确认无误后，当着兑换人的面在损伤票币上加盖"全额"或"半额"戳记，分类别按全额、半额使用专用袋密封，填制金融机构特殊残缺污损人民币兑换单，如图 3-27 所示，加盖有关人员名章；专用袋及封签应具有不可恢复性。如遇特殊原因的损伤票币需放宽标准的，兑换时需经有关领导批准。

金融机构特殊残缺污损人民币兑换单

金融机构名称(业务专用章) 　　　　　　　　兑换日期：　年　月　日

特殊残缺污损人民币情况			兑 换 结 果		
券别	版别	数量(张、枚)	全额(张、枚)	半额(张、枚)	兑换金额(元)
合　计					
备　注					

业务主管：　　　　复核：　　　　　经办：　　　　　持有人：

此单一式三联：一联金融机构留存；一联粘贴在专用袋上；一联交持有人。

图 3-27　金融机构特殊残缺污损人民币兑换单

(三) 配款。柜员清点与核对无误后，按客户要求(主、辅币兑换)或按鉴定(残缺票币兑换)配款。

(四) 送别客户。柜员将配好的款交与客户，客户确认无误后与客户道别。

(五) 后续处理。柜员将主、辅币兑换的现金放入钱箱；残缺币兑换的，将有关证明与被兑换、鉴定票币一起装封入袋，以备查考。鉴别人签章封口，交当地人民银行发行库销毁。

知识拓展

(一) 人民币的票币兑换是银行出纳工作的一项重要任务。票币兑换包括主、辅币的兑换，也包括残缺票币的兑换。

(二) 不宜流通人民币挑剔标准。在流通过程中因长期使用磨损或由于自然灾害等特殊原因以致不能再继续流通的人民币即为损伤票币，应将其别出。挑剔损伤票币，既要考虑市场票币的整洁，又要贯彻节约的原则。挑剔时，根据中国人民银行 2003 年 12 月 1 日公布的《不宜流通人民币挑剔标准》，按以下标准掌握。

(1) 纸币票面缺少面积在 $20mm^2$ 以上。

(2) 纸币票面裂口两处以上、长度每处超过 5 毫米，裂口一处、长度超过 10 毫米。

(3) 纸币票面存在纸质较绵软，起皱较明显，脱色、变色、变形，不能保持票面防伪功能等情形之一。

(4) 纸币票面污渍、涂写字迹面积超过 $2cm^2$，或者不超过 $2cm^2$ 但遮盖了防伪特征之一。

(5) 硬币有穿孔、裂口、变形、磨损、氧化及文字、面额数字、图案模糊不清等情形之一。

(三) 损伤票币的兑换标准。《中国人民银行残缺污损人民币兑换办法》规定:

(1) 能辨别面额,票面剩余 3 / 4(含 3 / 4),其图案、文字能按原样连接的残缺、污损人民币,可按原票面额给予全额兑换。

(2) 能辨别面额,票面剩余 1 / 2(含 1 / 2)至 3 / 4 以下,其图案、文字能按原样连接的残缺、污损人民币,按原面额的 1/2 兑换。

(3) 纸币呈正十字形缺少 1 / 4 的,按原面额的 1/2 兑换。

(4) 持有人如对残缺、污损的人民币兑换结果有异议,经持有人要求,金融机构应出具认定证明并退回该残缺、污损人民币。持有人可凭认定证明到中国人民银行分支机构申请鉴定,中国人民银行应自申请日起五个工作日内作出鉴定并出具鉴定书,如图 3-28 所示。持有人可持中国人民银行的鉴定书及可兑换的残缺、污损人民币到金融机构进行兑换。

中国人民银行特殊残缺污损人民币鉴定书

鉴定单位名称(公 章)　　　　　　　　　　　鉴定日期:　年　月　日

持有人:			证件号码:		
特殊残缺污损人民币情况			兑 换 结 果		
券别	版别	数量(张、枚)	全额(张、枚)	半额(张、枚)	兑换金额(元)
合　计					
备　注					

业务主管:　　　　　　　　复核:　　　　　　　　鉴定 :

此单一式四联:一联鉴定单位留存;一联粘贴在专用袋上;一联随专用袋传递给受理特殊残缺污损人民币兑换业务的金融机构; 一联交持有人到金融机构办理兑换业务。

图 3-28　中国人民银行特殊残缺污损人民币鉴定书

【课后思考】

1. 假币持有人(客户)拒绝在收缴凭证上签字怎么办?
2. 假币持有人(客户)坚持要看被收缴的假币怎么办?
3. 柜员在办理业务时发现自己误收假币怎么办?

项目四 结算方式处理

学 习 指 南

【学习目标】

1. 熟悉支付结算业务相关基础知识。
2. 掌握汇兑、委托收款、托收承付的相关操作规程和处理手续。

【学习重点】

1. 支付结算的原则。
2. 汇兑业务的操作处理。
3. 委托收款业务的操作处理。
4. 托收承付业务的操作处理。

【学习难点】

1. 托收承付全额承付的会计处理。
2. 托收承付逾期付款的会计处理。

【工作任务】

1. 汇兑业务的汇出与汇入。
2. 委托收款业务的托收、付款与收款项。
3. 托收承付业务的托收与承付。

工作任务一　汇兑业务的操作

【基础知识】

一、支付结算的概念及有关规定

(一) 概念。支付结算是指单位、个人在社会经济活动中使用票据、信用卡和汇兑、托托收承付、委托收款等结算方式进行货币给付及其资金清算的行为。支付结算按支付方式不同分为现金结算和转账结算。

现金结算是收付双方直接使用现金收付款项的资金清算行为；转账结算是指通过银行将款项从付款人账户划转到收款人账户的货币给付及其资金清算的行为，转账结算的实质是以存款货币的流通代替现金流通。

(二) 支付结算原则。支付结算原则是银行和客户在办理支付结算业务时应共同遵守的行为准则。现行的支付结算原则是："恪守信用，履约付款；谁的钱进谁的账，由谁支配；银行不垫款。"

(三) 支付结算纪律。单位和个人在办理支付结算业务过程中，必须严格遵守的结算纪律有如下四条：第一，不准套取银行信用，不准签发空头支票、签章与预留签章不符的支票、支付密码不符的支票和远期支票以及没有资金保证的票据；第二，不准签发、取得和转让没有真实交易和债权债务的票据，套取银行和他人资金；第三，不准无理拒绝付款，任意占用他人资金；第四，不准违反规定开立和使用账户。

银行办理支付结算业务，应遵守"十不准"的结算纪律：第一，不准以任何理由压票、任意退票、截留客户和他行资金；第二，不准无理拒绝支付应由银行支付的票据款项；第三，不准受理无理拒付、不扣少扣滞纳金；第四，不准违章签发、承兑、贴现票据，套取银行资金；第五，不准签发空头银行汇票、银行本票和办理空头汇款；第六，不准在支付结算制度之外规定附加条件，影响汇路畅通；第七，不准违反规定为单位和个人开立账户；第八，不准拒绝受理、代理他行的正常业务；第九，不准放弃对企事业单位和个人违反结算纪律的制裁；第十，不准逃避向人民银行转汇大额汇划款项。

二、汇兑的概念及相关规定

汇兑是汇款人委托银行将其款项支付给收款人的结算方式。汇兑适用于单位和个人的各种款项的结算。

签发汇兑凭证必须记载下列事项：表明"汇兑"的字样；无条件支付的委托；确定的金额；收款人名称；汇款人名称；汇入地点、汇入行名称；汇出地点、汇出行名称；委托日期；汇款人签章。

汇兑业务包括汇款汇出与汇款汇入两个操作环节，如图 4-1 所示。

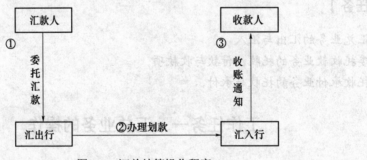

图 4-1　汇兑结算操作程序

【项目活动】

项目活动一　汇兑汇出

引入业务：模拟银行华夏支行收到开户单位新市区百货大楼信汇凭证一份,要求汇往江苏自行车厂清理旧欠款项，汇入行为工商银行南京市分行营业部,金额为 6,000 元。模拟银行华夏支行按规定为其办理汇款手续。

一、操作流程

汇兑汇出业务操作流程如图4-2所示。

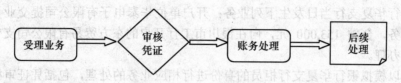

图4-2 汇兑汇出业务操作流程

二、操作步骤

汇款人委托银行办理信汇时,应向银行填制一式四联信汇凭证(图4-3)。

××银行电汇凭证(借方凭证) 2

委托日期　　年　　月　　日

汇款人	全称			收款人	全称		
	账号或住址				账号或住址		
	汇出地点		汇出行名称		汇入地点		汇入行名称
金额	人民币(大写)						
汇款用途:							
此汇款支付给收款人				科目(借)			
				对方科目(贷)			
		汇款人签章		汇出行汇出日期　　年　　月　　日			
				复核　　　　记账			

图4-3 ××银行电汇凭证(借方凭证)

(一)受理业务审核凭证。汇出行受理信汇凭证时,应认真审查,凭证上记载的各项内容是否齐全、正确;汇款人账户内是否有足够支付的余额;汇款的印章是否与预留银行印鉴相符。

(二)账务处理。审查无误后,第一联信汇凭证加盖转讫章退给汇款人。转账交付的,第二联信汇凭证作借方传票。其会计分录为

借:活期存款——新市区百货大楼　　　　6,000
　　贷:清算资金往来　　　　　　　　　　　　6,000

以现金交付的,填制一联特种转账贷方传票,第二联信汇凭证作借方传票。会计分录为

借:现金　　　　　　6,000
　　贷:应解汇款——汇款人户　　6,000
借:应解汇款——汇款人户　　6,000
　　贷:清算资金往来　　　　　　6,000

转账后,第三联信汇凭证加盖联行专用章,与第四联随同联行邮划贷方报单寄汇入行。

(三)后续处理。银行经办人员在相关记账凭证上加盖转讫章及经办人员名章,作为办理

业务的凭证与其他凭证一起装订保管。

三、项目活动实践

模拟银行华夏支行当日发生下列业务：开户单位华泰电子有限公司提交业务委托书申请办理汇兑业务，金额 153,000 元，向在银川市工行开户的东方贸易有限公司支付货款，本行审核后予以办理。

要求：以模拟银行华夏支行柜员的身份进行相应业务的处理，包括凭证审核、业务数据录入、凭证盖章与凭证处理。

项目活动二　汇 兑 汇 入

引入业务：模拟银行华夏支行收到一笔汇入款项，金额 700,000 元，汇款人是华强公司，汇出行是工行西安市支行，收款人新宁有限公司。模拟银行华夏支行工作人员审核无误后进行账务处理。

一、操作流程

汇兑汇入业务操作流程如图 4-4 所示。

图 4-4　汇兑汇入业务操作流程

二、操作步骤

(一) 来账确认与凭证审核。汇入行收到汇出行的汇款信息审核无误后，打印资金汇划补充凭证，如图 4-5 所示，审核相关信息内容。

模拟银行　资金汇划补充凭证

2009 年 8 月 19 日

发报日期 20090815　　业务种类汇兑
发报流水号 120271　　　收报流水号 253376
发报行行号 23876　　发报行名称工行西安市支行
收报行行号 00001　　收报行名称模拟银行华夏支行
收款人账号 001200101000008　收款人名称新宁电子有限公司
收款人地址
付款人账号 017200100007865　付款人名称华强公司
付款人地址
货币种类金额 RMB700 000.00 人民币柒拾万元整
附言：货款
网点号 001　　交易码 1911　　流水号 10378　　柜员号 01002

授权：　　　复核：　　　记账：

图 4-5　模拟银行资金汇划补充凭证

(二) 账务处理。凭证审核无误，经办人员以一联资金汇划补充凭证作贷方传票，另填转账借方传票，将相关信息录入业务处理系统办理转账。会计分录为

借：清算资金往来　　　　　　　　700,000
　　贷：活期存款——新宁电子有限公司　　700,000

一联资金汇划补充凭证加盖转讫章作收账通知交收款人。

(三) 后续处理。经办人员在相关记账凭证上加盖转讫章或付讫章及经办人员名章，作为办理业务的凭证与其他凭证一起装订保管。

三、项目活动实践

模拟银行华夏支行当日发生下列业务：收到西宁市工行的汇兑业务资金汇划贷方报单信息，金额 89,700 元，汇款人为在西宁市工行开户的华强服装公司(331204502000676)，系支付本行开户的光华贸易有限公司(001200102000785)货款，审查无误立即办理。

要求：以模拟银行华夏支行柜员的身份进行相应业务的处理，包括凭证审核、业务数据录入、凭证盖章与凭证处理。

工作任务二　委托收款业务操作处理

【基础知识】

一、概念

委托收款是收款人委托银行向付款人收取款项的结算方式。单位和个人凭债券、存单、已承兑的商业汇票等付款人的债务证明办理款项的结算，均可以使用委托收款结算方式。

二、有关规定

(一) 委托收款在同城、异地均可以使用。
(二) 委托收款结算款项的划回方式，分邮寄和电报两种，由收款人选用。
(三) 签发托收凭证必须记载下列事项：表明"托收"的字样；确定的金额；付款人名称；收款人名称；托收凭据名称及附寄单证张数；托收日期；收款人签章。欠缺记载上列事项之一的，银行不予受理。
(四) 在同城范围内，收款人收取公用事业费或根据国务院的规定，可以使用同城特约委托收款。

三、操作流程图

委托收款业务操作流程如图 4-6 所示。

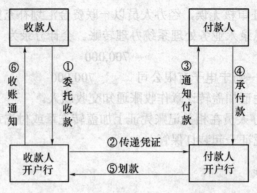

图 4-6　委托收款业务操作流程

【项目活动】

项目活动一　收款人开户行受理委托收款

引入业务：模拟银行华夏支行开户单位长宇电器有限公司(001200101000009)来行申请将向在工行武汉海江支行开户的鸿关公司(019200101000027)办理委托收款 600,000 元，模拟银行华夏支行工作人员按规定为其办理委托收款手续。

一、操作流程

收款人开户行受理委托收款业务操作流程如图 4-7 所示。

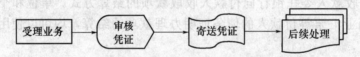

图 4-7　收款人开户行受理委托收款业务操作流程

二、操作步骤

收款人委托银行办理委托收款时，应填写一式五联托收证：第一联回单；第二联收款凭证，收款人开户行作贷方传票；第三联支款凭证，付款人开户行作借方传票；第四联收账通知，收款人开户行在款项收妥后给收款人的收账通知(电划的作付款人开户行的发电依据)；第五联付款通知。同时提供足以证明委托收款的依据，在第二联托收凭证上加盖单位印章后一并送交开户银行审查（图 4-8）。

(一) 受理业务与审核凭证。收款人开户行收到收款人提交的托收凭证及其所附的托收依据后，应审查托收凭证各栏是否按规定填写清楚、齐全、正确；第二联上是否加盖收款单位印章；所附单证是否与凭证所填一致。凭证审查无误后，托收凭证第一联加盖业务公章后退给收款人。

(二) 寄送凭证。凭证审查无误，经办人员在第三联托收凭证加盖结算习专用章后，连同第四、五联托收凭证及有关收款依据一并寄付款人开户行。收款人开户行如不办理全国或省辖资金汇划业务款项划时，需通过有关行处划转，因此，在托收凭证的备注栏应加盖"款项收妥请划××(行号)转划我行(社)"戳记，以便付款人开户行向指定的划转行划转资金。

××银行 托收凭证（贷方凭证）　2

委托日期　　年　月　日

业务类型		委托收款（　邮划　电划）				托收承付（　邮划　电划）						
付款人	全称				收款人	全称						
	账号					账号						
	地址					地址						
金额	人民币 （大写）											
款项 内容			托收凭据 名称					附寄单 证张数				
商品发运情况					合同名称号码							
备注： 收款人开户银行收到日期		上列款项随附有关债务证明，请予 办理。										
								复核　　　　记账				
年　月　日		收款人签章										

此联收款人开户银行作贷方凭证

图4-8　××银行托收凭证（贷方凭证）

(三) 后续处理经办人员将第二联托收凭证单独保管，登记发出委托收款结凭证登记簿。

三、项目活动实践

模拟银行华夏支行当日发生下列业务：开户单位永安电子有限公司(001200101000975)持银行承兑汇票来行申请办理托收，向承兑行江州市工行办理委托收款 2,000,000 元，出票人为在工行江州市支行开户的新华工贸公司(251200102007415)，模拟银行华夏支行工作人员按规定为其办理委托收款手续。

要求：以模拟银行华夏支行柜员的身份进行相应业务的处理，包括凭证审核、业务数据录入、凭证盖章与凭证处理。

项目活动二　付款人开户行付款

引入业务：模拟银行华夏支行收到工行湖南万山支行寄来的托收凭证，收款人为工行湖南万山支行开户的华荣公司(075200101000563)，金额 800,000 元，系向本行办理银行承兑汇票到期托收，银行承兑汇票出票人为本行开户的长宇电器有限公司(001200101000008)，经办人员凭证审核无误，予以处理。

一、操作流程

付款人开户行处理委托收款业务操作流程如图4-9所示。

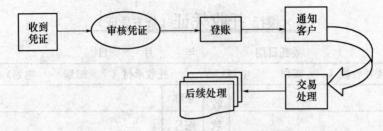

图 4-9　付款人开户行处理委托收款业务操作流程

二、操作步骤

(一) 接收凭证与凭证审核。付款人开户行经办人员接到收款人开户行寄来的邮划或电划托收凭证第三、四、五联(图 4-10)以及有关单证后,应审查是否属于本行的凭证,所附单证张数与托收凭证上所填的是否相符。审查无误后,在凭证上填注收到日期。

××银行 托收凭证(借方凭证)　　3

		委托日期　　　年　　月　　日			付款期限　　年　月　日	此
业务类型		委托收款(　　邮划　　电划)		托收承付(　　邮划　　电划)		联
付款人	全称		收款人	全称		付款人开户行作借方传票
	账号			账号		
	地址			地址		
金额	人民币(大写)					
款项内容		托收凭据名称		附寄单证张数		
商品发运情况			合同名称号码			
备注:						
付款人开户银行收到日期 年　　月　　日		收款人开户行签章		复核　　　　记账		

图 4-10　××银行托收凭证(借方凭证)

(二) 凭证登记并通知客户。托收凭证第三、四联逐笔登记"收到委托收款凭证登记簿"后专夹保管。第五联加盖业务公章后连同有关单证一并及时送交付款人签收,通知付款。

(三) 付款交易处理。银行为付款人的,银行经办人员按规定付款时,以第三联托收凭证作借方凭证,有关债务证明作借方凭证附件,将相关信息录入业务处理系统办理转账。会计分录为

借:应解汇款——长宇电器有限公司户　　　　　800,000
　　贷:清算资金往来　　　　　　　　　　　　　800,000

单位为付款人的，银行在接到托收凭证和有关债务证明时，应及时通知付款人。付款人收到有关单证经审查后，应及时通知银行付款。银行接到付款人通知付款或未接到付款人通知付款的，在发出通知的次日起第四天上午开始营业时(遇法定节假日顺延)，付款人账户足够支付全部款项的，以第三联托收凭证作借方凭证，有关债务证明作借方凭证附件，将相关信息录入业务处理系统办理转账。会计分录为

借：活期存款——付款人户

　　贷：清算资金往来

(四) 后续处理。转账后，付款银行经办人员在登记簿上填明转账日期，并按规定依据第四联托收凭证将款项划转信息通知收款行。异地银行通过网内或大额小额系统进行款项划转，同城情况下通过票据交换业务办理。最后在相关记账凭证上加盖转讫章及经办人员名章，作为办理业务的凭证与其凭证一起装订保管。

三、项目活动实践

模拟银行华夏支行当日发生下列业务：收到长宁市工行寄来的第三、四、五联托收凭证及商业承兑汇票，金额 240,000 元，收款人是在工行长宁市行开户的进出口贸易有限公司 (216242001009911)，付款人是在本行开户的永信电子有限公司 (200101000935)，经审查无误通知付款人，且商业汇票已到期，付款人同意付款，予以划款。

要求：以模拟银行华夏支行柜员的身份进行相应业务的处理，包括凭证审核、业务数据录入、凭证盖章与凭证处理。

项目活动三　收款人开户行收款

引入业务：模拟银行华夏支行开户单位长宇电器有限公(001200101000008)四天前来行申请向在工行武汉滨江支行开户的建工公司(019200101000027)办理委托收款 600,000 元，今日划回，模拟银行华夏支行工作人员按规定为其办理入账手续。

一、操作流程

收款人开户行收款操作流程如图 4-11 所示。

图 4-11　收款人开户行收款操作流程

二、操作步骤

(一) 来账确认与凭证审核。收款人开户行经办人员收到付款人开户行通过网内系统或大额小额系统发来的划款信息，审核无误后打印资金汇划补充凭证，并将留存的第二联托收凭证抽出，认真进行核对。

(二) 收款交易处理并通知客户。凭证经核对无误后经办人员在第二联托收凭证上填注转账日期，以资金汇划补充凭证作转账贷方传票；托收凭证作为附件，将相关信息录入业务处理系统办理转账。

会计分录为

借：清算资金往来 600,000

　　贷：活期存款——长宇电器有限公司户 600,000

转账后，将一联资金汇划补充凭证加盖转讫章作收账通知送交收款人。

(三) 后续处理。银行经办人员在相关记账凭证上加盖转讫章及经办人员名章，作为办理业务的凭证与其他凭证一起装订保管，同时销记发出委托收款凭证登记簿。

(四) 特殊情况处理。

(1) 无款支付的处理。付款人为单位的，付款行办理划款时，付款人银行存款账户不足支付全部款项的付款行在托凭证和收到委托收款凭证登记簿上注明退回日期和"无款支付"字样，并填制三联付款人未款通知书(用异地结算通知书代)，将一联通知书和第三联委托收款凭证留存备查，将第二、三联通知书连同第四联委托收款凭证邮寄收款人开户行。留存债务证明的，其债务证明一并邮寄收款人开户行。如系电报划款的，不另拍发电报。

收款人开户行若收到无款支付而退回的委托收款凭证及有单据时，应抽出第二联委托收证，注明"无款支付"字样，登记发出委托收款凭证登记簿，将第四、五联委托收款凭证及债务证明退交收款人。收款人在未付款项通知书上签收后，收款人开户行将二联未付通知书连同第三联委托收款凭证一并保管备查。

(2) 拒绝付款的处理。付款人若拒绝付款的，应在规定的时间内向开户行提交四联拒绝付款理由书以及债务证明和第五联委托收款凭证。付款人开户行经核对无误后，在委托收款凭证和收到委托收款凭证登记簿备注栏注明"拒绝付款"字样，然后将第一联拒绝付款理由书加盖业务公章作为回单退还付人，将第二联拒绝付款理由书连同第三联委托收款凭证一并留存备查，将第三、四联拒付理由书连同付款人债务证明和第四、五联委托收款凭证一并寄收款人开户行，如系电报划款的，不另拍发电报。

收款人开户行接到第四、五联委托收款凭证及有关债务证明和第三、四联拒绝付款理由书，核对无误后抽出第二联委托收款凭证，并在该凭证备注栏注明"拒绝付款"字样，与第三联拒绝付款理由书一并存查，销记发出委托收款凭证登记簿。然后，将第三、四联委托收款凭证及有关债务证明和第四联拒绝付款理由书一并退给收款人。

三、项目活动实践

模拟银行华夏支行当日发生下列业务：收到西安市工行发来的委托收款贷报信息，金额2,800,000元，是在本行开户的华润集团有限公司(001200101000651)委托本行向在工行西安市支行开户的华隆装饰公司(231204502000676)收取的商业承兑汇票款划回，经审查无误，立即处理。

要求：以模拟银行华夏支行柜员的身份进行相应业务的处理，包括凭证审核、业务数据录入、凭证盖章与凭证处理。

工作任务三　托收承付业务操作处理

【基础知识】

(一) 托收承付是根据购销合同由收款人发货后，委托银行向异地付款人收取款项，由付款人向银行承认付款的一种结算方式。

（二）适用于国有工商企业、供销合作社等相互之间的商品交易以及商品交易引起的劳务供应结算。经营管理比较好的城乡集体所有制工业企业，经开户银行审查同意也可以办理；各单位向集体所有制工业企业收取货款，必须凭该集体所有制工业企业开户行签发的准许办理托收承付结算的证明，才可办理托收承付结算。

（三）有关规定。

（1）办理托收承付结算的收付双方，必须签有符合《经济合同法》要求的购销合同，并在合同上注明使用托收承付结算方式。

（2）收付双方办理托收承付结算，必须重合同、守信用，收款单位要提供货物确已发运的证件，包括铁路、航运、公路等承运部门签发的运单、运单副本和邮局包裹回执等。

（3）托收承付结算每笔的金额起点为 10,000 元，新华书店系统每笔的金额起点为 1,000 元。

（4）收款单位对同一付款单位发出托收累计三次收不回货款的，银行应暂停其向该付款单位办理托收。

（四）逾期付款赔偿金。对逾期付款的部分，付款人开户行应根据逾期付款的金额，按每天 5/10000 的比例，在每个月的月底向付款人扣收逾期付款赔偿金，并于次月 3 日内划转收款单位开户行。在月内部分支付货款的，应计收当月 1 日至部分支付日的逾期付款赔偿金，连同部分支付款一并转收款人开户行。在特种转账传票上应注明赔偿金金额和部分支付金额。对付款人无款支付逾期付款赔偿的，开户行对该付款人实行"只收不付"的支付限制措施，等一次足够扣付逾付款赔偿后，才准予办理其他款项的支付。

赔偿金的计算方法是：承付期满日银行营业终了前，付款人账户如无足够资金支付的，其不足部分应计赔偿金一天，在承付期满次日(如遇节假日，逾期付款赔偿金的天数计算相应顺延，但以后遇到节假日应照算逾期付款天数)银行营业终了前仍无足够资金支付的，其不足部分，应计赔偿金两天，依此类推。计算公式为

$$赔偿金＝逾期付款金额×逾期付款天数×5/10000$$

付款人开户行只承担三个月的逾期付款扣款期及扣赔偿金的责任。逾期付款期满三个月，开户银行应及时通知付款人退回有关单证和托收凭证或出具"应付款项证明"。付款人逾期未退回有关单证的，银行应按规定自发出通知单的第三天起每天按托收金额处以 5/10000，但不低于 50 元的罚款，并暂停其委托银行对外办理结算业务，直到退回有关单证为止。

（五）关于拒绝付款的有关规定。付款人在承付期内经过验单或验货，对下列情况可向银行提出全部或部分拒付：

托收款项不是双方签订的合同所规定的款项；未经双方事先达成协议，收款单位逾期交货，付款单位不再需要该货物，或收款单位提前交货，提前收款，未按合同规定的到货地址发货；验单发现所列货物的品种、质量、规格、数量价格与合同规定不符，或货物已到，经查验货物与合同规定或发货清单不符；验货付款，经查验货物与合同规定或发货清单不符；款项已经支付，或计算有误。

（六）签发托收承付凭证必须记载下列事项。

表明"托收承付"的字样；确定的金额；付款人名称及号；收款人名称及账号；付款人开户行和收款人开户行名称；托收附寄单证张数或册数；合同名称、号码；委托日期；收款人签章。欠缺记载上列事项之一的，银行不予受理。

【项目活动】

项目活动一　全　额　承　兑

引入业务：模拟银行华夏支行开户单位长宏电器有限公司来行申请办理托收承付，付款人为在工行长春站前支行开户的友强公司金额 500,000 元。六天后，该款项划回。银行工作人员按规定为其办理托收承付手续。

一、操作流程

全额承兑操作流程如图 4-12 所示。

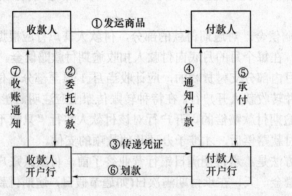

图 4-12　全额承兑操作流程

二、操作步骤

收款单位申请办理托收承付结算时，应填制一式五联托收承付凭证连同有关交易单证、发运证件一并提交其开户银行。

(一) 收款人开户行受理业务、审核凭证、寄送凭证。收款人开户行经办人员收到收款人提交的托收凭证及其托收依据，除按规定审查凭证的完整性、正确性以外，还应审查所办托收款项是否符合结算办法规定的范围和条件；凭证是否注明合同号码、发运日期和发运证件号码，有无发运证件；属于验货付款的，是否已加盖了"验货付款"戳记等。如单位交验发运证件后需取回的，银行应在托收凭证上加盖"已验发运证件"戳记后退交收款单位。

审查无误后，登记"发出托收凭证登记簿"。

(二) 付款人开户行汇划款项。付款单位开户行收到收款单位开户行寄来的托收凭证及有关交易单证经审查无误后，应在各联托收凭证上注明承付期限。验单付款的承付期限为 3 天，从银行发出承付通知的次日算起(中间遇节假日顺延)；验货付款的承付期限为 10 天，从运输部门向付款人发出提货通知的次日算起。银行对收到的托收凭证，应逐笔登记"定期代收结算凭证登记簿"。其余处理手续与委托收款的按期付款手续相同。承付期满日次日，付款人开户行按规定办理划款手续。会计分录为

借：活期存款——友强公司户 500,000

　　贷：清算资金往来　　　　　　　500,000

（三）收款人开户行收款入账。收款人开户行经办人员收到付款人开户行通过网内系统或大额小额系统发来的划款信息，审核无误后打印资金汇划补充凭证，将留存的第二联托收凭证抽出并认真进行核对。如为同城业务，则将第四联托收凭证提回。其余处理手续与委托收款收款人开户行收款入账手续相同。会计分录为

借：清算资金往来　　　　500,000
　　贷：活期存款——长宏电器有限公司户　　500,000

转账后，将一联资金汇划补充凭证加盖转讫章作收账通知送交收款人。同时销记发出托收结算凭证登记簿。

三、项目活动实践

模拟银行华夏运行当日发生下列业务：收到工行杭州市运行发来的托收承付贷报信息，金额 500,000 元，收款人是在本行开户的华丰集团，付款人为在工行杭州市支行开记的万劢公司，审核无误办理收款入账。

要求：以模拟银行华夏支行柜员的身份进行相应业务的处理，包括凭证审核、业务数据录入、凭证盖章与凭证处理。

项目活动二　逾 期 付 款

引入业务：在工行长春站前支行开户的友强公司向模拟银行华夏支行开户单位长宏电器有限公司办理托收承付，金额 500,000 元，2008 年 6 月 5 日付款期满后长宇电器有限公司账户余额为 180,000 元。模拟银行华夏支行工作人员按规定为其办理托收承付部分逾期付款手续。

一、操作流程

托收承付逾期付款业务操作流程如图 4-13 所示。

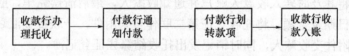

图 4-13　托收承付逾期付款业务操作流程

二、操作步骤

（一）收款人开户行办理托收。收款人申请办理托收承付结算时，应填制一式五联托收承付凭证连同有关交易单证、发运证件一并提交开户银行。收款行受理业务、审核凭证、寄送凭证的处理与前面相同。

（二）付款人开户行通知付款。付款人开户行收到收款人开户行寄来的托收凭证及有关交易单证经审查无误后，按照验单或验货的不同计算承付期，及时通知付款单位付款，并逐笔登记"定期代收结算凭证登记簿"。付款人在付款期满日银行营业终了，账户无足够资金，不能全部支付托收款项的，即为部分延付；如付款人账户没有资金的，即为全部延付。

（三）付款人开户行划转款项。

(1) 部分逾期。付款行应于付款期满次日上午开业后，先从付款单位账户中扣收一部分款

项划转收款人开户行。经办人员应填制三联特种转账借贷方传票,注明托收凭证号码和金额后,以一联特种转账借方传票办理转账,一联特种转账贷方传票凭以录入资金汇划信息将款项划收款单位开户行,一联特种转账借方传票作支款通知交付款人。会计分录为

    借:活期存款——长宇电器有限公司户   180,000
       贷:清算资金往来   180,000

原托收凭证第三、四联需暂时留存作为继续扣款的依据,在凭证上批注已付金额和日期后,仍专夹保管。"定期代收结算凭证登记簿"备注栏应分别注明已承付和未承付金额及"部分支付"字样。

付款人账户有足够款项支付时,付款人开户银行除按以上处理手续划转剩余款项外,还应规定扣收逾期付款赔偿金并划转给收款人。扣收逾期付款赔偿金时,应填制特种转账借贷方传票办理划转手续。原托收凭证在注明情况后作特种转账借贷方传票附件。

(2) 全部逾期。如果承付期满付款人账户无款,则为全部逾期。付款人开户行应在托收凭证第三、四联注明"逾期支付"字样,并注销"定期代收结算凭证登记簿",另行登记"到期未收登记簿"。填制一式三联"异地托收承付结算到期未收通知书"(用异地结算通知书改用),将第一、二联通知书寄付款人开户行(电划的,不另拍发电报),第三联通知书与托收凭证第三、四联一并保管,付款人账户有款时,再一次或分次扣款。其处理手续参照部分支付的有关手续办理。

(四) 收款人开户行收款入账。收款人开户行接到部分划回的资金汇划贷报信息,打印资金汇划补充凭证,抽出原保管的第二联托收凭证,在原第二联托收凭证上加盖"部分支付"字样并批注部分支付的金额及划回的日期,然后,以一联资金汇划补充凭证作贷方传票将款项转入收款人账户,另一联资金汇划补充凭证加盖收讫章作收账通知交收款人。会计分录为:

    借:清算资金往来   180,000
       贷:活期存款——飞驰公司户   180,000

其余手续与委托收款全部划回时相同。如果收款人开户行收到付款人开户行划回的逾期付款赔偿金,应将其及时转入收款人账户并通知收款人,最后清偿完毕,应在原托收凭证二联注明最后收款日期及金额,将托收凭证第二联作传票附件,一联资金汇划补充凭证作最后一次收款通知的附件交收款人,同时销记发出托收结算凭证登记簿。

如果收款人开户行接到付款人开户行寄来的全部逾期两联通知书,应在原托收凭证第二联上批注"逾期付款"字样及日期,然后将一联通知书交收款人,另一联在第二联托收凭证后面一并保管,以后收到付款人开户行一次或分次划回的贷报信息时,参照部分划回的有关手续处理。

三、项目活动实践

模拟银行华夏支行日发生下列业务:收到工行长沙市关渡分理处寄来的托收承付结算凭证1份(验单付款),金额400,000元,付款人为模拟银行华夏支行开户的华信电子有限公司,3月5日发出承付通知(3月8日、9日为双休日),承付期满日营业终了,华信电子有限公司存款账户只能支付170,000元,款项于次日划出,余款于3月26日付清。

要求:以模拟银行华夏支行柜员的身份进行相应业务的处理,包括凭证审核、业务数据录入、凭证盖章与凭证处理。

项目活动三　拒　绝　付　款

引入业务：在工行长春站前支行开户的友强公司向模拟银行华夏支行开户单位长宏电器有限公司办理托收承付，金额 500,000 元。由于货物数量不足，长宏电器有限公司部分拒付 200,000 元。模拟银行华夏支行工作人员经审查，其理由合规，按规定为其办理托收承付部分拒付手续。

一、操作流程

拒绝付款流程如图 4-14 所示。

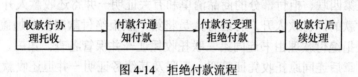

图 4-14　拒绝付款流程

二、操作步骤

(一) 收款人开户行办理托收。收款人开户行受理业务、审核凭证、寄送凭证的相关处理与前面相同。

(二) 付款人开户行通知付款。付款人开户行接受托收凭证、通知付款单位付款的相关处理与前面相同。

(三) 付款人开户行受理拒绝付款。付款人收到其开户行的付款通知，如果提出拒付，应在规定的承付期内填制一式四联拒绝付款理由书连同原托收凭证及拒付部分的债务证明一并送交开户银行（图 4-15）。

模拟银行	托收承付 委托收款	结算	全部 部分	拒绝付款理由书 (						回单或 付款通	)

拒付日期　　　　　年　　　　月　　　　日

付款人	全　称		收款人	全　称								
	账　号			账　号								
	开户银行			开户银行								

托收金额		拒付金额			部分付款金额	百	十	万	千	百	十	元	角	分

附寄单证		部分付款金额(大写)										

此联给付款人作通知或拒付通知书

图 4-15　拒绝付款理由书

付款人开户行经办人员收到付款人提交的拒绝付款理由书后，应认真审查拒付理由是否符合结算办法的规定。经审查同意拒付的，银行经办人员应在拒绝付款理由书上签批意见，在托收凭证和登记簿备注栏分别注明"全部拒付"或"部分拒付"字样。付款人开户行应严格审查拒付理由，无理拒付的，应强制扣款，并按延期付款的天数扣收逾期付款赔偿金。

部分拒绝付款的，经办人员将第一联拒绝付款理由书加盖转讫章后退还付款人作部分付款的支付通知，以第二联拒绝付款理由书作借方凭证，第三联托收凭证作借方凭证附件，将相关信息录入业务处理系统办理支付。会计分录为

借：活期存款——长宇电器有限公司户　300,000

　　贷：清算资金往来　　　　　　　　　300,000

支付部分的款项通过资金汇划系统划转收款人开户行。另将第三、四联拒绝付款理由书连同原托收凭证第四联、拒付部分的商品清单和有关证明一并寄还收款人开户行。

全部拒绝付款的，付款人开户行经办人员将第一联拒绝付款理由书加盖业务公章后退还付款人，第二联拒绝付款理由书连同第三联托收凭证一并保管备查，第三、四联拒绝付款理由书加盖业务公章后连同原托收凭证第四、五联及其债务证明一并退还收款人开户行。

(四) 收款人开户行后续处理。收款人开户行接到部分划回的资金汇划贷报信息，打印资金汇划补充凭证，抽出原保管的第二联托收凭证，在该联备注栏注明"部分拒付"字样并批注部分支付的金额及划回的日期，然后，以一联资金汇划补充凭证作贷方传票，原第二联托收凭证作贷方记账凭证附件，将相关信息录入业务处理系统办理入账。会计分录为

借：清算资金往来　　　300,000

　　贷：活期存款——厦门飞驰公司户　300,000

另一联资金汇划补充凭证加盖收讫章作收账通知交收款人。

如果收款人开户行收到第三、四联拒绝付款理由书、原托收凭证第四联、拒付部分的商品清单和有关证明，第三联拒绝付款理由书备查，第四联拒绝付款理由书连同原托收凭第四、五联及其债务证明后，抽出原保管的第二联托收凭证，在该联备注栏注明"全部拒付"字样，将第四联拒绝付款理由书连同托收凭证第四、五联及所附单证一并退给收款人。收款人在第三联拒绝付款理由书上签收后连同第二联托收凭证一并保管备查。

三、项目活动实践

模拟银行华夏支行当日发生下列业务：工行南京市和平支行开户单位万达公司向本行开户单位新华百货公司办理托收承付，金额 3,000,000 元。由于货物数量不足，百货公司部分拒付 500,000 元。模拟银行华夏支行工作人员经审查，其理由合规，按规定为其办理托收承付部分拒付手续。

要求：以模拟银行华夏支行柜员的身份进行相应业务的处理，包括凭证审核、业务数据录入、凭证盖章与凭证处理。

项目五 票据业务的处理

学 习 指 南

【学习目标】

1. 熟悉支付结算业务相关基础知识。
2. 熟悉杜撰法有关业务规定。
3. 掌握对公支付结算票据业务员的相关操作规程与处理手续。

【学习重点】

1. 能按支票业务的具体规定正确进行转账支票业务各环节的具体操作处理。
2. 能按银行汇票业务的具体规定进行单位银行汇票签发、兑付、结清等业务环节的具体操作处理。
3. 能按银行本票业务的具体规定进行单位银行汇票签发、兑付、结清等业务环节的具体操作处理。
4. 能按商业汇票业务的具体规定正确进行商业承兑汇票、银行承兑汇票付款、收款等业务环节的具体操作处理。

【学习难点】

1. 转账支票收付款人不在同一银行开户的会计处理。
2. 银行汇票、银行本票、商业汇票特殊情况的会计处理。

【工作任务】

1. 支票业务操作。
2. 银行本票业务操作。
3. 银行汇票业务操作。
4. 商业汇票业务操作。

工作任务一 支票业务操作

【基础知识】

(一) 票据是指出票人依照票据法签发，约定自己或委托他人无条件支付一定金额的有价证券，包括汇票、本票和支票。

（二）支票是出票人签发的，委托办理支票存款业务的银行或者其他金融机构在见票时无条件支付确定的金额给收款人或者持票人的票据。

（三）支票的种类。支票分为现金支票、转账支票和普通支票。

现金支票只能用于支取现金；转账支票只能用于转账；普通支票可以用于支取现金，也可以用于转账。在普通支票左上角划两条平行线的称为划线支票，它只能用于转账，不能支取现金。

（四）适用范围。单位和个人的各种款项结算，均可以使用支票。

（五）有关规定。

（1）支票的出票人为在经中国人民银行当地分支行批准办理支票业务的银行机构开立可以使用支票的存款账户的单位和个人。

（2）签发支票应使用碳素墨水或墨汁填写，支票的金额、日期、收款人不得更改，其他内容更改，须有出票人加盖预留银行印鉴证明。

（3）出票人签发支票的金额不得超过付款时在付款人处实有的存款金额，禁止签发空头支票。出票人签发空头支票、签章与预留签章不符的支票、支付密码不符的支票，银行应予以退票，并按票面金额处以 5%但不低于 1,000 元的罚款，持票人有权要求出票人赔偿支票金额 2%的赔偿金，对屡次签发的，银行应停止其签发支票。

（4）签发支票必须记载下列事项。表明"支票"的字样；无条件支付的委托；确定的金额；付款人名；出票日期；出票人签章。支票的金额、收款人名称，可以由出票人授权补记，未补记前不得背书转让和提示付款。

（5）支票的提示付款期限自出票日起 10 天(到期日遇节假日顺延)。持票人可以委托开户银行收款或直接向付款人提示付款。用于支取现金的支票仅限于收款人向付款人提示付款。持票人委托银行收款时，应作委托收款背书。支票丢失，失票人可以向付款人申请挂失，并向法院申请公示催告或提起诉讼。

背书是指以转让票据权利或者将一定的票据权利授予他人行使为目的，在票据背面或者粘单上记载有关事项并签章的票据行为。背书转让必须连续。出票人在票据上记载"不得转让"字样的，其后手再背书转让的，原背书人对后手的被背书人不承担保证责任。背书不得附有条件，票据法规定，背书附有条件的，所附条件不具有票据法上的票据效力。支票可以背书转让，但用于支取现金的支票不能背书转让。

支票出票人与持票人不在同一银行开户的情况下，持票人委托其开户银行向出票人提示付款的支票业务称为借记支票业务，反之称为贷记支票业务。

【项目活动】

项目活动一　同一行处开户转支票付款与收款

引入业务：模拟银行华夏支行开户的单位永新集团公司(001200102002609)2008 年 9 月 5 日发 013215 号转账支票，金额 38,400 元，系支付给在同一银行开户单位海星电子有限公司(001200101001518)货款。经办人员按规定办理转账手续。

一、操作流程

出票人与持票人在同一行处开户内转支票业务操作流程如图 5-1 所示。

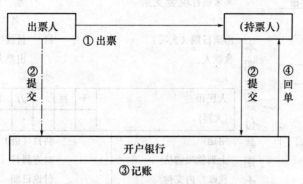

图 5-1 同一行处开户内转支票业务操作流程

二、操作步骤

(一) 受理业务并审查支票。转账支票出票人签发票据之前，应在开户银行备有足额存款，按规定签发支票，并交与持票人，持票人应在规定时间填写转账支票和三联进账单提交银行。开户银行经办人员受理持票人提交的支票时应审查以下内容。

(1) 转账支票必须记载的事项是否齐全，是否用墨汁或碳素墨水填写，出票日期、出票金额、收款人有无涂改，其他内容涂改是否由原记载人签章证明。

(2) 转账支票是否是统一规定印制的凭证，支票是否真实，提示付款期为自出票日起 10天，到期日为节假日顺延，是否在有效期内，是否属远期支票（图 5-2 和图 5-3）。

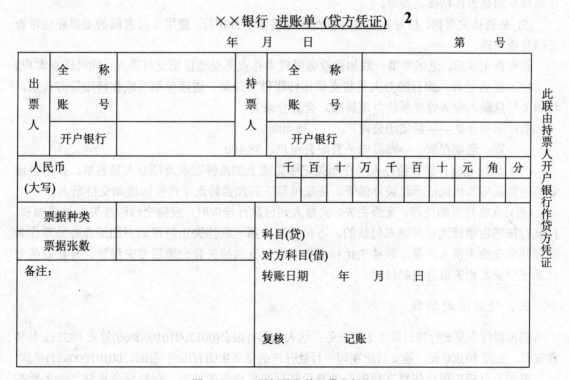

图 5-2 ××银行进账单（贷方凭证）

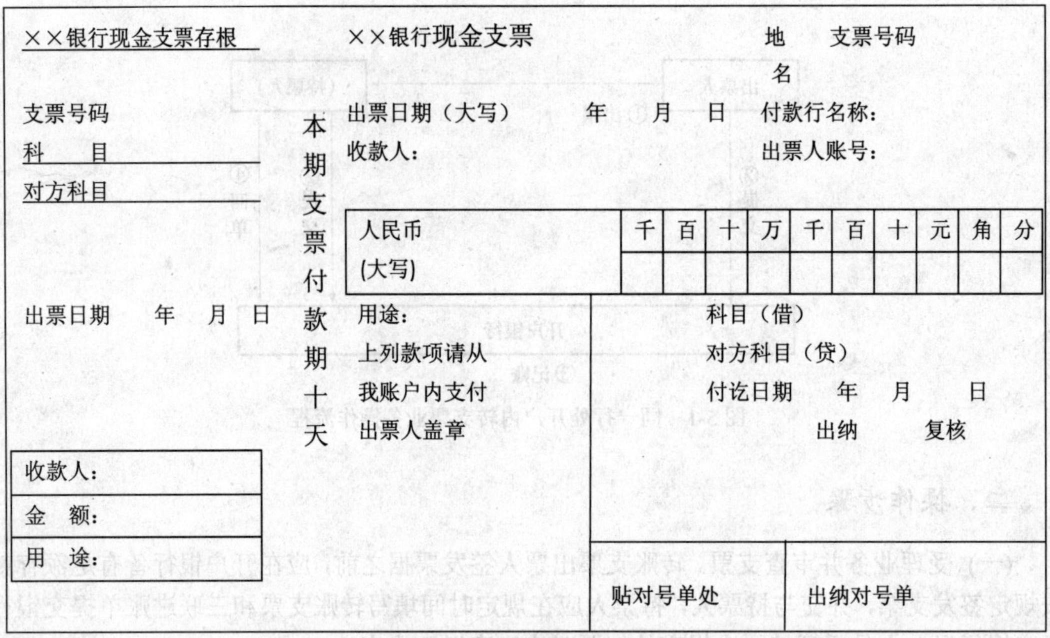
××银行现金支票存根

支票号码

科　　目

对方科目

出票日期　　年　月　日

收款人：

金　额：

用　途：

本期支票付款期十天

××银行现金支票　　地名　支票号码

出票日期（大写）　　年　　月　　日　付款行名称：

收款人：　　出票人账号：

人民币 (大写)	千	百	十	万	千	百	十	元	角	分

用途：

上列款项请从

我账户内支付

出票人盖章

科目（借）

对方科目（贷）

付讫日期　　年　　月　　日

出纳　　复核

贴对号单处　　出纳对号单

图 5-3　××银行现金支票

(3) 转账支票大小写金额是否一致，与对账单上相关要素是否相符，出票人账户余额是否足够支付。

(4) 背书转让的支票是否按规定的范围转让，背书转让是否连续有效，签章是否符合规定，使用粘单的是否在粘接处签章。

(5) 是否挂失票据，核对其签章与预留银行签章是否相符。使用支付密码的支票还应审查密码是否正确。

经审查无误后，进账单第一联加盖业务受理章作业务受理证明交持票人，同时送别客户。

(二) 账务处理。银行经办人员将支票作转账借方传票，进账单第二联作转账贷方传票，将相关信息录入业务处理系统办理转账。会计分录为

借：活期存款——新集团公司户　　　38,400

　　贷：活期存款——海星电子有限公司户　38,400

(三) 后续处理。银行经办人员在相关记账凭证上加盖转讫章及经办人员名章，作为办理业务的凭证与其他凭证一起装订保管。进账单第三联加盖转讫章作收账通知交持票人。

(四) 支票挂失的处理。支票丢失，失票人到付款行挂失时，应提交两联挂失止付通知书。付款行按规定审核无误并确未付款的，方可受理。第一联挂失止付通知书加盖业务公章作为受理回单交给失票人，第二联挂失止付通知书登记支票挂失登记簿后专夹保管，并在业务处理系统中录入相关信息控制付款。

三、项目活动实践

模拟银行华夏支行当日发生下列业务：达人电器有限公(001200101000860)签发 083212 号转账支票，金额 40,000 元，系支付给在同一行处开户的强立集团有限公司(001200101000651)货款。

要求：以模拟银行华夏支行柜员的身份进行相应业务的处理，包括凭证审核、业务数据录入、凭证盖章与凭证处理。

项目活动二　跨行贷记支票付款与收款

引入业务：模拟银行华夏支行开户单位永新集团公司2008年9月5日签发013216号转账支票，金额17,900元，系支付给在工行广州市前进支行开户的天乐公司的货款。经办人员按规定为其办理转账手续。

一、操作流程

跨行贷记支票付款与收款操作流程如图5-4所示。

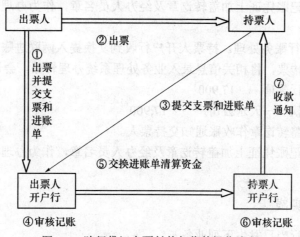

图 5-4　跨行贷记支票付款与收款操作流程

二、操作步骤

出票人按照前述规定签发转账支票，并交与持票人，持票人可以在规定时间填写三联进账单连同转账支票一并提交出票人开户行；出票人也可以代持票人填写三联进账单连同转账支票一并提交出票人开户行（图5-5）。

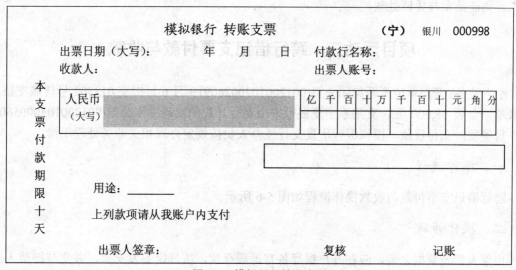

图 5-5　模拟银行转账支票

（一）出票人开户行凭证审查。出票人开户银行经办人员受理持票人提交的支票与进账单时应审查，审查要点同前述。经审查无误后，进账单第一联加盖业务受理章作业务受理证明交持票人，如为出票人提交支票和进账单的，则将进账单第一联加盖业务受理章作业务受理证明交出票人，送别客户。

（二）出票人开户行账务处理。审查无误后，出票人开户行经办人员将支票作转账借方传票，将相关信息录入业务处理系统办理转账。会计分录为

借：活期存款——永新集团公司户　17,900

贷：存放中央银行款项　　　　　　17,900

进账单第二联加盖票据交换专用章连同第三联按票据交换规定及时提出交换。

经办人员在相关记账凭证上加盖转讫章及经办人员名章，作为办理业务的凭证与其他凭证一起装订保管。

（三）持票人开户行账务处理。持票人开户行收到交换提入两联进账单，审查无误，进账单第二联作转账贷方传票，将相关信息录入业务处理系统办理转账。会计分录为

借：存放中央银行款项　　　　17,900

贷：活期存款——天乐公司户　17,900

进账单第三联加盖转讫章作收账通知交持票人。

经办人员在相关记账凭证上加盖转讫章及经办人员名章，作为办理业务的凭证与其他凭证一起装订保管。

三、项目活动实践

模拟银行华夏支行当日发生下列业务。

（一）永信电子有限公司签发 049461 号转账支票，金额 17,000 元，支付在同城建行城北支行开户的通达物流公司运输费。

（二）票据交换提入进账单一份，系本市农行开户的新宁公司签发 075682 号转账支票向在本行开户的宁达电器有限公司支付货款，支票出票日期为三天前，金额 69,000 元，审核无误，予以记账。

要求：以模拟银行华夏支行柜员的身份进行相应业务的处理，包括凭证审核、业务数据录入、凭证盖章与凭证处理。

项目活动三　跨行借记支票付款与收款

引入业务：开户单位永新集团公司(001200102002609) 9 月 6 日提交 013302 号转账支票与进账单，金额 58,000 元，支票系宁夏银行中山支行开户的凯越有限公司(901200103000560)9 月 5 日签发，支付货款。模拟银行华夏支行经办人员按规定办理相关业务处理手续。

一、操作流程

跨行借记支票付款与收款操作流程如图 5-6 所示。

二、操作步骤

出票人签发票据之前，应在开户银行备有足额存款，按规定签发支票，并交与持票人。持票人应在规定时间填写三联进账单连同转账支票一并提交开户行。

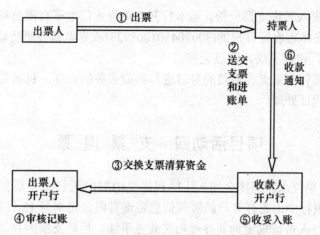

图 5-6 跨行借记支票付款与收款操作流程

(一) 持票人开户行受理业务并审查凭证。持票人开户银行经办人员受理持票人提交的支票与进账单时应审查，审查要点同前述。经查无误后，进账单第一联加盖业务受理章作业务受理证明交持票人，送别客户。

(二) 持票人开户行账务处理。持票人开户行经办人员在第二联进账单上按票据交换场次加盖"收妥入账"戳记与第三联进账单暂存，根据跨行借记支票业务的处理规定将相关信息录入业务处理系统办理转账。会计分录为

借：存放中央银行款项　　58,000
　　贷：其他应付款——同城交换暂收款项　　　58,000

支票加盖票据交换专用章按票据交换规定及时提出交换。

(三) 出票人开户行账务处理。出票人开户行收到交换提入的支票后，经审查无误，支票作转账借方传票，将相关信息录入业务处理系统办理转账。会计分录为

借：活期存款——大地信息咨询有限公司户　　58,000
　　贷：存放中央银行款项　　　　　　　　　58,000

银行经办人员在相关记账凭证上加盖转讫章及经办人员名章，作为办理业务的凭证与其他凭证一起装订保管。

(四) 持票人开户行收账人户的账务处理。持票人开户行俟退票时间过后，以进账单第二联作转账贷方传票为持票人办理收账入户手续，将相关信息录入业务处理系统办理转账。会计分录为

借：其他应付款——同城交换暂收款项　　58,000
　　贷：活期存款——永新集团公司户　　　58,000

经办人员在相关记账凭证上加盖转讫章及经办人员名章，作为办理业务的凭证与其他凭证一起装订保管。

进账单第三联加盖转讫章作收账通知交持票人。

三、项目活动实践

模拟银行华夏支行当日发生下列业务。

(一) 宏伟贸易有限公司提交进账单和转账支票一份，金额为 88,100 元，系在同城建行城关支行开户的中通物流公司一天前签发，支付购货款。审核无误，予以处理。

(二) 票据交换提入转账支票一份，系本行开户单位永信电子有限公司(001200101000935)三天前签发，支付在本市农行开户的(300204501008923)威立电器公司货款，金额 5,000 元，支票号码为 079464，审核无误，予以记账。

要求：以模拟银行华夏支行柜员的身份进行相应业务的处理，包括凭证审核、业务数据录入、凭证盖章与凭证处理。

项目活动四 支票退票

引入业务：开户单位永新集团公司9月18日提交013303号转账支票与进账单，金额58,000元，支票系在宁夏银行中山支行开户的媛莉信息咨询有限公司9月13日签发，支付货款。模拟银行华夏支行经办人员按规定为其办理相关业务手续。后该支票因存款不足被退票。

一、操作流程

支票退票操作流程如图 5-7 所示。

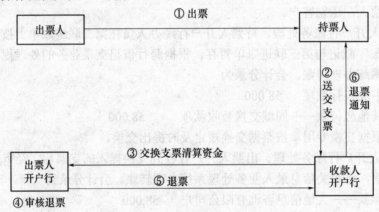

图 5-7　支票退票操作流程

二、操作步骤

出票人签发票据之前，应在开户银行备有足额存款，按规定签发支票，并交与持票人，持票人在规定时间填写三联进账单连同转账支票一并提交开户行。

(一) 持票人开户行受理业务、审查凭证并提出交换。持票人开户银行经办人员受理持票人提交的支票与进账单时应审查，其审查要点同前述。经审查无误后，进账单第一联加盖业务受理章作业务受理证明交持票人，送别客户。

同时在第二联进账单上按票据交换场次加盖"收妥入账"戳记与第三联进账单暂存，支票加票据交换专用章按票据交换规定及时提出交换。具体处理同项目活动三。

(二) 出票人开户行办理退票。出票人开户行收到交换提入的支票，经审查如发现问题需退票的，应填制一式三联退票通知在约定时间通知持票人开户行，并以退票通知书第一联作借方凭证，通过"其他应收款"科目，将相关信息录入业务处理系统办理转账。会计分录为：

借：其他应收款——同城票据交换暂付款项　　58,000
　贷：存放中央银行款项　　　　　　　　　　58,000

在两联退票通知书上加盖业务公章后附支票及在下次交换时划退持票人开户行。退票时，

填制转账借贷方凭证并销记"其他应收款"科目。会计分录为

  借：存放中央银行款项   58,000

    贷：其他应收款——同城票据交换暂付款项 58,000

(三) 持票人开户行处理退票。持票人开户行收到退票通知，冲销"其他应付款"科目。会计分录为

  借：其他应付款——同城交换暂收款项 58,000

    贷：存放中央银行款项   58,000

银行经办人员在相关记账凭证上加盖转讫章及经办人员名章，作为办理业务的凭证与其他凭证一起装订保管。

(四) 持票人开户行通知退票。持票人开户行将一联退票通知书连同支票退还持票人，通知退票。

三、项目活动实践

模拟银行华夏支行当日发生下列业务。

(一) 宏达电器有限公司提交进账单和转账支票一份，金额为 180,000 元，支票系在同城工行新城支行开户的昊胜针织有限公司一天前签发，支付购货款。审核无误，予以处理。后该支票因印鉴不符被退票。

(二) 票据交换提入转账支票一份，系本行开户单位华强贸易有限公司两天前签发，支付在本市农行开户的钢材市场货款，金额 90,000 元，支票号码为 049376。经查该单位存款有 30,000 元，立即办理退票手续。

要求：以模拟银行华夏支行柜员的身份进行相应业务的处理，包括凭证审核、业务数据录入、凭证盖章与凭证处理。

工作任务二 银行本票业务操作

【基础知识】

一、银行本票

银行签发的，承诺自己在见票时无条件支付确定的金额给收款人或持票人的票据。银行本票可以转账也可以支取现金。申请人与收款人均为个人，并且交存现金办理的，可以申请签发现金银行本票。

二、适用范围

单位和个人在同一票据交换区域的各种款项结算，均可以使用银行本票。银行本票的出票人为经中国人民银行当地分支批准办理银行本票业务的银行机构。

签发银行本票必须记载以下事项：表明"银行本票"的字样；无条件支付的承诺；确定的金额；收款人名称；出票日期；出票人签章。

三、有关规定

银行本票的提示付款期限自出票日起最长不超过两个月。逾期的，代理付款行不予受理。

用于支取现金的银行本票仅限于向出票行或其系统内营业机构提示付款。银行本票可以在同一票据交换区域内背书转让，但用于支取现金的银行本票不能背书转让。

申请人和收款人均为个人，并且交存现金办理的，可以申请签发现金银行本票。申请人或收款人一方为个人的，不得签发现金银行本票。

四、银行本票的核算过程

银行本票的核算过程包括出票、付款和结清三个阶段（图5-8）。

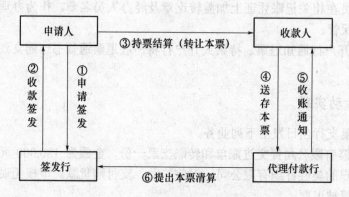

图 5-8　银行本票的核算过程

项目活动一　银行本票签发

引入业务：模拟银行华夏支行开户单位永新集团公司 6 月 5 日提交业务委托书申请签发银行本票，金额 60,000 元，系支付给在市工行西街支行开户的王生有限公司的货款。经办人员按规定为其办理银行本票签发手续。

一、操作流程

银行本票签发操作流程如图5-9所示。

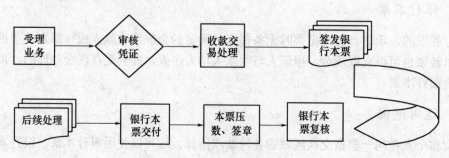

图 5-9　银行本票签发操作流程

二、操作步骤

申请人填写"业务委托书"提交开户银行。业务委托书一式三联，第一联借方凭证，第二联贷方凭证，第三联回单（图5-10~图5-12）。

模拟银行　本票申请书(存根)1

申请日期　　年　月　日							第　　号					
申请人		收款人										
账号或住址		账号或住址										
用途		代理付款行										
支付金额	人民币 (大写)		千	百	十	万	千	百	十	元	角	分
备注:	科目(借) 对方科目(贷) 复核　　记账											

此联是申请单位存根

图 5-10　模拟银行本票申请书（存根）

模拟银行　本票申请书(借方凭证)2

申请日期　　年　月　日							第　　号					
申请人		收款人										
账号或住址		账号或住址										
用途		代理付款行										
支付金额	人民币 (大写)		千	百	十	万	千	百	十	元	角	分
上列款项请在我账户内支付 （申请人盖章）	科目(借) 对方科目(贷) 转账日期　　年　月　日 复核　　记账											

此联是签发行办理本票的借方凭证

图 5-11　模拟银行本票申请书（借方凭证）

模拟银行　本票申请书(贷方凭证)3

申请日期　　年　月　日							第　　号					
申请人		收款人										
账号或住址		账号或住址										
用途		代理付款行										
支付金额	人民币 (大写)		千	百	十	万	千	百	十	元	角	分
备注	科目(借) 对方科目(贷) 转账日期　　年　月　日 复核　　记账											

此联是签发行办理本票的贷方凭证

图 5-12　模拟银行本票申请书（贷方凭证）

(一) 业务受理与凭证审核。出票银行经办人员收到三联申请书，应认真审核以下内容。

(1) 委托书填写的各项内容是否符合要求。

(2) 委托书要素填写是否齐备。

(3) 申请日期、收款人账号户名及出票金额等重要事项是否涂改。

(4) 金额填写是否规范，大小写是否一致。

(5) 加盖的印鉴章与该单位预留印鉴是否一致等。

(二) 收取款项交易处理。出票银行经办人员审查凭证无误后，收取款项。以委托书第二联作借方凭证，第三联作贷方凭证，将相关信息录入业务处理系统办理转账。会计分录为

借：活期存款——永新集团公司户　　　　60,000

　　贷：开出本票　　　　　　　　　　　　60,000

(三) 签发银行本票。收取款项后，出票银行签发一式两联银行本票，第一联卡片，第二联本票。

签发银行本票时应注意以下几方面。

(1) 出票日期和金额必须大写。

(2) 申请人申请签发转账本票的，应将本票上现金字样划去。

(3) 业务委托书注明“不得转让”字样的，应在银行本票备注栏内注明。

(四) 银行本票复核、压数、盖章并交付。签发的银行本票经复核无误后，经办人员在银行本票第二联上用压数机压印、计算机打印或手写方式将小写金额记载在“人民币(大写)”栏右端，按规定程序加编本票密押，密押记载在“出复核经办”栏内。申请书注明“不得转让”的，出票行应当在本票正面注明。银行本票加盖银行本票专用章并由授权的经办人签名或盖章后交申请人，送别客户（图 5-13）。

××银行　　　　地　本票号码

本　　票　　　　名

付款期限为 2 个月

收款人：	申请人：
凭票即付人民币（大写）	

出票日期（大写）　　年　月　日

此联出票行结清本票时作借方凭证

图 5-13　××银行本票

（五）后续处理。银行经办人员在相关记账凭证上加盖转讫章及经办人员名章，作为办理业务的凭证与其他凭证一起装订保管。将第一联卡片加盖经办、复核人员名章后专夹保管。销记重要空白凭证登记簿。

根据中国人民银行依托小额支付系统办理银行本票业务的相关规定，出票银行出票后应将银行本票出票信息实时录入本行业务处理系统。代理出票的，出票银行应于当日内将银行本票出票信息传递至代理清算行。

三、项目活动实践

模拟银行华夏支行当日发生下列业务。

（一）开户单位万达电器有限公司((001200101000860)提交业务委托书一份申请签发银行本票，金额 30,000 元，收款人为在本市农行开户的家电批发市场(300204501008923)，经办人员审核后予以签发。

（二）开户单位泰安集团有限公司(001200101000651)提交业务委托书一份申请签发银行本票，金额 20,000 元，系支付给在同一银行开户的诚信电子有限公司(001200101000935)的货款，经办人员审核后予以签发。

要求：以模拟银行华夏支行柜员的身份进行相应业务的处理，包括凭证审核、业务数据录入、凭证盖章与凭证处理。

项目活动二 银行本票兑付

引入业务：开户单位华新集团公司(001200102002609)9 月 15 日提交进账单和 603615 号银行本票，金额为 300,000 元，本票系在宁夏银行中山支行开户的晨光有限公司(901200103000560)9 月 12 日签发，支付货款。模拟银行华夏支行经办人员按规定为其办理兑付手续。

一、操作流程

银行本票代理付款行兑付业务操作流程如图 5-14 所示。

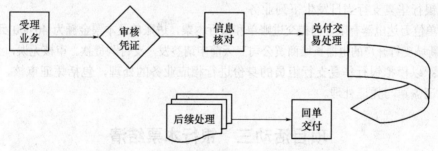

图 5-14 银行本票代理付款行兑付业务操作流程

二、操作步骤

持票人应填写三联进账单连同银行本票一并送交代理付款行

（一）业务受理与凭证审核。代理付款行收到银行本票与进账单后应认真审核以下有关内容。

（1）银行本票是否真实，是否超过提示付款期限。

（2）本票填明的持票人是否在本行开户，与进账单上的名称是否一致。

(3) 本票必须记载的事项是否齐全，金额、出票日期、收款人名称等是否更改，其他记载事项的更改是否由原记载人签章证明。

(4) 出票行的签章是否符合规定，加盖的票据专用章是否与印模相符。

(5) 压数机压印的小写金额是否由统一制作的压数机压印，与大写的金额是否一致；若采用计算机打印或手工填写小写出票金额的，也应审核大小写出票金额是否一致。

(6) 银行本票是否填写密押。

(7) 持票人是否在本票背面"持票人向银行提示付款签章"处签章，背书转让的本票是否按规定的范围转让，其背书是否连续，签章是否符合规定，背书使用粘单的是否按规定在黏接处签章。

(二) 信息核对。审核无误后，代理付款行应将本票信息录入算机系统，电子信息通过小额支付系统发送出票行进行确认，收到确认成功信息并打印业务回执后方可办理本票解付手续，进行账务处理。

(三) 兑付本票交易处理。本票由记账、复核人签章并记载兑付日期后，与打印的业务回执一起作为解付银行本票科目凭证附件，第二联进账单作贷方凭证。将相关信息录入处理系统办理转账。会计分录为

借：待清算支付款项　　　　　　　　　300,000

　　贷：活期存款——晨光公司户　　　　300,000

(四) 回单交付。银行经办人员将进账单第一联加盖业务受理章、第三联进账单加盖转讫章作收账通知一并交给持票人，送别客户。

(五) 后续处理。小额支付系统银行本票资金清算时，代理付款行行内系统收到小额支付系统发来的已清算通知后进行账务处理。其会计分录为

借：存放中央银行款项　　　　　　　　300,000

　　贷：待清算支付款项　　　　　　　　300,000

银行经办人员在相关记账凭证上加盖转讫章及经办人员名章，作为办理业务的凭证与其他凭证一起装订保管。

三、项目活动实践

模拟银行华夏支行当日发生下列业务。

开户单位万达电器有限公司提交进账单和银行本票，进账单及本票金额为 40,000 元，本票系在市建行新城支行开户的电器长城商贸公司三天前申请签发，支付购货款。审核无误，予以处理。

要求：以模拟银行华夏支行柜员的身份进行相应业务的处理，包括凭证审核、业务数据录入、凭证盖章与凭证处理。

项目活动三　银行本票结清

引入业务：9 月 15 日模拟银行华夏支行经办人员收到市工行西街支行发来的已兑付银行本票信息，金额 66,200 元，原申请人为本行开户单位永新集团公司 2008 年 9 月 5 日申请签发，系支付给在市工行西街支行开户的昊晟有限公司的货款。经办人员按规定办理本票结清手续。

一、操作流程

银行本票结清操作流程如图 5-15 所示。

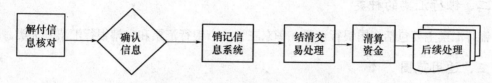

图 5-15　银行本票结清操作流程

二、操作步骤

（一）解付信息核对与信息确认。当出票行收到小额支付系统发来的解付本票电子信息时，出票行将该信息与行内业务处理系统中存储的本票信息进行自动核对，经系统确认无误后发回应答信息。

（二）销记系统信息与结清交易处理。出票行抽出保管的本票卡片经与系统信息核对相符，确属本行出票，打印业务回单，同时销记行内业务处理系统中的本票信息。本票第一联卡片作借方凭证，业务回单借方凭证的附件，进行本票结清账务处理。其会计分录为

借：开出本票　　　　　　40,000

　　贷：待清算支付款项　　40,000

（三）清算资金。小额支付系统对业务回执轧差成功的，出票行在收到小额支付系统已清算通知时进行账务处理，其会计分录为

借：待清算支付款项　　　40,000

　　贷：存放中央银行款项　40,000

（四）后续处理。银行经办人员在相关记账凭证上加盖转讫章及经办人员名章，作为办理业务的凭证与其他凭证一起装订保管。

三、项目活动实践

模拟银行华夏支行当日发生下列业务。

（一）收到市农行通过小额支付系统发来的银行本票解付信息，经核核对，本票系在本行开户的万达电器有限公司三天前申请签发，收款人为在本市农行开户的家电批发市场，本票金额 15,000 元，审核无误后，予以结清。

（二）开户单位永信电子有限公司填交银行本票与进账单，金额 23,700 元，银行本票系本开户单位华盈集团有限公司四天前申请签发以支付货款，经办人员审核后，予以结清。

要求：以模拟银行华夏支行柜员的身份进行相应业务的处理，包括凭证审核、业务数据录入、凭证盖章与凭证处理。

工作任务三　银行汇票业务操作处理

【基础知识】

一、银行汇票

出票银行签发的，由其在见票时按照实际结算金额无条件支付给收款人或持票人的票据。银行汇票的出票银行为银行汇票的付款人。

二、银行汇票的种类

银行汇票主要包括全国银行汇票、华东三省一市银行汇票和省辖银行汇票三大类。

三、适用范围

单位和个人的各种款项结算，均可以使用银行汇票。

四、有关规定

(一) 银行汇票的提示付款期限自出票日起一个月。如果逾期，则代理付款行不予受理。

(二) 银行汇票可以转账也可以支取现金。申请人与收款人均为个人，并且交存现金办理的，可以申请签发现金银行汇票。

(三) 转账银行汇票允许背书转让，转让时以实际结算金额为准。现金银行汇票不允许背书转让。银行汇票的实际结算金额不得更改，更改则汇票无效。银行汇票的实际结算金额低于出票金额的，其多余金额由出票银行退交申请人。

(四) 银行汇票的核算过程包括出票、付款和结清三个阶段（图 5-16）。

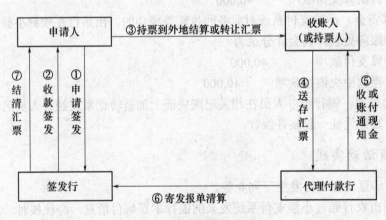

图 5-16　银行汇票业务操作

项目活动一　银行汇票签发

引入业务：模拟银行华夏支行开户单位永新集团公司 9 月 15 日提交业务委托书申请签发银行汇票，金额 135,400 元，收款人为工商银行新华街支行开户单位滨海器材有限公司。经办人员按规定为其办理银行汇票签发业务。

一、操作流程:

银行汇票签发操作流程如图 5-17 所示。

二、操作步骤

申请人填写"业务委托书"提交签发银行。委托书一式三联，第一联借方证，第二联贷方凭证，第三联回单（图 5-18~图 5-20）。

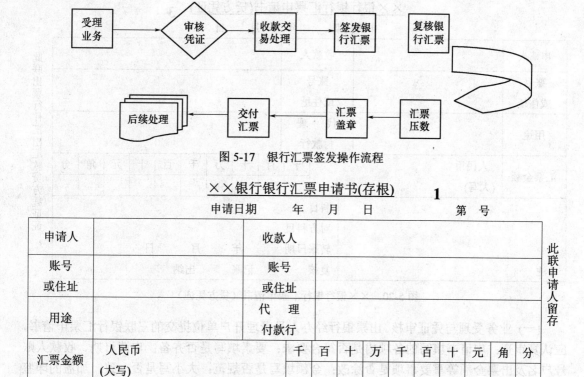

图 5-17　银行汇票签发操作流程

××银行银行汇票申请书(存根)　1

申请日期　　年　　月　　日　　　　　第　号

申请人		收款人										此
账号 或住址		账号 或住址										联 申 请 人
用途		代 理 付款行										留 存
汇票金额	人民币 (大写)		千	百	十	万	千	百	十	元	角	分
备注:		科目 对方科目 财务主管　　复核　　经办										

图 5-18　××银行银行汇票申请书（存根）

××银行银行汇票申请书(借方凭证)　2

申请日期　　年　　月　　日　　　　　第　号

申请人		收款人										此
账号 或住址		账号 或住址										联 出 票
用途		代 理 付款行										行 作 借
汇票金额	人民币 (大写)		千	百	十	万	千	百	十	元	角	分 方
上列款项请从我账户内支付 申请人盖章		科目(借) 对方科目(贷) 转账日期　　年　　月　　日 复核　　　记账										凭 证

图 5-19　××银行银行汇票申请书（借方凭证）

××银行银行汇票申请书(贷方凭证) **3**

申请日期　　年　月　日

申请人		收款人											此联出票行作汇出汇款贷方凭证
账号或住址		账号或住址											
用途		代理付款行											
汇票金额	人民币(大写)			千	百	十	万	千	百	十	元	角	分
备注		科目 对方科目 转账日期　　年　月　日 复核　　记账　　出纳											

图 5-20　××银行银行汇票申请书（贷方凭证）

(一) 业务受理与凭证审核。出票银行经办人员受理开户单位提交的三联银行汇票申请书，应认真审查：申请书填写的各项内是否符合要求；要素填写是否齐备；申请日期、收款人账号户名及出票金额等重要事项是否涂改；金额填写是否规范；大小写是否一致；加盖的印鉴章与该单位预留印是否一致等。

(二) 收取款项交易处理。出票银行经办人员审查凭证无误，收取款项。经办人员以委托书第一联作借方凭证，第二联作贷方凭证，将相关信息录入业务处理系统办理转账。会计分录为

　　借：活期存款——永集团公司户　　　135,400

　　　贷：汇出汇款　　　　　　　　　　135,400

(三) 签发银行汇票。出票行经办人员转账完毕后，签发银行汇票（图 5-21~图 5-25）。

××银行

银行汇票(卡片)　　　　**1**　　　第　　号

出票日期(大写)　　年　月　日		代理付款行：　　　　　行号：											此联出票行结清汇票时作汇出款借方凭证
收款人：		账号：											
出票金额	人民币(大写)												
实际结算金额 (大写)	人民币			千	百	十	万	千	百	十	元	角	分
申请人：		账号或住址：											
出票人：　　行号： 备注： 复核　　经办		科目（借） 对方科目（贷） 销账日期　　年　月　日 复核　　　记账											

图 5-21　××银行银行汇票（卡片）

××银行

银行汇票   汇票号码

出票日期												
(大写)　　　　年　月　日				代理付款行：　　　　行号：								
收款人：				账号：								
出票金额　　人民币 (大写)												
实际结算金额 (大写)　人民币			千	百	十	万	千	百	十	元	角	分
申请人：					账号或住址：							
出票人：　　行号：												

科目(借)

对方科目(贷)

备注：   多余款   兑付日期 年　月　日

凭票付款

	千	百	十	万	千	百	十	元	角	分
出票行盖章											

复核　　记账

此联代理付款行付款后作联行往账借方凭证附件

图 5-22　××银行银行汇票

被背书人	被背书人	被背书人
背书人签章 年　月　日	背书人签章 年　月　日	背书人签章 年　月　日

持票人向银行　　　　　身份证名称：

提示付款签章：　　　　　号　　码：

发证机关：

贴单处

图 5-23　××银行银行汇票背面

133

出票日期							
(大写)　　　年　月　日			代理付款行：　　　　　行号：				
收款人：			账号：				

出票金额　人民币
　　　　　　(大写)

实际结算金额 人民币 (大写)	千	百	十	万	千	百	十	元	角	分

申请人：　　　　　　　　　　　　　　账号或住址：

出票人：　　行号：

备注：

代理付款行盖章

多余款										科目(借)
千	百	十	万	千	百	十	元	角	分	对方科目(贷)
										兑付日期　年　月　日

复核　　经办　　　　　　　　　　　　　　　　复核　　记账

此联代理付款行付款后随报单寄出票行由出票行作多余款贷方凭证

图 5-24　××银行银行汇票（解讫通知）

××银行
4
银行汇票(多余款通知书)　　　　　　汇票号码

出票日期							
(大写)　　　年　月　日			代理付款行：　　　　　行号：				
收款人：			账号：				

出票金额　人民币
　　　　　　(大写)

实际结算金额 人民币 (大写)	千	百	十	万	千	百	十	元	角	分

申请人：　　　　　　　　　　　　　　账号或住址：

出票人：　　行号：

备注：

出票行行盖章

多余款										科目(借)
千	百	十	万	千	百	十	元	角	分	对方科目(贷)
										兑付日期　年　月　日
										复核　　记账

此联代理付款行付款后随报单寄出票行由出票行作多余款贷方凭证

图表 5-25　××银行银行汇票（多余款通知书）

银行汇票一式四联，第一联卡片，第二联汇票，第三联解讫通知，第四联多余款收账通知。

出票银行签发银汇票时，出票日期和金额必须大写；签发转账银行汇票的，一律不得填写代理付款行名称，申请书注明"不得转让"字样的，应在银行汇票备注栏内注明。

(四) 银行汇票复核，压数、盖章并交付。签发的银行汇票经复核无误，银行经办人员在银行汇票实际结算金额栏的小写金额上方用压数机压印出票金额(随着实践发展，部分银行已取消压数机压印出票小写金额的规定，改用计算机打印出票小金额)，根据相关业务规定编制密押，汇票第二联上加盖汇票专用章并授权的经办人签名或盖章后，连同第三联银行汇票一并交申请人。

(五) 后续处理。银行经办人员在相关记账凭证加盖转讫及经办人章作为办理业务的凭证与其他凭证一起装订保管。银行汇票第一联卡片加盖经办、复核名章，逐笔登记汇出汇款明细账后，与银行汇票第四联一并专夹保管。同时登记重要空白凭证登记簿。

三、项目活动实践

模拟银行华夏支行当日发生下列业务。

(一) 开户单位永信电子有限公司提交业务委托书申请签发银行汇票，金额 172,300 元，支付货款，收款人为在工行兰州市支行开户的进出口贸易有限公司，本行审核后，予以签发。

(二) 开户单位顺飞贸易有限公司提交业务委托书申请签发银行汇票，金额 45,000 元，收款人为在工行南京市支行开户的新益工贸公司，本行审核后，予以签发。

要求：以模拟银行华夏支行柜员的身份行相应业务的处理，包括凭证审核、业务数据录入、凭证盖章与凭证处理。

项目活动二　银行汇票的兑付

引入业务：开户单位永新集团公司(001200102002609) 9 月 15 日提交进单和 5012891 号两联银行汇票，汇票金额 300,000 元，进账账单及实际结算金额为 258,000 元，汇票系工行西宁支行(00136)2008 年 9 月 1 日签发，汇票申请人为在西宁市支行开户的宏达电器公司(241204502000712)。模拟银行华夏支行经办人员按规定为其办理兑付手续。

一、操作流程

银行汇票的兑付操作流程如图 5-26 所示。

图 5-26　银行汇票的兑付操作流程

二、操作步骤

持票人应据填写三联进账单连同汇票、解讫通知一并提交其开户银行。

(一) 业务受理与凭证审核。代理付款行经办人员收到凭证后应认真审核以下有关内容。

(1) 汇票和解讫通知的号码、内容是否一致，有无涂改。

(2) 汇票是否真实，是否超过提示付款期限。

(3) 汇票填明的持票人是否在本行开户，与进账单上的名称是否一致。

(4) 汇票必须记载的事项是否齐全，出票金额、实际结算金额、出票日期、收款人名称等是否更改，其他记载事项的更改是否由原记载人签章证明。

(5) 出票行的签章是否符合规定，加盖的汇票专用章是否与印模相符。

(6) 压数机压印的出票金额是否由统一制作的压数机压印，与大写的出票金额是否一致；若用计算机打印小写出票金额的，也应审核大小写出票金额是否一致。

(7) 汇票的实际结算金额是否在出票金额以内，与进账单金额是否一致，多余金额结计是否正确。

(8) 持票人是否在背面签章背书转让，汇票背书是否连续。

(二) 受理回单交付。审查无误后，银行经办人员将进账单第一联加盖业务公章作业务受理证明交持票人，送别客户。

(三) 兑付汇票交易处理现和转贴现。银行经办人员将审核无误的进账单第二联作贷方凭证，汇票第二联作借方证附件，将相关信业务处理系统办理转账。会计分录为

借：清算资金往来　　　　　258,000
　　贷：活期存款——永新集团公司户　　　258,000

进账单第三联加盖转讫章作收账通知持票人。

(四) 后续处理。银行经办人员在相关记账凭证上加盖转讫章及经办人员章，作为办理业务的凭证与其他证一起装订、保管，同时按规定将汇票解付信息通知出票行。

三、项目活动实践

模拟银行华夏支行当日发生下列业务。

(一) 锦华贸易有限公司提交进账单和两联银行汇票，汇票金额为 200,000 元，进账单及实际结算金额为 156,800 元，汇票系南宁市工行六日前签发，汇票申请人在南宁市工行开户的顺风公司，审核无误予以兑付。

(二) 模拟银行华夏支行为永信电子有限公司办理一笔银行汇票解付，汇票金额 98,000 元，实际结算金额为 98,000 元。银行汇票系在兰州市工行开户的机械厂申请签发，付货款。

要求：以模拟银行华夏支行柜员的身份进行相应业务的处理，包括凭证审核、业务数据录入、凭证盖章与凭证处理。

项目活动三　银行汇票结清

引入业务：9 月 15 日模拟银行华夏支行经办人员收到广州新华路支行发来的汇票解讫借报信息，汇票系开户单位永新集团公司 2008 年 9 月 5 日申请签发，支付在广州新华路支行开户的广林器材有限公司货款，汇票金额 130,000 元，金额 130,000 元，办理人员按规定办理银行汇票结清手续。

一、操作流程

银行汇票结清操作流程如图 5-27 所示。

图 5-27　银行汇票结清操作流程

二、操作步骤

（一）来账确认与凭证打印。出票行收到代理付款行通过行内系统或人民银行支付清算系统发来的付款信息，审核无误后，打印资金汇划补充凭证。

（二）抽卡核对。出票行经办人员根据打印补充报单，抽出专夹保管的汇票卡片，经核对确属本行签发，报单额与实际结算金额相符，多余金额结计正确无误后，分情况处理。

（三）结清汇票交易处理。

（1）汇票全额付款。出票行经办人员应在汇票卡片的实际结算金额栏填入全部金额，在多余款收账通知的多余金额栏填写"0"，汇票卡片作借方凭证，资金汇划补充凭证与多余款收账通知作借方凭证附件，将相关信息录入业务处理系统办理转账。会计分录为

借：汇出汇款　　　　　　　　130,000

　　贷：清算资金往来　　　　　　　130,000

同时，销记汇出汇款账。

（2）汇票部分付款。出票行经办人员应在票卡片的实际结算金额栏填写实际结算金额，多余金额填写在多余款收账通知的多余金额栏内票，汇票卡片作借方凭证，资金汇划补充凭证作借方凭证件；银行汇票第三联解讫通知作多余款转账贷方凭证；将相关信息录入业务处理系统办理转账。会计分录为

借：汇出汇款

　　贷：清算资金往来

　　贷：活期存款——申请人户

（四）后续处理。银行经办人员在相关记账凭证上加盖转讫章及经办人员名章，作为办理业务的凭证与其他凭证一起装订保管，将第四联多余款收账通知加盖转讫章作收账通知交申请人，同时销记汇出汇款账。

三、项目活动实践

模拟银行华夏支行当日发生下列业务：

（一）收到江宁市工行的银行汇票解付借报信息，汇票系开户单位永信电子有限公司六天前申请签发，汇票金额 180,000 元，报单金额 180,000 元，支付在工行江宁市支行开户的进出口贸易有限公司货款，经抽卡核对无误，予以结清。

（二）收到工行泰州市支行的银行汇票解付借报信息，汇票系开户单位中通贸易有限公司六天前申请签发，汇票金额 45,000 元，报单金额 41,000 元，支付在工行泰州市支行开户的新工贸公司货款，抽卡核对无误，予以结清。

要求：以模拟银行华夏支行柜员的身份进行相应业务的处理，包括凭证审核、业务数据录入、凭证盖章与凭证处理。

工作任务四　　商业汇票业务操作处理

【基础知识】

一、商业汇票

由出票人签发，委托付款人在指定日期无条件支付确定的金额给收款人或持票人的票据。银行开立账户的法人以及其他组织之间，必须具有真实的交易关系和债权债务关系，才能使用商业汇票。

二、有关规定

(一) 签发商业汇票必须记载下列内容。表明"商业承兑汇票"的字样或"银行承兑汇票"的字样；无条件支付的承诺；确定的金额；付款人名称；收款人名称；出票日期；出票人签章。欠缺记载上列项之一的，商业汇票无效。

(二) 商业汇票必须经过承兑。商业汇票的承兑人为付款人。

根据承兑人的不同，商业汇票分为商业承兑汇票、银行承兑汇票。由银行以外的付款人承兑的汇票为商业承兑汇票，由银行承兑的汇票为银行承兑汇票。

(三) 商业汇票可以在签发时向付款人提示承兑，也可以在汇票出票后先使用，再向付款人提示承兑。商业承兑汇票的出票人，为在银行开立存款账户的法人以及其他组织，与付款人具有真实的委托付款关系。出票人不得签发无对价的商业汇票用以骗取银行或其他票据当事人的资金。

(四) 商业汇票的付款期限自出票日开始计算最长不得超过 6 个月。商业汇票可以背书转让。商业汇票的提示付款期限，自汇票到期日起 10 日。持票人应在提示付款期内通过开户银行委托收款或直接向付款人提示付款。商业汇票的持票人在汇票未到期前需用资金，可持未到期的商业汇票向开户银行申请贴现，贴现银行也可继续进行再贴现和转贴现。

【项目活动】

项目活动一　商业承兑汇票托收

引入业务：模拟银行华夏支行开户单位永新集团公司 2008 年 9 月 15 日提交托收凭证和在工行南京市支行开户的淮安农副产品贸易有限公司 2008 年 4 月 5 日签发承兑的商业承兑汇票，金额 1,000,000 元，今日到期，申请办理托收。经办人员按规定为其办理托收手续。

一、操作流程

商业承兑汇票托收操作流程如图 5-28 所示。

图 5-28　商业承兑汇票托收操作流程

二、操作步骤

使用商业承兑汇票的交易双方按约定签发商业承兑汇票。商业承兑汇票一式三联：第一联由承兑人留存；第二联由承兑人承兑后交收款人留存，汇票到期前由持票人开户行随结算凭证寄交付款人开户行凭以收取汇票款项；第三联由出票人留存。承兑时，承兑人应在商业承兑汇票第二联上签署"承兑"字样，并加盖预留银行印鉴（图5-29~图5-32）。

商业承兑汇票(卡片)　　　1

出票日期	（大写）	年	月	日					汇票号码 第 号

付款人	全 称		收款人	全 称					此联承兑人留存
	账 号			账 号					
	开户银行	行号		开户银行		行号			

出票金额	人民币（大写）		千 百 十 万 千 百 十 元 角 分

汇票到期日		交易合同号码	
		备注：	
	出票人签章		

图 5-29　商业承兑汇票（卡片）

商业承兑汇票　　　2

出票日期	（大写）	年	月	日					汇票号码 第 号

付款人	全 称		收款人	全 称					此联持票人开户行随委托收款凭证寄付款人作借方凭证附件
	账 号			账 号					
	开户银行	行号		开户银行		行号			

出票金额	人民币（大写）		千 百 十 万 千 百 十 元 角 分

汇票到期日		交易合同号码	
本汇票已经承兑到期无条件支付票款		本汇票请予以承兑于到期日付款	
	承兑人签章		出票人签章
承兑日期　年 月 日			

图 5-30　商业承兑汇票

被背书人	被背书人	被背书人
背书人签章 年　月　日	背书人签章 年　月　日	背书人签章 年　月　日

图 5-31　商业承兑汇票背面

商业承兑汇票(存根)　　　　3

出票日期		年　　月　　日						汇票号码 第　　号		此联出票人存查

付款人	全　称		收款人	全　称									
	账　号			账　号									
	开户银行	行号		开户银行			行号						

出票金额	人民币 (大写)		千	百	十	万	千	百	十	元	角	分
汇票到期日		交易合同号码										
备注:												

图 5-32　商业承兑汇票（存根）

（一）受理业务与凭证审核。收款人开户行经办人员收到托收凭证及所附商业承兑汇票后，应认真审核以下内容。

（1）汇票是否是统一印制的凭证。

（2）提示付款期限是否超过。

（3）汇票上填明的持票人是否在本行开户。

（4）出票人、承兑人的签章是否符合规定。

（5）汇票必须记载的事项是否齐全，出票日期、、出票金额、收款人名称是否更改，其他记载事项更改是否有记载人签章证明。

（6）是否作成委托收款背书，背书转让的汇票其背书是否连续，签章是否符合规定。

（7）托收凭证的记载事项是否与汇票记载的事项相符，第二联上是否加盖收款单位印章，所附单是否与凭证所填一致。

（二）交付回单。各项内容审核无误，托收凭证第一联加盖业务公章后退给收款人，送别客户。

（三）发出托收。凭证审核无误，经办人员在托收凭证各联上加盖"商业承兑汇票"戳，第三托收凭证加盖结算专用章后，连同第四、五联托收凭证及有关收款依据一并寄付款人开户行。

（四）后续处理。经办人员将第二联托收凭证单独保管，并登记发出委托收款结算凭证登记簿。

三、项目活动实践

模拟银行华夏支行当日发生下列业务。

收到开户单位永信电子有限公司交的托收凭证和在工行南宁市支行开户的出口贸易有限公司签发承兑的商业承兑汇票，金额 700,000 元，系五个月前签发，今日到期，请办理托收。

要求：以模拟银行华夏支行柜员的身份进行相应业务的处理，包括凭证审核、业务数据录入、凭证盖章与凭证处理。

项目活动二　商业承兑汇票付款

引入业务：2008 年 9 月 15 日模拟银行华夏支行为开单位永新集团公司办理一笔商业承兑汇票到期划款(出票日 2008 年 6 月 15 日)，金额 1,500,000 元，该笔为泰州新华路支行开户单位宏伟电器有限公司申请办理的商业承兑票款项托收。经办人员按规定为其办理相关业务手续。

一、操作流程

商业承兑汇票付款操作流程如图 5-33 所示。

图 5-33　商业承兑汇票付款操作流程

二、操作步骤

(一) 收到托收凭证与凭证审核。付款人开户行经办人员接到持票人开户行寄来的托收凭证及商业承兑汇票时，应按照有关规定认真审核以下内容。

(1) 付款人是否在本行开户，是否属于本行受理的业务凭证。

(2) 托收凭证第三联上是否加盖收款行结算专用章。

(3) 所附单证张数与托收凭证上所填的是否相符。

(4) 承兑人在商业承汇票上的签章与预留银行的签章是否相符等。

(二) 通知客户。凭证审核无误，付款人确在本行开户，经办人员即将汇票留存，将第五联托收证加盖业务章后交给付款人并签收。第三、四联托收凭证登记"收到委托收款结算凭证登记簿"后，专夹保管，以便考核汇票款的支付或退回情况。

(三) 付款交易处理。付款行经办人员接到付款人的付款通知，或在付款人接到开户行的付款通知的次日起三日仍未接到付款人的付款通知的，应按照支付结算办法规定的划款日期进行处理。

付款人的银行账户有足够票款支付的，经办人员以第三联托收凭证作借方凭证，商业承兑汇票加盖转讫章作附件，按委托收款付款手续处理，将相关信息录入业务处理系统办理转账。会计分录为

借：活期存款——永新集团公司户　　　　1,500,000

　　贷：清算资金往来　　　　　　　　　1,500,000

(四) 后续处理。转账后，付款行经办人员在相关记账凭证上加盖转讫章及经办人员名章，作为办理业务的凭证与其他凭证一起装订、保管，同时，在登记簿上填明转账日期，并按规定依据第四联托收凭证将款项划转信息通知收款行，异地银行通过行内或大额小额系统进行款项划转，同城情况下通过票交换业务办理。

141

三、项目活动实践

模拟银行华夏支行当日发生下列业务。

模拟银行华夏支行为华丰集团有限公司办理一笔商业承兑汇票到期划款，划款金额600,000元，收款人为在工行福州市支行开户的新新贸公司。

要求：以模拟银行华夏支行柜员的身份进行相应业务的处理，包括凭证审核、业务数据录入、凭证盖章与凭证处理。

项目活动三 商业承兑汇票收款

引入业务：9月15日模拟银行华夏支行收到工行南宁市支行的贷报信息，系开户单位永新集团公司2008年9月10日申请办理的商业承兑汇票托收款项目。该汇票为工行南宁市支行开户单位新新商贸公司2008年4月10日签发承兑，金额1,000,000元。经办人员按规定为其办理收款手续。

一、操作流程

商业承兑汇票收款操作流程如图5-34所示。

图5-34 商业承兑汇票收款操作流程

二、操作步骤

(一) 来账确认与凭证审核。收款人开户行经办人员收到付款人开户行通过网内系统或大额小额系统发来划款信息，核对无误后打印资金汇划补充凭证。如为同城业务，则将第四联托收凭证提回，并抽出留存的第二联托收凭证，认真进行核对。

(二) 收款交易处理。相关凭证经核对无误后，经办人员在第二联托收凭证上填注转账日期，以资金汇划凭证作转账贷方传票，托收凭证作为附件，将相关信息录入业务处理系统办理转账。会计分录为

借：清算资金往来　　　　　　　　1,000,000
　　贷：活期存款——永新集团公司户　　1,000,000

转账后，将一联资金汇划补充凭证加盖转讫章作收账通知送交收款人。

三、项目活动实践

模拟银行华夏支行当日发生下列业务。

收到工行太原市支行转来的贷报信息，金额900,000元，系开户单位佳乐有限公司八天前提交的托收凭证，向工行太原市支行开户单位华硕贸易有限公司发出的商业承兑汇票托收款项划回。

要求：以模拟银行华夏支行柜员的身份进行相应业务的处理，包括凭证审核、业务数据录入、凭证盖章与凭证处理。

项目活动四　银行承兑汇票承兑

引入业务：9 月 15 日模拟银行华夏支行开户单位永新集团公司签发银行承兑汇票一份申请承兑，金额 2,000,000 元，到期为 2008 年 12 月 15 日，收款人为工行咸阳市支行，开户单位宏达贸易公司。银行承兑汇票手续费为 0.5%。经办人员按规定为其办理承兑手续。

一、操作流程

银行承兑汇票承兑操作流程如图 5-35 所示。

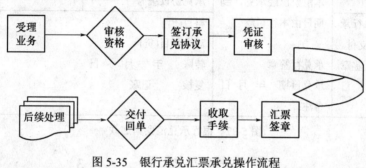

图 5-35　银行承兑汇票承兑操作流程

二、操作步骤

(一) 信贷部门业务受理与资格审核。信贷部门工作人员受理业务后应按照规定对申请企业进行资格审核：企业营业执照是否合规；是否具有真实、有效、合法的商品购销合同；购销合同中是否约定使用银行承兑汇票结算方式等。

在承兑银行开立存款账户的存款人应根据真实的业务交易签发银行承兑汇票，该汇票为一式三联。第一联卡片，由承兑行留存备查，到期支付票款时作借方凭证附件；第二联汇票，由持票人开户行随委托收款凭证寄付款行作借方凭证附件；第三联存根，由出票人存查（图 5-36~图 5-38）。

银行承兑汇票(卡片)　1

<table>
<tr><td colspan="4">出票日期　　　年　　　月　　　日
(大写)</td><td colspan="2">汇票号码
第　　号</td><td rowspan="8">方凭证附件</td><td rowspan="8">此联承兑行留存备查，到期支付票款时作借</td></tr>
<tr><td>出票人全称</td><td rowspan="3">收
款
人</td><td>全　　称</td><td></td><td></td><td></td></tr>
<tr><td>出票人账号</td><td>账　　号</td><td></td><td></td><td></td></tr>
<tr><td>付款行全称</td><td>开户银行</td><td></td><td>行号</td><td></td></tr>
<tr><td>出票金额</td><td colspan="2">人民币
(大写)</td><td colspan="3">千 百 十 万 千 百 十 元 角 分</td></tr>
<tr><td>汇票到期日</td><td></td><td colspan="4">承兑协议编号</td></tr>
<tr><td rowspan="2">本汇票请你行承兑，此项汇票款我单位按承兑协议于到期日前足额交存你行，到期请予以支付
　　　　出票人签章
年　　月　　日</td><td rowspan="2">备注：</td><td colspan="4">科目(借)
对方科目(贷)</td></tr>
<tr><td colspan="4">转账　年　月　日
复核　　记账</td></tr>
</table>

图 5-36　银行承兑汇票第 1 联

143

银行承兑汇票　　2

出票日期　　　年　　　月　　　日　　　　　　汇票号码
（大写）　　　　　　　　　　　　　　　　　　　　第　　号

此联收款人开户行随委托收款凭证寄付款行

作借方凭证附件

出票人全称		收	全　称										
出票人账号		款	账　号										
付款行全称		人	开户银行			行号							
出票金额	人民币 （大写）			千	百	十	万	千	百	十	元	角	分
汇票到期日		本汇票已经承兑，到 期日由本行付款		承兑协议编号									
本汇票请你行承 兑，到期无条件支付。 　出票人签章 　年　月　日				科目（借）									
				对方科目（贷）									
		承兑行签章 承兑日期　年月日		转账　年　月　日 复核　　　记账									
		备注：											

图 5-37　银行承兑汇票第 2 联

银行承兑汇票　　3

出票日期　　　年　　　月　　　日　　　　　　汇票号码
（大写）　　　　　　　　　　　　　　　　　　　　第　　号

此联出票人存查

出票人全称		收	全　称										
出票人账号		款	账　号										
付款行全称		人	开户银行			行号							
出票金额	人民币 （大写）			千	百	十	万	千	百	十	元	角	分
汇票到期日				承兑协议编号									
		备注：											

图 5-38　银行承兑汇票第 3 联

（二）签订承兑协议。承兑银行的信贷部门经办人员受理由出票人或持票人提示承兑的银行承兑汇票时，按照支付结算办法和有关规定审查出票人的资信状况，同意后即可与出票人签署银行承兑协议。

（三）会计部门凭证资料审核与盖章。承兑行会计部门经办人员接到银行承兑汇票和承兑协议审核无误后，在第一、二联汇票上注明承兑协议编号，并在第二联汇票"承兑人签章"处加盖汇票专用章并由授权的经办人签名或盖章（图 5-39）。

（四）收取承兑手续费。会计部门经办人员按照承兑金额的 5/10000 向出票人收取承兑手续费，编制收费凭证，将相关信息录入业务处理系统办理转账。会计分录为

　　借：活期存款——永新集团公司户　　　1,000

　　　贷：手续费收入　　　　　　　　　　　　1,000

银行承兑协议

编号：

银行承兑汇票的内容：

出票人全称　　　　　　　收款人全称

开 户 银 行　　　　　　　开 户 银 行

账　　　号　　　　　　　账　　　号

汇票号码　　　　　　　　汇票金额(大写)

出票日期　年　月　日到期日期　　年　月　日

以上汇票经银行承兑，出票人愿遵守《银行支付结算办法》的规定及下列条款：

一、出票人于汇票到期日前将应付票款足额交存承兑银行。

二、承兑手续费按票面金额千分之(　　)计算，在银行承兑时一次付清。

三、出票人与持票人如发生任何交易纠纷，均由其双方自行处理，票款于到期前仍按第一条办理不误。

四、承兑汇票到期日，承兑银行凭票无条件支付票款。如到期日之前出票人不能足额支付票款时，承兑银行对不足支付部分的票款转出票申请人逾期贷款，并按照有关规定计收罚息。

五、承兑汇票款付清后，本协议自动失效。

承兑银行签章　　　　　　出票人签章

订立承兑协议日期　年　月　日

图 5-39　银行承兑协议

(五) 回单交付。经办人员账务处理完毕，由出票人申请承兑的，将第二联汇票连同一联承兑协议交给出票人；由持票人提示承兑的，将第二联汇票交给持票人，一联承兑协议交给出票人。

(六) 后续处理。经办人员在有关记账凭证上加盖转讫章及经办人员名章，作为办理业务的凭证与其他凭证一起装订保管，同时，根据第一联银行承兑汇票卡片填制银行承兑汇票表外科目收入凭证，登记表外科目登记簿。

收入：银行承兑汇票　　　　2,000,000

三、项目活动实践

模拟银行华夏支行当日发生下列业务。

(一) 开户单位永信电子有限公司签发银行承兑汇票一份，申请承兑，金额 200 万元，收款人为工行海宁市支行开户单位进出口贸易有限公司，银行承兑汇票手续费率为 0.5‰。

(二) 开户单位中兴集团有限公司签发银行承兑汇票一份申请承兑，金额 100 万元，收款人为工行北京市支行开户单位光明贸易有限公司，银行承兑汇票手续费率为 0.5‰。

要求：以模拟银行华夏支行柜员的身份进行相应业务的处理，包括凭证审核、业务数据录入、凭证盖章与凭证处理。

项目活动五　银行承兑汇票托收

引入业务：9 月 15 日模拟银行华夏支行开户单位宏伟有限公司提交托收凭证和工行济南市支行开户单位新盈公司 2008 年 6 月 9 日签发并经工行济南市支行承兑的银行承兑汇票，金额 1,200,000 元，今日到期，申请办理托收。经办人员按规定为其办理托收手续。

一、操作流程

银行承兑汇票托收操作流程如图 5-40 所示。

图 5-40　银行承兑汇票托收操作流程

二、操作步骤

(一) 业务受理与凭证审核。收款人开户行经办人员受理持票人提交的托收凭证以及所附的银行承兑汇票，应认真审核以下几方面。

(1) 汇票是否是统一印制的凭证。

(2) 提示付款期限是否超过。

(3) 汇票上填明的持票人是否在本行开户。

(4) 出票人、承兑人的签章是否符合规定。

(5) 汇票必须记载的事项是否齐全，出票日期、出票金额、收款人名称是否更改，其他记载事项的更改是否有记载人签章证明。

(6) 是否作成委托收款背书，背书转让的汇票其背书是否连续，签章是否符合规定。

(7) 托收凭证的记载事项是否与汇票记载的事项相符，第二联上是否加盖收款单位印章，所附单证是否与凭证所填一致。

各项内容审核无误，托收凭证第一联加盖业务公章后退给收款人，送别客户。

(二) 后续处理。审核无误，经办人员在托收凭证各联上加盖"银行承兑汇票"戳记，将第二联托收凭证单独保管，并登记发出委托收款结算凭证登记簿，第三联加盖结算专用章后，连同第四、五联及有关收款依据一并寄付款人开户行。

三、项目活动实践

模拟银行华夏支行当日发生下列业务

(一) 开户单位西北机械制造公司(001200101008916)提交银行承兑汇票托收凭证，金额23万元，承兑汇票系常州新锐公司(230200103002165)五个月前签发，工行常州市支行承兑，今日到期，申请办理托收。

(二) 开户单位华丰集团有限公司(001200101000651)提交一笔银行承兑汇票托收凭证，金额为 100 万元，承兑行为建行重庆江北支行，出票人为其开户单位江宁机械公司(301204502003458)，三个月前签发，今日到期，申请办理托收。

要求：以模拟银行华夏支行柜员的身份进行相应业务的处理，包括凭证审核、业务数据录入、凭证盖章与凭证处理。

项目活动六　银行承兑汇票到期扣款与款项划付

引入业务：9 月 15 日模拟银行华夏支行根据承兑协议到期收取开户单位永新集团公司 2008 年 4 月 15 日签发并申请承兑的银行承兑汇票款项，金额 2,000,000 元，收款人为在工行南宁市支行开户的宏达电器公司。2008 年 9 月 18 收到收款行寄来的托收凭证，经办人员按规定办理承兑汇票款项收取与款项划付手续。

一、操作流程

银行承兑汇票到期扣款与款项划付操作流程如图 5-41 所示。

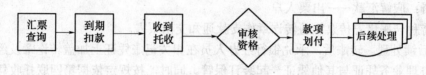

图 5-41　银行承兑汇票到期扣款与款项划付操作流程

二、操作步骤

(一) 汇票查询与到期扣款。承兑银行经办人员应每天查看汇票的到期情况，对到期汇票，应于到期日(法定休假日顺延)向出票人收取票款，专户存储。

经办人员办理转账时应填制两联特种转账借方传票，一联特种转账贷方传票，并在"转账原因"栏注明"根据××号汇票划转票款"。将相关信息录入业务处理系统办理转账。会计分录为

借：活期存款——永新集团公司户　　　　2,000,000
　　贷：应解汇款——永新集团公司户　　　　　　2,000,000

(二) 收到托收、凭证审核与款项划付。承兑银行经办人员接到持票人开户行寄来的托收凭证及汇票，抽出专夹保管的汇票卡片和承兑协议副本，审查各项内容。

(1) 银行承兑汇票是否是统一印制的凭证，是否有规定的防伪标记。

(2) 银行承兑汇票上的汇票专用章与印模是否一致。

(3) 该承兑汇票是否为本行承兑，与留存的第一联卡片的号码、记载事项是否相符。

(4) 承兑汇票是否作成委托背书，背书转让的汇票其背书是否连续，签章是否符合规定。

(5) 托收凭证的记载事项是否与汇票的记载事项相符，第三联上是否加盖收款行结算专用章等。

凭证审核无误后，经办人员于汇票到期日或到期日之后的见票当日，按照委托收款的付款手续，将相关信息录入业务处理系统办理转账。会计分录为

借：应解汇款——永新集团公司户　　　2,000,000
　　贷：清算资金往来　　　　　　　　2,000,000

同时编制表外科目付出传票，销记表外科目登记簿。

付出：银行承兑汇票　　　2,000,000

特殊情况：出票人账户无款或不足支付的处理。

银行承兑汇票到期，如果出票人账户无款的，应按规定将扣收款项转入该出票人的逾期贷款，按规定的逾期贷款罚息率计收利息。

银行经办人员应填制两联特种转账借方传票，一联特特种转账贷方传票，在"转账原因"栏注明××号汇票无款支付转入逾期贷款户。会计分录为

借：逾期贷款——出票人户
　　贷：应解汇款——出票人户

一联特种转账借方传票加盖业务公章交给出票人。

账户不足支付的，除按照上述办法处理外，加填两联特种转账借方传票，在"转账原因"栏注明"××号汇票划转部分票款"。会计分录为

借：活期存款——出票人户

借：逾期贷款——出票人户

　　贷：应解汇款——出票人户

一联特种转账借方传票加盖转讫章作支款通知交出票人。

(三) 后续处理。转账后，承兑银行经办人员在相关记账凭证上加盖转讫章及经办人员名章，作为办理业务凭证与其他凭证一起装订保管。同时，按规定依据第四联托收凭证将款项划转信息通知收款行。

三、项目实践活动

模拟银行华夏支行当日发生下列业务：

(一) 开户单位胜地电子有限公司三个月前签发并申请承兑的银行承兑汇票一份今日到期，金额 180 万元，收款人为在工行西宁市支行开户的光耀贸易有限公司，按规定收取汇票款项，该单位存款足以支付。当日下午收到托收凭证，审核无误办理划款手续。

(二) 开户单位丰收集团有限公司三个月前签发并申请承兑的银行承兑汇票一份今日到期，金额 400 万元，收款人为在工行杭州市支行开户的华硕公司，按规定收取汇票款项，该单位存款只有 320 万元。当日下午收到托收凭证，审核无误办理划款手续。

要求：以模拟银行华夏支行柜员的身份进行相应业务的处理，包括凭证审核、业务数据录入、凭证盖章与凭证处理。

项目活动七　银行承兑汇票款项划回

引入业务：9 月 15 日模拟银行华夏支行收到工行杭州市支行的贷报信息，系开户单位红星机械有限公司 2008 年 9 月 12 日提交的银行承兑汇票托收款项划回。该汇票由工行杭州市支行承兑，申请人为在工行杭州市支行开户的华硕公司，金额 1,200,000 元，经办人员按规定办理收款手续。

一、操作流程

银行承兑汇票款项划回如图 5-42 所示。

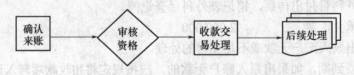

图 5-42　银行承兑汇票款项划回操作流程

二、操作步骤

(一) 来账确认与凭证审核。收款人开户行经办人员收到付款人开户行通过网内系统或大额小额系统发来的划款信息，审核无误后打印资金汇划补充凭证，并将留存的第二联托收凭

证抽出，认真进行核对。

（二）收款交易处理。凭证经核对无误后，经办人员在第二联托收凭证上填注转账日期，以资金汇划补充凭证作转账贷方传票，托收凭证作为附件，将相关信息录入业务处理系统办理转账。会计分录为

借：清算资金往来　　　　　　　1,200,000
　　贷：活期存款——红星机械公司户　　1,200,000

转账后，将一联资金汇划补充凭证加盖转讫章作收账通知送交收款人。

（三）后续处理。银行经办人员在相关记账凭证上加盖转讫章及经办人员名章，作为办理业务的凭证与其他凭证一起装订、保管，同时销记发出委托收款凭证登记簿。

三、项目活动实践

模拟银行华夏支行当日发生下列业务。

（一）收到工行长春市南湖支行贷报信息，系开户单位长城机械制造公司八天前申请办理的银行承兑汇票托收款项划回，金额为200万元，承兑汇票系长春市兴隆贸易公司签发，工行长春市南湖支行承兑。

（二）收到中行长沙市支行贷报信息，系开户单位华丰集团五天前申请办理银行承兑汇票托收款项划回，金额为300万元，承兑汇票系长沙起重机械有限公司签发，中行长沙市支行承兑。

要求：以模拟银行华夏支行柜员的身份进行相应业务的处理，包括凭证审核、业务数据录入、凭证盖章与凭证处理。

项目六 贷款和贴现业务处理

学 习 指 南

【学习目标】

1. 熟悉贷款和票据贴现业务的相关规定。
2. 掌握贷款和票据贴现业务的相关操作规定与处理手续。

【学习重点】

1. 贷款的发放和收回业务的会计处理。
2. 贷款利息的计算及会计处理。
3. 贴现款的发放、收回业务的会计处理。
4. 贴现利息的计算。

【学习难点】

1. 贷款利息的计算。
2. 票据贴现利息的计算。
3. 贴现款到期未能收回的处理。

【工作任务】

1. 贷款业务操作。
2. 票据贴现业务操作。

工作任务一 贷款业务操作

【基础知识】

一、贷款

贷款是指银行和其他金融机构按照有借有还的原则，按照约定的期限和利率，将货币资金给借款人的一种信用活动。贷款是银行一项主要的资产业务。

二、贷款的种类

(一) 贷款按发放的期限可分为短期贷款、中期贷款和长期贷款。短期贷款，是银行根据有关规定发放的、期限在一年以下(含一年)的各种贷款；中期贷款，是指银行发放的贷款期限

在一年以上五年以下(含五年)的各种贷款;长期贷款,是指银行发放的贷款期限在五年以上(不含五年)的各种贷款。

(二) 贷款按发放的条件划分可分为信用贷款、担保贷款和票据贴现。信用贷款是指以借款人的信誉为保证发放的贷款。担保贷款按担保方式又分为保证贷款、抵押贷款和质押贷款。保证贷款是指按《担保法》规定的保证方式以第三人承诺在借款人不能偿还贷款时,按约定承担一般担保责任或者连带责任为前提而发放的贷款。抵押贷款是指按《担保法》规定的抵押方式以借款人第三人的财产作为抵押物发放的贷款。质押贷款是指按《担保法》规定的质押方式以借款人或第三人的动产或权利作为抵押物而发放的贷款。票据贴现是指贷款人以购买借款人未到期商业汇票的方式发放的贷款。

(三) 贷款按风险程度划分可分为正常、关注、次级、可疑和损失五类。

正常类是指借款人能够履行合同,有充分把握按时足额偿还本息的贷款。

关注类是指尽管借款人目前有能力偿还贷款的本息,但是存在一些可能对还贷产生不利影响因素的贷款。

次级类是指借款人的还款能力出现了明显的问题,依靠其正常经营收入已无法保证足额偿还本息的贷款。

可疑类是指借款人无法保证足额偿还本息,即使执行抵押或担保,也肯定要给银行造成一部分损失的贷款。足额偿还本息,即使执行抵押或担保,也肯定要给银行造成一部分损失的贷款。

损失类是指在采取所有可能的措施和一切必要的法律程序之后,本息仍无法收回,或只能收回极少一部分的贷款。

(四) 贷款按银行承担的职能划分为自营贷款、委托贷款和特定贷款。

自营贷款,指贷款人以合法方式筹集的资金自主发放的贷款,其风险由贷款人承担,并由贷款人收回本金和利息。

委托贷款,指由政府部门、企事业单位及个人等委托人提供资金,由贷款人(即受托人)根据委托人确定的贷款对象、用途、金额、期限、利率等代为发放、监督使用并协助收回的贷款。贷款人(受托人)只收取手续费,不承担贷款风险。

特定贷款,指经国务院批准并对贷款可能造成的损失采取相应补救措施后责成国有独资商业银行发放的贷款。

目前的贷款核算,包括贷款发放、贷款展期、贷款收回、贷款逾期的核算等环节。贷款按五级分类管理后,其核算主要包括贷款的发放和收回等核算环节。

三、贷款利息计算方法

贷款利息是银行主要的财务收入,因此,在贷款收回过程中正确计算贷款利息十分重要。贷款利息计算的方法分为定期结息和利随本清两种。在实际操作中,大多采用定期结息方式。

定期结息是指按规定的结息期(一般为每月末或每季末月的 20 日)结计利息,并采用计息余额表计算累计计息积数,乘以贷款日利率,即为应收利息。

利随本清是指按规定的贷款期限,在收回贷款的同时逐笔计收利息。贷款的起讫时间,算头不算尾,采用对年对月对日的方法计算,对年按 360 天计算,对月按 30 天计算,不满月的零头天数按实际天数计算。其计算公式为

$$贷款利息＝本金×存期×利率$$

当贷款发生逾期时,还需要考虑罚息因素,正常贷款与逾期贷款应分段计息。

项目活动一 贷款发放

引入业务：银川纺织集团公司(001200102003956)9月15日提交本行信贷部门审批同意的借款借据，向本行申请流动资金贷款 1,000,000 元，贷款期限三个月，利率为 6.57%，模拟银行华夏支行审核无误后予以办理，贷款账号为(001121102003201)。该笔贷款于 2008 年 12 月 15 日归还。

一、操作流程

贷款发放操作流程如图 6-1 所示。

图 6-1　贷款发放操作流程

二、操作步骤

(一) 业务受理。按借款合同规定发放贷款，借款人应填写一式五联的借款凭证(图 6-2)。

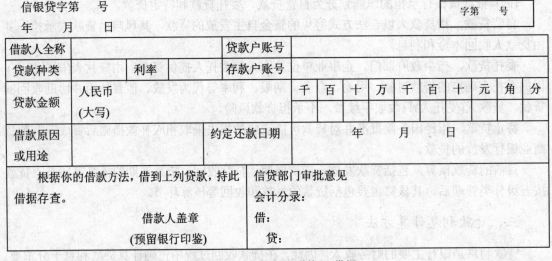

图 6-2　××银行银联统证(借据)

第一联为备查联，由银行信贷部门留存；第二联为贷款正本；第三联为贷方传票，代存款科目转账贷方传票；第四联为到期检查卡，银行作放款到期检查卡；第五联为回单，给借款单位的收账通知。在第一、二联上加盖借款人预留银行印鉴后送交信贷部门审查。信贷部门审查签章后，在信贷操作系统中录入贷款发放的相关信息，第一联借据留存，其余四联送会计部门。

(二) 凭证审核。会计经办人员接到借款单位凭证后，应认真审核以下内容：借款凭证有无信贷部门审批意见；各项内容填写是否正确完整；大小写金额是否一致；借款凭证上加盖的印鉴与预留银行印鉴是否一致。

（三）贷款发放交易处理。审核凭证无误后，经办人员以借款凭证第二联代转账借方传票，第三联代转账贷方传票，将相关业务信息录入操作系统办理转账。会计分录为

　　借：短期贷款——银川纺织集团公司　　　　1,000,000

　　　　贷：活期存款——银川纺织集团公司　　　1,000,000

（四）回单交付。第五联借款凭证上加盖转讫章交由借款人，通知贷款入账。

（五）后续处理。会计经办人员在借款凭证第二联和第三联上分别加盖转讫章和经办人员名章后作为办理业务的凭证与其他凭证一并装订保管。借款凭证第四联按贷款到期日与其他贷款业务凭证先后顺序排列，专门保管。会计部门对保管的凭证，应每月与各科目分户账进行核对，查看到期日期，并保证账据相符。

三、项目活动实践

模拟银行华夏支行当日发生下列业务。

（一）共向集团公司提交 2008 年 9 月 15 日本行信贷部门审批同意的借款借据，向本申请流动资金贷款 800,000 元，贷款期限三个月，利率为 6.57%，予以办理。

（二）银川针织厂于 2008 年 9 月 15 日提交本行信贷部门审批同意的借款借据，向本行申请流动资金贷款 200,000 元，贷款期限三个月，利率为 6.57%，予以办理。

要求：以模拟银行华夏支行柜员的身份进行相应业务的处理，包括凭证审核、业务数据录入、凭证盖章与凭证处理。

项目活动二　贷款收回

引入业务：9 月 15 日银川长城机械公司归还 2008 年 3 月 15 日向本行借入的流动资金贷款 1,000,000 元。模拟银行华夏支行为其办理还款手续。

一、操作流程

贷款收回操作流程如图 6-3 所示。

图 6-3　贷款收回操作流程

二、操作步骤

（一）业务受理。借款人归还贷款时应填写一式四联还贷凭证(或填写支票和进账单)。还款凭证第一联是回单，第二联是借方传票，第三联是贷方传票，第四联是卡片。借款单位应在第二联还贷凭证上加盖预留银行印鉴后提交银行(图 6-4)。

（二）凭证审核。银行会计经办人员收到一式四联还贷凭证后，应抽出原专夹保管的贷款借据第四联到期卡进行核对，核对无误后还应认真审核：贷款归还是否经信贷部门审查同意；还贷凭证各项内容填写是否完整、正确；凭证上加盖的印鉴与预留银行印鉴是否一致；存款账户款项是否足够支付等。

模拟银行　还贷凭证

还款日期　　　　　　　年　　月　　　日　　　　　　　　　　　　　　编号：

还款人		借款人										
存款户账号	利率	贷款户账号										
开户银行		开户银行										
收贷金额	人民币		千	百	十	万	千	百	十	元	角	分
(本金)	(大写)											
借款原因或用途		约定还款日期		年　　月　　日								
收回　年　月　日发放　年　月日到期的贷款，该笔贷款尚欠本金(大写)　　　元　。 记账　　　复核				还款人签章								

图 6-4　模拟银行还贷凭证

(三) 收回贷款交易处理。经审核无误，如借款人全额归还贷款，会计经办人员以还贷凭证第二联作借方传票，第三联作贷方传票，原专夹保管的第四联借据到期卡作贷方传票附件，将相关信息录入操作系统办理转账。会计分录为

借：活期存款——银川长城机械公司　　1,000,000
　贷：短期贷款——银川长城机械公司　　1,000,000

若是分次归还，除按上述手续办理外，还应在原第四联借款凭证的"分次偿还记录"栏登记本次偿还金额，结出尚欠贷款余额，并继续留存保管，最后贷款还清时，再作贷方传票的附件。

(四) 回单交付。上述处理完成后，经办人员在还贷凭证第一联上加盖转讫章，作为回单交给还贷人。

(五) 后续处理。还贷凭证第二联和第三联上加盖转讫章与经办人员名章后作为办理业务的凭证及其他凭证一并装订保管。第四联还贷凭证则交由信贷部门保管。

三、项目活动实践

模拟银行华夏支行发生以下业务。

(一) 银川长城机械公司提交还贷凭证，归还 2008 年 3 月 15 日申请的半年期流动资金贷款 400,000 元，审核无误办理还贷手续。

(二) 银川针织厂提交还贷凭证，归还 2008 年 6 月 15 日申请的半年期流动资金贷款 300,000元，原贷款金额 580,000 元。审核无误后，办理还贷手续。

要求：以模拟银行华夏支行柜员的身份进行相应业务的处理，包括凭证审核、业务数据录入、凭证盖章与凭证处理。

项目活动三　贷款利息计算

引入业务：模拟银行华夏支行于 3 月 15 日向开户单位盛大电子有限责任公司发放了一笔

短期借款，金额为 100,000 元，期限为三个月，年利率为 6.57%，本日到期。模拟银行华夏支行办理利息结算。

一、操作流程

贷款利息计算操作流程如图 6-5 所示。

图 6-5　贷款利息计算操作流程

二、操作方法

(一) 定期结息。

(1) 计算利息。

3 月 21 日应计利息(3 月 15 日—3 月 20 日)为

$100,000 \times 6 \times (6.57\% \div 360) = 109.5$ 元

6 月 15 日还款时应计利息(3 月 21 日—6 月 14 日)为

$100,000 \times 86 \times (6.57\% \div 360) = 1,569.5$(元)

该笔贷款总计利息为

$109.5 + 1,569.5 = 1,679$ 元

(2) 收取利息。

3 月 21 日结息时，经办人员应编制特种转账借、贷方传票或贷款利息清单，将相关录入操作系统办理转账。会计分录为

　　借：活期存款——盛大电子有限公司
　　　　贷：利息收入——贷款利息收入户

6 月 15 日到期还贷收息时会计分录同上。

一联特种转账借方传票加盖转讫章后作为支款通知交借款人。

(3) 后续处理。银行经办人员在相关凭证上分别加盖转讫章和经办人员名章后作为办理业务的凭证与其他凭证一并装订保管。

(二) 利随本清。

(1) 计算利息为

贷款利息＝本金×存期×利率＝$100,000 \times 92 \times 6.57\% \div 360 = 1,679$ 元

(2) 账务处理。如前所述。

(3) 凭证打印、后续处理。

三、项目活动实践

模拟银行华夏支行发生以下业务。

模拟银行华夏支行于 2008 年 3 月 15 日向光明电器厂发放一笔短期贷款，金额为 500,000 元，期限为三个月，年利率为 6.57%，该企业于 7 月 2 日归还，逾期利率为日利率 5‰。

要求：以模拟银行华夏支行柜员的身份进行定期结息和利随本清两种相应业务的处理，

包括凭证审核、业务数据录入、凭证盖章与凭证处理。

工作任务二　贴现业务操作

【基础知识】

贴现是指持票人将未到期的商业汇票向银行融通资金的一种信用行为。持票人将未到期的商业汇票向银行申请贴现，银行从汇票金额中扣除自贴现日至汇票到期前一日止的利息，将差额支付给持票人。它是银行向持票人融通资金的一种方式。贴现申请人申请贴现时，必须在贴现银行开立存款账户。

【项目活动】

项目活动一　贴现款发放

引入业务：7月5日模拟银行华夏支行为在本行开户的光耀集团公司办理一笔银行承兑汇票贴现，该票据出票日是一个月前，到期日是9月5日，贴现率6.57%，金额为2,000,000元，出票人为在工行新城支行开户的海晨公司。

一、操作流程

贴现款发放操作流程如图6-6所示。

图6-6　贴现款发放操作流程

二、操作步骤

持票人持未到期的商业汇票向银行申请贴现时，应根据承兑汇票填制一式五联的贴现凭证。第一联为申请书，银行作贴现借方传票；第二联是贴现申请人账户贷方传票；第三联作贴现利息贷方传票；第四联银行给贴现申请人作收账通知；第五联为到期卡。

（一）业务受理与凭证审核。贴现申请人在贴现凭证第一联上加盖预留银行印鉴，连同汇票一并送交银行。银行信贷部门按照信贷管理办法和支付结算办法的有关规定进行审核，符合条件的，在贴现凭证上加盖专用印章后送交会计部门。

会计部门收到贴现凭证和汇票后，应认真审核：贴现凭证上是否有信贷部门的签章，各项是否填写正确、无误；贴现凭证第一联上的印鉴是否与预留银行印鉴一致；汇票是否真实；汇票有否成背书；贴现凭证的填写与汇票是否相符等（图6-7）。

（二）计算贴现利息。审核凭证无误后，计算贴现利息和实付贴现金额。贴现利息按票面金额、贴现期限和贴现率计算，具体计算公式为

贴现利息＝汇票金额×贴现天数×贴现率/360

贴现利息＝汇票金额×贴现天数×月贴现率/30

156

××银行贴现凭证(代申请书)

申请日期　　　年　月　日　　　第　号

贴现汇票	种类		持票人	名称		
	出票日			账号		
	到期日			开户银行		

汇票承兑人	名称		账号		开户银行	

汇票金额	人民币 (大写)	千	百	十	万	千	百	十	元	角	分

贴现率		贴现利息		实付贴现额		

		银行审批			科目(借) 对方科目(贷)	
持票人签章			负责人	信贷员	复核	记账

图 6-7　××银行贴现凭证(代申请书)

贴现天数从贴现之日起到汇票到期日前一日止，按实际天数计算。承兑人在异地，贴现、转贴现和再贴现的期限的计算应另加三天的划款日期。

实付贴现金额是贴现银行在汇票金额中扣除贴现利息后实际支付给贴现申请人的金额，计算公式为

实付贴现金额＝汇票金额-贴现利息

光耀集团公司银行承兑汇票的贴现利息计算为

贴现利息＝2,000,000×(62+3)　×(6.57%÷360)＝23,725 元

实付贴现金额＝2,000,000-23725＝1,976,275 元

计算好后，在贴现凭证有关栏填上贴现率、贴现利息和实付贴现金额。

(三) 贴现交易处理。经办人员以贴现凭证第一联作贴现科目借方传票，第二、三联分别作贴现申请人账户贷方传票和利息收入贷方传票，将相关信息录入操作系统办理转账。会计分录为

借：贴现——银行承兑汇票户　　　　　2,000,000

　　贷：活期存款——光耀集团公司　　　1,976,275

　　贷：利息收入——贴现利息收入户　　　23,725

(四) 回单交付。第四联贴现凭证加盖转讫章交给贴现申请人作收账通知。

(五) 后续处理。银行经办人员在贴现凭证第一、二、三联上分别加盖转讫章和经办人员名章后作为办理业务的凭证与其他凭证一并装订保管。第五联贴现凭证和汇票按到期日顺序排列，专夹保管。等汇票快到期时，办理汇票托收。

三、项目活动实践

模拟银行华夏支行发生以下业务内容。

（一）2008 年 9 月 1 日红星电器有限公司持由工行北京市分行承兑的银行承兑汇票申请贴现，该汇票金额 500,000 元，出票日为 2008 年 5 月 20 日，到期日是 2008 年 10 月 20 日，出票人为北京申能公司，贴现率为 3.57%，本行审查后予以办理贴现。

（二）2008 年 9 月 15 日中房有限公司持由工行西安市支行承兑的银行承兑汇票申请贴现，该汇票金额 1,000,000 元，出票日为 2008 年 5 月 1 日，到期日是 2008 年 11 月 1 日，出票人为上海进出口贸易公司，贴现率为 3.57%，本行审查后予以办理贴现。

要求：以模拟银行华夏支行柜员的身份进行相应业务的处理，包括凭证审核、业务数据录入、凭证盖章与凭证处理。

项目活动二　贴现款到期收回

引入业务：9 月 3 日模拟银行华夏支行于 6 月 5 日为光耀集团公司办理的贴现业务的银行承兑汇票已到期，填写托收凭证向建行宁波支行收款，并收回贴现款。

一、操作流程

贴现款到期收回操作流程如图 6-8 所示。

图 6-8　贴现款到期收回操作流程

二、操作步骤

（一）贴现银行贴现收回准备。贴现银行对贴现到期的商业汇票，作为持票人应于汇票到期前，估算邮程，提前填写托收凭证，托收凭证凭据名称栏分别注明"商业承兑"或"银行承兑"字样。

（二）贴现银行寄送凭证。托收凭证第三、四、五联连同汇票一起寄交付款人开户行，向付款人收取票款。第五联贴现证作第二联托收凭证的附件存放。其余手续参照汇票到期持票人委托开户行收款的办法处理。

（三）付款人开户行或承兑行划付款项。付款人开户行或承兑行收到贴现银行寄来的托收凭证和汇票，经审查无误后，参照委托收款人开户行或承兑行的相关手续处理。

（四）贴现银行收回贴现款项。贴现银行收到付款行划回的款项时，按照委托收款的款项划回手续处理，贴现凭证第五联作附件。会计分录为

借：清算资金往来　　　　　　　　　　　　2,000,000
　　贷：贴现——银行承兑汇票户　　　　　　2,000,000

（五）后续处理。银行经办人员在相关凭证上加盖转讫章和经办人员名章后与其他凭证一并装订保管。

特殊情况处理：

如遇贴现银行收到付款行寄来的付款人未付款通知书或付款人拒绝付款证明、汇票及托收凭证时，对已贴现的汇票金额，即从贴现申请人的账户收回。收取时，填制两联特种转账

传票，在"转账原因"栏注明"未收到的××号汇票款，贴现款已从你账户收取"，一联作借方凭证另一联加盖转讫章作支款通知随同汇票交给申请贴现的持票人，第五联贴现凭证作贴现科目贷方凭证。收妥款项并记账。会计分录为

借：活期存款——贴现申请人户
　　贷：贴现——××汇票户

若申请人账户存款余额不足时，其不足部分转入该申请人逾期贷款账户。其会计分录为

借：活期存款——贴现申请人户
借：逾期贷款——贴现申请人户
　　贷：贴现——××汇票户

若贴现申请人存款账户无款，则将贴现款全部转入贴现申请人的逾期贷款账户。会计分录为

借：逾期贷款——贴现申请人户
　　贷：贴现——××汇票户

项目七　外汇业务处理

学 习 指 南

【学习目标】

1. 了解商业银行外汇业务核算的特点。
2. 掌握外汇存款业务的种类及账务核算。
3. 掌握外汇贷款业务的种类及账务核算。
4. 掌握外汇买卖业务的账务核算。

【学习重点】

1. 外汇存款、贷款及买卖业务的会计科目。
2. 外汇存款、贷款及买卖业务的会计分录。
3. 外汇业务的操作流程。

【学习难点】

1. 外汇存款和贷款业务的会计核算。
2. 外汇买卖业务核算的操作。

【工作任务】

1. 外汇存款业务操作。
2. 外汇贷款业务操作。
3. 外汇买卖业务操作。

工作任务一　外汇存款业务操作

【基础知识】

一、外汇会计的对象

外汇核算的对象是外汇银行的资金来源和资金运用培养变化过程及其结果。从事外汇业务的银行各项业务活动都是通过外汇资金和人民币资金进行的，所以，银行在输出、输入业务过程中就必然要引起外汇资金和人民币资金的增减变动。所有这些银行资金的培养变化过程和结果，就是从事外汇业务银行所要记录、计算、反映和监督的内容，也是外汇银行会计的具体对象。

二、外汇会计的任务

首先，正确组织会计核算。做到正确、及时、真实、完整地反映本外币业务财务活动情况。

其次，加强服务和监督。根据国家各项方针政策，办好国际、国内资金的结算和清算，监督本外币资金，有计划地运用加速资金周转，维护国家的信誉和权益。

最后，开展会计检查、辅导和会计分析。

因此，外汇会计工作是从事外汇银行业务的一项基础工作。

三、外汇业务核算的特点

处理外汇业务的银行作为国内外资金清算的中介、信用中介和外币出纳中心，它所经营的业务涉及面广、内容复杂。在业务处理时，既要严格遵守国内的有关规章制度，又要适应国际惯例。因此，外汇业务核算形成了自己的特点。

(一) 实行外汇分账制。外汇业务涉及本币和外币之间，外币和外币之间的货币单位和币值都不相同。在会计核算上，要求分别以本外币同时核算和监督各种不同货币业务的收会及结存情况，这种专门的核算方法就是外汇分账制，各家商业银行都采用此种方法。

外汇分账制是指除了以人民币为记账单位外，同时还分别使用各种外币记账。

(二) 兼用单、复凭证。外汇会计的一个特点即以单式凭证为主，同时兼用复式凭证。我国银行由于业务量大、分工细，在经营外汇业务过程中，原则上都采用单式凭证进行核算。但根据权责发生制的要求，对反映某些"或有资产"、"或有负债"经济业务有固定对应关系的会计科目，为了确切反映权责关系同时发生、同时解除，使用复式凭证比较方便。

(三) 贯彻权责发生制。权责发生制是会计核算的一项基础，而利息收入和支出是银行最大的收益和费用项目。例如，一笔三年定期外汇存款到期时利息为 1,500 元，这 1,500 元利息支出，虽在到期时支付，但应属于三个年度均衡分摊，第一年、第二年年终都应对当年承担利息列作损失。

四、外汇存款的种类

外汇存款是指单位和个人将其所持有的外汇资金存入银行，并在以后随时或约期支付的一种存款。它是银行聚集外汇资金的主要来源。外汇存款可按存款对象划分为甲种外币存款、乙种外币存款和丙种外币存款三种。

甲种外币存款对象是驻华机构和我国境内机关、团体、学校及企事业单位与三资企业等。甲种外币存款有活期存款和定期存款两种。存款的货币种类，根据现行的规定，有美元、英镑、日元、港币等货币，其他可自由兑换的外币可在存款日按当日牌价折算成上述之一货币办理外汇户存款。只有现汇账户，没有现钞账户。

乙种外币存款对象是居住在国外或我国港澳地区的外国人、外籍华人、华侨、港澳同胞和短期来华人员，以及居住在中国境内的外国人。乙种外币存款账户可以汇往中国境内外，也可兑换成人民币；外币现钞账户可以直接支取现钞，也可汇出；在存款人出境时，根据存款人的要求，外汇账户可支取外钞或直接汇出。

丙种外币存款的对象是中国境内的居民。丙种外币存款有现钞账户和外汇账户两种。但丙种外币存款如要汇往境外，须经国家外汇管理部门批准后方可汇出。

知识拓展

外汇存款按存取的币种不同，有美元、英镑、欧元、日元、港元等多种货币，根据开户对象和管理要求的不同，分为甲种存款、乙种存款和丙种存款三类。其中甲种存款是单位存款，乙种存款和丙种存款是个人存款。单位外汇存款一般只允许开立现汇户，个人外汇存款可开立现汇户，也可开立现钞户。

【项目活动】

项目活动一　外汇存款的开户

一、外汇存款开户业务操作流程

外汇存款开户业务操作流程如图 7-1 所示。

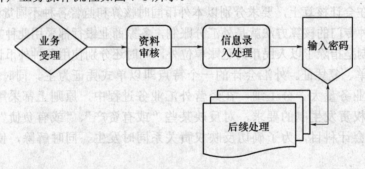

图 7-1　外汇存款开户业务操作流程

二、开立活期存款账户的操作步骤

(一) 业务受理。

(1) 个人开立外汇存款账户时，应填写外汇存款开户申请书，应向银行提供相应的开户资料(以个人为例)，具体包括：

① 姓名；

② 证件名称、证件号码；

③ 地址、电话；

④ 开户存款币种。

以上材料均须提供原件及复印件两份。经开户行审核符合开户条件的个人或单位客户填写"银行开户申请书"，如图 7-2 所示。

(2) 单位开立外汇存款账户时，须向银行提供有关文件：

① 国家外汇管理局核发的"开户通知书"；

② 工商行政部门颁发的营业执照和企业代码证，或民政部门颁发的社团登记证，或者国家授权机关批准成立的有效批件；

③ 企业基本情况登记表；

④ 开户申请书，预留印鉴或密码。

中国银行开户申请书

Applacation for Opening Account

一、必填项目(请用正楷完整填写以下各项，对您的个人资料，本行严格保密)

姓名：_____ 证件名称：_____ 证件号码：_____

代办人姓名：_____ 证件名称：_____ 证件号码：_____

地址：_____ 电 话：_____

二、填选项

开户存款币种：_____ 金额（小写）：_____

存款（定期填写）：_____ 支取方式：□凭密码支取   □凭印签支取

种类：□活期一本通   □定期一本通   □零存整取

　　　□教育储蓄   □存本取息   □其他

(以下各项请在是与否选择一项，并另行填写相应申请书)

开通电话银行：   □是   □否

本人承诺上述填写的内容真实、有效、无误、并保证遵守背面《客户须知》的有关规定

申请人签名：_____   年   月   日

图 7-2　开户申请书

知识拓展

下列单位可在我行开立单位外汇存款账户：

(1) 境内企事业单位、国家机关、社会团体、学校和其他经济组织；

(2) 外商投资企业(包括外商独资、侨资、中外合资和中外合作经营企业，下同)；

(3) 国内外金融机构；

(4) 各国驻华外交代表机构、领事机构、商务机构、驻华的国际组织和民间机构；

(5) 在中国境外或港澳地区的中、外企业和团体；

(6) 经国家外汇管理局批准的其他单位。

(二) 资料审核。银行业务专员接收开户个人或单位提交的开户申请书和有关证明文件后，认真审核证明文件及复印件，认真审查开户申请书填写事项的真实性、完整性、合规性，并在开户申请书银行意见栏加盖经办人员个人名章，退还相关资料给客户。

(三) 信息录入处理。在办理业务时，银行业务专员申请完相关资料后，通过银行操作软件录入客户相关信息，并提示客户自行输入两次密码，因为外汇存款也是凭密码支取。如存款人要求凭印鉴支取，应预留银行印鉴。

(四) 后续处理。待银行专员办理业务完毕后，客户会得到一个银行的活期一本通存折。

项目活动二　外汇存入的核算

一、外汇存入业务操作流程

外汇存入业务操作流程如图 7-3 所示。

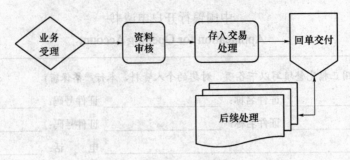

图 7-3　外汇存入业务操作流程

二、外汇存入业务操作步骤

(一) 业务受理。在个人或单位客户存入外汇时，应填写外汇存入凭证。如果是个人开立存折户，需填制存入凭条(图 7-4)；开立往来账户，需填制送款单(图 7-5)。连同外汇或外钞一并提交银行。银行经审核无误后办理存入手续。同时，经办人应认真审核相关信息：客户的缴款单日期是否正确；单位名称、账号、开户行名称、款项来源是否填写正确；大小写金额填写是否正确相符；凭证联次有缺少，是否套写，并清点现钞。

存　入　凭　条

□(贷)活期外汇存款

□(贷)外汇专户活期存款

	日期
DATE...	
请贷记账户第　　号	
Please credit account No.............123456...	
金额	
Amount 港币伍仟元整..	
小写金额	存款人：×××
In figures HK$5000............................	Depositor

图 7-4　存入凭条

送　　款　　单

请贷记我账户　　　　　　　　户名
Please credit　　　　　　　　 of account
Our account　　　　　　　　　账户　　　　　　　　　　日期
　　　　　　　　　　　　　　Account No.　　　　　　　Date

摘要 Particulars	小写金额 Amount　in fingures
共计 Total	

大写金额
Amount in words...

银行盖章
BANK SEAL

图 7-5　送款单

（二）存入交易处理。经审查凭证或清点现钞无误后，经办人员在业务系统中录入相关信息，贷记收款人账户，系统自动结计余额，并自动生成相关记载。

银行根据客户要求分别进行账务处理，存入会计分录为

借：现金　　　　　　　　　　　（外币）
　　贷：外汇买卖　　　　　　　　（外币）
借：外汇买卖　　　　　　　　　（人民币）
　　贷：外汇买卖　　　　　　　（人民币）
借：外汇买卖　　　　　　　　　（外币）
　　贷：外汇活期存款　　　　　　（外币）

（三）回单交付和后续处理。账务记载完毕后，经办人员在相关凭证的回单上加盖收讫章和经办人员名章后作为回单交付客户。其他已记账处理的凭证加盖收讫章、经办及复核人员名章后与其他凭证一并保管。

三、项目活动案例

南平公司持现钞 10,000 港元来华夏支行要求存入其外汇活期存款港元现汇户。当天钞买价 HKD100=￥103.60，卖出价 HKD100=￥106.70。银行作分录如下：

借：现金　　　　　　　　　　　HKD10,000
　　贷：外汇买卖　　　　　　　　HKD10,000
借：外汇买卖　　　　　　　　　￥10 360
　　贷：外汇买卖　　　　　　　　￥10 360
借：外汇买卖　　　　　　　　　HKD9,709.47
　　贷：外汇活期存款——南平公司　HKD9,709.47

四、项目活动实践

资料：平安公司持现钞 10,000 美元来华夏支行要求存入其外汇活期存款港元现汇户。当天钞买价 USD100=￥671.67，卖出价 USD100=￥679.81。

（一）简述单位外汇存款账户开立操作流程。

（二）情景模拟：请以模拟银行华夏支行柜员的身份，按规定的程序为其办理外汇开户和存款手续(情景：两个同学一组，分别扮演柜员和客户)。

项目活动三　存款支取的核算

一、外汇支取业务操作流程

外汇支取业务操作流程如图 7-6 所示。

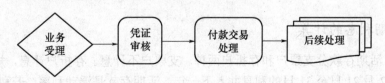

图 7-6　外汇支取业务操作流程图

二、外汇支取业务操作步骤

(一) 业务受理与凭证审核。开户单位办理外汇支取时，应根据需要在账户存款余额签发支付凭证，凭证上应注明款项用途和支取金额，并在支付凭证上加盖预留银行印鉴后交银行。

经办人员接到客户提交的支付凭证后，应认真审核：凭证是否真实；提示付款期限是否超过；签章是否正确；折角核对其签章与预留银行汇票签章是否相等；使用的支付密码是否正确；大小写金额是否一致；必须记载的事项是否齐全；账户是否在足够支付的款项；所附单证是否完整。若支付现钞，还应审查是否符合国家现金管理的规定等。

(二) 付款交易处理。经银行审核无误后予以办理支取手续，系统自动记录。取款时的会计分录为

    借：外汇活期存款   (外币)
        贷：外汇买卖   (外币)
    借：外汇买卖   (人民币)
        贷：外汇买卖   (人民币)
    借：外汇买卖   (外币)
        贷：现金   (外币)

(三) 后续处理。账务处理完毕后，经办人员在相关凭证的回单联上加盖收讫章和经办人员名章后作为回单交付客户。其他已记账处理的凭证加盖收讫章、经办及复核人员名章后与其他凭证一并保管。

三、项目活动案例

华信公司委托华夏银行支行汇付佣金 1,600 英镑给一英国商人，华信公司在银行开有美元现汇存款账户。当天汇买价 USD100=￥827.20，汇卖价 GBP100=￥1,278.20，会计分录为

    借：外汇活期存款——华信公司   USD247,234
        贷：外汇买卖   USD247,234
    借：外汇买卖   ￥2,045,120
        贷：外汇买卖   ￥2,045,120
    借：外汇买卖   GBP 1,600
        贷：汇出汇款   GBP 1,600

四、项目活动实践

资料：平安公司委托华夏银行支行汇付佣金 10,000 港元给一美国商人，平安公司在银行开有港元现汇存款账户。当天汇买价 USD100=￥677.09，汇卖价 HKD100=￥87.21。

要求：以模拟银行华夏支行柜员的身份，按规定的程序为南平公司办理外汇支取手续。

项目活动四　计息时的核算

一、活期利息的计算

计息时，活期存款分支票户和存折户两种。支票户不计息。存折户计息，规定每年 12 月 20 日计息，12 月 21 日至 31 日的利息并入下一年。活期存款是浮动利率，若利率变动，采取分段计算。计算分录为

借：营业支出——利息　　　　　　(外币)
　　贷：活期外汇存款　　　　　　(外币)

二、定期利息的计算

定期存款到规定日支取本金和利息，定期存款未到期不能提前支取。若银行同意客户提前支取，则利息以活期存款利息计算。存款期间利率如有变动，调整后的利率，只有在定期日满后，方可予以使用，在定期日内仍以原利率计算利息。计算分录为

12 月 20 日计息时：

借：营业支出——利息　　　　　　　　(外币)
　　贷：应付利息　　　　　　　　　　(外币)

存款到期付息时：

借：应付利息　　　　　　　　　　　(外币)
　　营业支出——利息　　　　　　　　(外币)
　　贷：定期外汇存款　　　　　　　　(外币)

三、项目活动案例

模拟银行华夏支行于 2009 年 6 月 22 日收到日本银行划来某外事企业非贸易款项 18,500,000 日元，于当日转存该行"外贸企业定期存款"现汇户。存期一年，年息 3.6%。存款到期时，该外事单位既未提取又未办理续存手续。按规定，逾期部分按到期日活期外汇存款利率年息 1%计付逾期息。2010 年 9 月 28 日，存户来存款行办理取息和转期续存手续。全部利息按当日牌价兑换成人民币现金，本金转期续存一年，年息仍为 3.6%。完成相关会计分录。

实践操作：2009 年 6 月 22 日存款分录为

借：外汇往来——日本银行　　　　　　J￥18,500,000
　　贷：外事企业定期存款——某企业　　J￥18,500,000

2009 年 12 月 20 日结息转账分录为

借：营业支出——利息　　　　　　　　J￥331.986
　　贷：应付利息　　　　　　　　　　J￥331.986

　　　　　　18,500,000×3.6%÷365×182=331.986

2010 年 9 月 28 日转存及利息会付现。

(一) 结转本金。

借：外事企业定期存款——某企业　　　J￥18,500,000
　　贷：外事企业定期存款——某企业　　J￥18,500,000

(二) 支付利息。

借：应付利息(2009 年)　　　　　　　J￥331.986
　　营业支出——利息(2010 年)　　　　J￥334.014
　　营业支出——利息(逾期)　　　　　J￥49.495
　　贷：外汇买卖　　　　　　　　　　J￥715.495

借：外汇买卖(汇买价 817.14%。)　　　J￥5,846.60
　　贷：现金　　　　　　　　　　　　J￥5,846.60

四、项目活动实践

资料：模拟银行华夏支行于 2009 年 6 月 22 日收到美国银行划来南平企业非贸易款项

1,000,000 美元，于当日转存该行"外贸企业定期存款——南平公司"现汇户。存期一年，年息 3.6%。存款到期时，南平公司既未提取又未办理续存手续。按规定，逾期部分按到期日活期外汇存款利率年息 1%计付逾期息。2010 年 9 月 28 日，存户来存款行办理取息和转期续存手续。全部利息按当日牌价兑换成人民币现金，本金转期续存一年，年息仍为 3.6%。完成相关会计分录。

要求：以模拟银行华夏支行柜员的身份，按规定的程序为南平公司办理利息和续存手续。

【课后思考】

1. 外汇存款的种类有哪些？
2. 外汇存款的核算都涉及哪些会计账户及会计分录？
3. 外汇存款是如何计息的？

工作任务二 外汇贷款业务操作

【基础知识】

一、外汇贷款特点

(一) 实行浮动利率计收承担费利率按银行同占拆放利率加上银行管理费计算，得出浮动利率不固定，随市场供求关系变化，按一个月、三个月、六个月浮动。

(二) 贷款期限由提款期、宽限期、还款期组成。

(三) 借款单位一定要有外汇来源。

(四) 对业务员要求高，涉及面广，政策性强。

二、外汇贷款的种类

商业银行的外汇贷款按照不同标准划分，可以分为不同种类的贷款。将外汇贷款按照贷款期限划分，可分为短期外汇贷款、中期外汇贷款和长期外汇贷款。短期外汇贷款的期限一般为一年～三年；中期贷款的期限一般为三年～五年；五年以上为长期贷款。

将外汇贷款资金来源划分，可分为现汇贷款、买方信贷和银团贷款。现汇贷款是商业银行以吸收的外汇存款向企业或单位发放的贷款。现汇贷款按利率外汇贷款，又可分为浮动利率外汇贷款、优惠利率贷款、固定利率贷款、贴息贷款和特优利率贷款。

其他的外汇贷款种类还有特种外汇贷款、出口押汇、外汇抵押人民币贷款等。

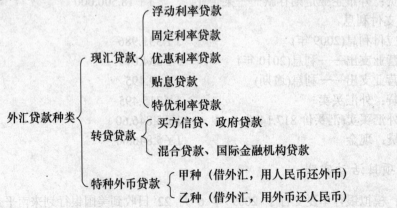

下面将商业银行常用的外汇贷款分别进行核算。

【项目活动】

项目活动一 短期外汇贷款的发放

一、短期外汇贷款业务操作流程

短期外汇贷款业务操作流程如图 7-7 所示。

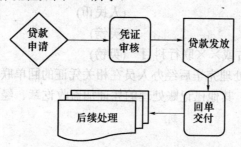

图 7-7 短期外汇贷款业务操作流程

二、外汇贷款业务操作步骤

(一) 业务申请。单位来银行申请贷款，应填写《外汇贷款申请书》并提供相关资料。银行信贷部门审批通过，发出批准文件，并与借款单位订立外汇贷款契约，注明贷款的金额、期限、利率等，明确银行与企业应负担的经济责任，然后登记外汇贷款账户。当发生实际付汇时，借款单位应填制短期外汇贷款借款凭证(图 7-8)。

银行(××行)短期外汇贷款借款凭证

借：短期外汇贷款　　　　　　　　　　　　　　　　　　　　　　年　月　日

借款单位		借款契约号码		负责偿还贷款额度的单位名称		
账号		借款期限		起息日		
借款金额(大写)					小写	
借款用途				借款单位盖章	备注	
进口货物及数量	实际支付外币金额	汇卖/汇买	折成美元金额			
合　计						

会计　　　　　　　　复核　　　　　　　　记账

图 7-8　短期外汇贷款借款凭证

(二) 凭证审核。会计核算部门收到信贷部门交来的外汇贷款借款借据后，应审核：贷款凭证的各项工作要素是否填写完整，与贷款合同是否一致；债权人签章是否齐全及是否在权限范围内；借款凭证上加盖的印鉴与预留银行印鉴是否一致。

169

（三）贷款发放处理。银行根据审核无误的借款凭证和借款契约规定进行账务处理，如果借款与用途是同一种外币，其分录为

借：短期外汇贷款——××户　　　　　　（外币）

　　贷：存放国外同占或××联行科目　（外币）

如果贷款与对外支付的贷款不是同一种货币时，如借美元，对外支付英磅，其会计分录为

借：短期外汇贷款　　　　　　　　　　（美元）

　　贷：外汇买卖　　　　　　　　　　（美元）

借：外汇买卖　　　　　　　　　　　　（人民币）

　　贷：外汇买卖　　　　　　　　　　（人民币）

借：外汇买卖　　　　　　　　　　　　（英镑）

　　贷：存放国外同占或××联行科目　（英镑）

（四）后续处理。账务处理完毕后经办人员在相关凭证的回单联上加盖收讫章和经办人员名章后作为回单交付客户。其他已记账处理的凭证加盖收讫章、经办及复核人员名章后与其他凭证一并保管。

【课后思考】

1．外汇贷款有什么特点？

2．外汇贷款分为几种？

3．短期外汇贷款发放的账务处理包括什么？

项目活动二　短期外汇贷款的计息

一、贷款利息的计算

短期外汇借款，每季结息一次，结息日填制短期外汇贷款结息凭证一式两联，一联作借方凭证，一联作结息通知单交借款单位，其分录为

借：应收利息　　　　　　　　　　　　（外币）

　　贷：利息收入——外汇贷款利息收入　（外币）

知识拓展

由于银行采用浮动利率进行外汇贷款计息，浮动档次有一个月浮动、三个月浮动、六个月浮动和一年浮动四种。只要企业按贷款契约规定的浮动利率档次向银行贷款，在该档次内无论利率有无变动，都按贷款日确定的该档次利率计算利息，该档次期满后再按新利率计算。

例如，银行 1 月 13 日发放一笔短期贷款，约期一年，确定按三个月的浮动利率计息，1月 8 日利率为 8.28%，2 月 24 日变为 8.55%，3 月 3 日变为 8.82%，4 月 11 日利率为 8.52%，6 月 3 日利率为 9%。分段计息时，自 1 月 13 日至 4 月 12 日利率应为 8.28%，4 月 13 日起利率为 8.52%，其余类推。

二、项目活动案例

某单位 2009 年 6 月 5 日向华夏银行支行申请外汇短期贷款，调查审批后，借到半年期

10 万美元浮动利率贷款,浮动期三个月,借款时利率为 9%,6 月 17 日变为 9.25%,7 月 8 日变为 9.5%,9 月 3 日变为 9.75%,10 月 5 日变为 9.5%,

实践操作如下:

2009 年 6 月 5 日至 2009 年 9 月 5 日利率为 9%;

2009 年 9 月 5 日至 2009 年 12 月 4 日利率为 9.75%。

2009 年 6 月 5 日至 2009 年 6 月 20 日:

应收利息=100,000×16×9%/360=400

借:应收利息   USD400

 贷:利息收入——外汇贷款利息收入   USD400

2009 年 6 月 20 日至 2009 年 9 月 4 日:

应收利息=(100,000+400)×76×9%/360=1,907.60

2009 年 9 月 5 日至 2009 年 9 月 20 日,按 9.75%计息:

应收利息=100,400×16×9.75%/360=435.06

借:应收利息   USD2,342.66

 贷:利息收入——外汇贷款利息收入   USD2,342.66

2009 年 9 月 20 日至 2009 年 12 月 4 日:

应收利息=102,742×75×9.75%/360=2,086.96

会计分录同上。

【课后思考】

如何调整外汇贷款的利息?

项目活动三 贷款的收回

短期外汇贷款按期归还,也可以提前全部或分批偿还。在最后一个结息期至还款日尚未计算的利息与本金一并收回,其分录为

借:单位外汇存款   (外币)

 贷:短期外汇贷款   (外币)

 利息收入——外汇贷款利息收入   (外币)

项目活动四 特种外汇贷款的核算

使用特种外汇贷款的借款单位,应按照短期外汇贷款办法的规定向银行提出申请,经银行审核同意后,双方要签订特种外汇贷款契约。

一、特种甲类外汇贷款

经信贷部门审核同意发放的甲类贷款,由借款单位向银行兑换成人民币,银行买入这类外汇以"专项兑换"科目核算,它是用以控制和反映即期和远期外汇买卖头寸状况的专用科

目。贷款发放时，其分录为

借：特种外汇贷款——借款单位　　　　　　（外币）
　　贷：专项兑换　　　　　　　　　　　　　（外币）
借：专项兑换　　　　　　　　　　　　　　（人民币）
　　贷：外事单位活期存款或其他科目　　　　（人民币）

贷款到期归还，其分录为

借：外汇专户活期存款和其他科目　　　　　（外币）
　　贷：特种外汇贷款——借款单位　　　　　（外币）
　　　　利息收入——特种外汇贷款利息收入　（外币）

二、特种乙类外汇贷款

办理乙类外汇贷款应于对外付汇时发放，按照实际支付的外汇金额，连同有关外汇费用作为实际发放贷款的金额，并以实际对外付汇的日期作为贷款的起息日期。发放贷款日银行除对贷款进行核算外，还要作出远期外汇的核算分录，以反映卖出远期外汇情况。

贷款发放时，其分录为

借：特种外汇贷款——借款单位　　　　　　（外币）
　　贷：港澳及国外联行往来或有关科目　　　（外币）

同时，为了避免汇率变动的风险，按发放贷款日的卖价，作卖出远期外汇的处理，其分录为

借：期收款项　　　　　　　　　　　　　　（人民币）
　　贷：专项兑换　　　　　　　　　　　　　（人民币）
借：专项兑换　　　　　　　　　　　　　　（外币）
　　贷：期付远期外汇　　　　　　　　　　　（外币）

到期还款时，银行内部先按原卖出价金额冲回专项兑换及期付远期外汇科目，会计分录与卖出时相反。同时按还款日期卖出价售给借款单位偿还本息外汇。其分录为

借：进出口单位活期存款或其他科目　　　　（人民币）
　　贷：专项兑换　　　　　　　　　　　　　（人民币）
借：专项兑换　　　　　　　　　　　　　　（外币）
　　贷：特种外汇借款——借款单位　　　　　（外币）
　　　　利息收入——特种外汇贷款利息收入　（外币）

【课后思考】

特种甲类外汇贷款与特种乙类外汇贷款的区别是什么？

工作任务三　外汇买卖业务操作

【基础知识】

一、外汇买卖

外汇买卖是商业银行外汇业务的重要组成部分。银行在办理外汇业务过程中，特别是国

际结算，由于进出口双方不在同一国家和地区，使用的货币币种也不相同，需要将一种货币兑换成另一种货币才能了结双方的债权债务。这种按一定汇率卖出一种货币或买入一种货币的行为，称为外汇买卖。

二、外汇买卖价格

银行在买卖外汇时，本国货币与外国货币相互折算，必须要有一定的比价，作为买卖的依据，这种比价就是汇率。汇率即汇价，习惯上又称外汇牌价，分为汇买价、汇卖价(钞卖价)、钞买价、中间价四种。汇买价是指银行买进外汇现汇的价格，钞买价是指银行买入外币现钞的价格。汇卖价是指银行卖出外汇现汇的价格，卖出外币现钞的价格与卖出外汇现汇的价格相同。中间价是汇买价与汇卖价的平均价。在我国，商业银行与中央银行之间的外汇买卖有时也用中间价。

三、外汇买卖的会计科目

外汇买卖的会计科目是实行外汇分账制的一个特定科目。通过这个科目将人民币和外币关系起来，使全部外汇交易汇总反映在外汇买卖账簿上，既有利于保持人民币与外币借贷资金额的平衡关系，又有利于考察各种外汇资金增减变化和余缺情况。外汇买卖科目是资产负债共同性质科目。当买入外汇时，银行借记有关科目(外币)，贷记外汇买卖科目(外币)，相应付出人民币，借记外汇买卖科目(人民币)，贷记有关科目(人民币)。当卖出外汇时，银行借记外汇买卖科目(外币)，贷记有关科目(外币)，相应收到人民币，借记有关科目(人民币)，贷记外汇买卖科目(人民币)。

四、外汇买卖凭证

银行发生外汇买卖业务时，均应填制外汇买卖传票(图7-9、图7-10)。外汇买卖凭证分为三种：外汇买卖借方传票、外汇买卖贷方传票和外汇买卖套汇传票。传票内容包括货币名称、外币、人民币金额和外汇牌价等。

华夏银行贷方传票

| 传票 |
| 编号 |

(借)外汇买卖　　年　月　日　　　　　　　(对方科目)

外汇金额	牌价	人民币金额
摘要		

会计　　　　　　复核　　　　　　记账　　　　　　制票

图 7-9　华夏银行贷方传票

华夏银行传票

年　　月　　日

表外付

科　目	户　名	货　币	金　额
			(十亿位)
摘 要			

复核　　　　　　　　　记账　　　　　　　　　制票

图 7-10　华夏银传票

知识拓展

各种常用外币符号和简写如表 7-1 所列。

表 7-1　各种常用外币简写符号

外币名称	简写符号	外币名称	简写符号
英镑	£(GBP)	荷兰盾	FLS(NLG)
香港元	HK\$(HKD)	瑞典克朗	SKR(SEK)
美元	US\$(USD)	丹麦克朗	DKR(DKK)
瑞士法郎	SF(CHF)	挪威克朗	NKR(NOK)
德国马克	DM(dem)	日元	J¥(JPY)
法国法郎	FF(FRF)	加拿大元	A\$(AUD)
新加坡元	S\$(SGD)	澳门元	PAT(MOP)

【项目活动】

项目活动一　买入外汇的处理

一、外汇买入业务操作流程

外汇买入业务操作流程如图 7-11 所示。

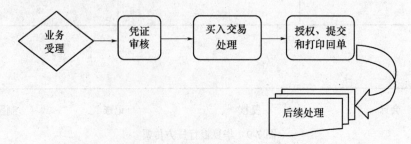

图 7-11　外汇买入业务操作流程

二、外汇买入业务操作步骤

(一) 业务受理并审核凭证。客户申请办理结汇，应填写并提交《结汇申请书》一式两联，并在申请书第一联上加盖预留银行印鉴。对于须经外汇管理局审批结汇的，还应同时提交结汇核准件。

(二) 外汇买入交易处理。买入外汇是指银行支付人民币买进外汇(含外钞)。买汇时会计分录为

```
借：××科目                    (外币)
    贷：外汇买卖(汇买价或钞买价)   (外币)
借：外汇买卖                    (人民币)
    贷：××科目                  (人民币)
```

(三) 授权、提交和打印回单。经办人员输入完成后，由会计主管审核输入的相关信息，无误后进行授权并提交。根据系统提示打印结汇传票和系统自动生成的结汇凭证。

(四) 后续处理。经办人员在结汇传票、结汇凭证通知联上加盖转讫章后交给客户。如出具核销联的，加盖出口收汇核销专用章并请客户在银行留存联上当面签收。最后，在处理后的相关凭证上加盖转讫章和经办人员名章后一并保管。

三、项目活动案例

华夏银行支行从国内长宇公司手中买入 1,000 美元现钞，给付人民币，当日汇率如表 7-2 所列。

表 7-2　当日汇率表

币种	交易单位	中间价	现汇买入价	现钞买入价	卖出价
美元(USD)	100	678.45	677.09	671.67	679.81

会计分录为

```
借：活期存款——长宇公司      USD$1,000
    贷：外汇买卖(钞买价)       USD$1,000
借：外汇买卖                  ￥6,716.7
    贷：活期存款——长宇公司    ￥6,716.7
```

四、项目活动实践

资料：华夏银行支行从金德公司扬持港钞 1000 元来银行兑换人民币现钞，当天该银行公布的钞买价 HKD100=￥106.00，办妥兑换手续，作分录如下：

要求：以模拟银行华夏支行柜员的身份，按规定的程序为客户张扬办理外汇买入手续。

项目活动二　卖出外汇的处理

一、外汇卖出业务操作流程

外汇卖出业务操作流程如图 7-12 所示。

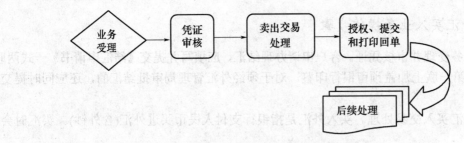

图 7-12　外汇卖出业务操作流程

二、外汇卖出业务操作步骤

（一）业务受理并审核凭证。客户申请办理结汇，应填写并提交《购汇申请书》一式三联，并在申请书第一联上加盖预留银行印鉴，连同规定的有效凭证和商业单据或外汇管理局核准件一并提交银行。

（二）外汇卖出交易处理。卖汇是指银行收取人民币卖出外汇(含外钞)。卖汇时会计分录为

借：××科目　　　　　　　　(人民币)
　　贷：外汇买卖　　　　　　　(人民币)
借：外汇买卖(汇卖价)　　　　(外币)
　　贷：××科目　　　　　　　(外币)

（三）授权、提交和打印回单。经办人员输入完成后，由会计主管审核输入的相关信息，无误后进行授权并提交。根据系统提示打印售汇传票和系统自动生成的售汇凭证。

（四）后续处理。经办人员在售汇传票、结汇凭证通知联上加盖转讫章后与购汇申请书客户回单联一起交给客户并送别客户。

三、项目活动案例

某进口公司同意从其账户中汇出购买进口货物货款 1,000 美元，当日汇率如表 7-7 所列。

借：进出口企业活期存款　　　￥6,798.1
　　贷：外汇买卖　　　　　　　￥6,798.1
借：外汇买卖(汇卖价)　　　　$1,000
　　贷：汇出汇款　　　　　　　$1,000

四、项目活动实践

资料：华夏银行支行的开户单位江南公司所需现钞 USD2,500，收到人民币转账支票一张。当天该行公布的卖出价 USD100=￥827.60。

要求：以模拟银行华夏支行柜员的身份，按规定的程序为客户张扬办理外汇买入手续。

项目活动三　套汇的处理

一、外汇套汇业务操作流程

外汇套汇业务操作流程如图 7-13 所示。

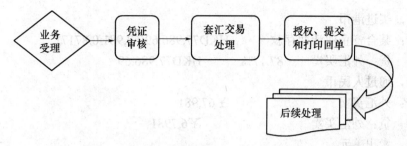

图 7-13 外汇套汇业务操作流程

二、外汇套汇业务操作步骤

(一) 业务受理并审核凭证。一种外汇向另一种外汇的转换称为套汇。套汇的原则是通过人民币核算，即对收入的一种外币价折合成人民币填制外汇买卖科目传票，然后将折合的人民币按另一种外币卖出价折算出另一种外汇金额，填制外汇买卖科目传票。

经办人员在收到套汇凭证及相关资料后，应审核客户提交的套汇凭证相关内容填写是否正确，买卖货币填写是否清楚，凭证加盖的印章与预留银行印鉴是否一致。

(二) 外汇套汇交易处理。经办人员审核无误后进入业务操作系统选择外汇买卖类型中的代客套汇，并根据凭证输入相关信息，系统采取实时逐笔自动平盘的账务处理，套汇时会计分录为

第一步，买进 A 币

    借：××科目　　　　　　　　　　　(买入 A 外币)

      贷：外汇买卖(汇买价或中间价)　　(买入 A 外币)

第二步，通过人民币

    借：外汇买卖　　　　　　　　　　　(人民币)

      贷：外汇买卖　　　　　　　　　　(人民币)

第三步，卖出 B 币

    借：外汇买卖(汇卖价或中间价)　　　(卖出 B 外币)

      贷：××科目　　　　　　　　　　(卖出 B 外币)

(三) 授权、提交和打印回单。经办人员输入完成后，由会计主管审核输入的相关信息，无误后进行授权并提交。交易完成后，经办人员可以根据系统提示打印外汇买卖传票和借贷记通知。

(四) 后续处理。经办人员在借记通知回单上加盖业务章后交给客户并送别客户。机制凭证打印好后，客户提交的相关凭证机制传票的附件，相关有效凭证和有效商业单据加盖转讫章和经办人员名章后另行专夹保管。

三、项目活动案例

案例一：不同币种套汇，某合资企业从其港元(HKD)账户支付美元(USD)10,000 元汇往国外，当日汇率如表 7-3 所列。

表 7-3　当日汇率表

币种	交易单位	中间价	现汇买入价	现钞买入价	卖出价
美元(USD)	100	678.45	677.09	671.67	679.81
港币(HKD)	100	87.34	87.17	86.55	87.51

第一步，买进港币

借：某合资企业活期存款　　　HKD77,986.69(67,981/0.8717)
　　贷：外汇买卖——87.17%　　HKD77,986.69

第二步，通过人民币

借：外汇买卖　　　　　　　　￥67,981
　　贷：外汇买卖　　　　　　　￥6,7981

第三步，卖出美元

借：外汇买卖　　　　　　　　USD10,000
　　贷：汇出汇款　　　　　　　USD10,000

案例二：同一币种套汇，某港商持港币 HKD1,000 元要求汇往香港，当日汇率如表 7-3 所列。

实践操作如下：

第一步，买进港币

借：现金　　　　　　　　　　HKD10,00
　　贷：外汇买卖——86.55%　　HKD1,000

第二步，通过人民币

借：外汇买卖　　　　　　　　￥865.5
　　贷：外汇买卖——87.51%　　￥865.5

第三步，卖出港币

借：外汇买卖　　　　　　　　HKD989.03(865.5/0.8751)
　　贷：汇出汇款　　　　　　　HKD989.03

四、项目活动实践

资料：大桥公司来华夏银行要求从其美元账户提取并兑换 3,000 港元，采用汇出汇款方式对外支付，银行买入美元现汇，卖出港元现汇。该银行当天的美元汇买价 USD100=￥825.80，港元卖出价 HKD100=￥109.20。

要求：以模拟银行华夏支行柜员的身份，按规定的程序为客户张扬办理外汇买入手续。

【课后思考】

1．什么是外汇买卖？
2．外汇买卖的价格有几种？
3．买入外汇的会计分录是什么？
4．卖出外汇的会计分录是什么？
5．如何处理套汇的账务？

项目八　　资金汇划与资金清算业务处理

学 习 指 南

【学习目标】

1. 了解系统资金汇划的含义。
2. 了解大、小额支付系统的业务范围。
3. 掌握系统内资金汇划各项业务的操作流程。
4. 熟悉大、小额支付各项业务操作流程。

【学习重点】

1. 系统内资金汇划与清算。
2. 跨系统资金汇划与清算。

【学习难点】

1. 大额实时支付系统的操作。
2. 小额支付系统的操作。

【工作任务】

1. 系统内资金汇划与清算业务操作实训。
2. 跨系统资金汇划与清算业务实训。

工作任务一　　系统内资金汇划与清算业务操作实训

【基础知识】

一、系统内资金汇划清算

系统内资金汇划清算，是指商业银行内部各行处之间由于办理结算、款项缴拨、内部资金调拨等业务引起的资金账务往来。该业务往来通过由计算机网络组成的资金汇划系统进行办理。

二、资金汇划系统

商业银行内部的资金汇划系统，又称为电子汇划系统，它承担汇兑、委托收款、托收承付、商业汇票、银行汇票、信用卡、内部资金划拨及其他经总行批准的汇划业务，同时办理有关业务的查询、查复。该系统由汇划业务经办行、清算行、总行清算中心以及计算机网络组成。

三、经办行

经办行是具体办理结算资金和内部资金汇划业务的行处，包括发报经办行和收报经办行。汇划业务的发生行是发报经办行，汇划业务的接收行是收报经办行。

四、清算行

清算行是在总行清算中心开立备付金存款账户，办理其辖属行处汇划款项清算的分行，包括直辖市分行、总行直属分行和二级分行(含省分行营业部)。

省分行(清算行)，在总行开立备付金户，只办理系统内资金调拨和内部资金利息汇划。

五、总行清算中心

总行清算中心是办理系统内各经办行之间的资金汇划、各清算行之间的资金清算及资金拆借、对账等业务的核算和管理的部门。

六、资金汇划清算系统的基本做法

资金汇划清算系统的基本做法是："**实存资金，同步清算，头寸控制，集中监督**"。

(一) 实存资金是指以清算行为单位在总行清算中心开立备付金存款账户，用于汇划款项的资金清算。经办行与清算行之间的资金清算比照处理。

(二) 同步清算是指发报经办行通过其清算行经总行清算中心将款项汇划至收报经办行的同时，总行清算中心办理清算行之间的资金清算，清算行办理经办行之间的资金清算。

(三) 头寸控制是指各清算行在总行清算中心开立的备付金存款账户，必须保证有足够的存款，总行清算中心对各行汇划资金实行逐笔即时清算。清算行备付金存款不足时，可向总行借款。

(四) 集中监督是指总行清算中心对汇划往来数据发送、资金清算、备付金存款账户资信情况，以及各行之间查询查复情况进行管理和监督。

七、资金汇划清算业务设置的科目

资金汇划清算业务设置下列科目：

(一) "清算资金往来"科目。该科目核算各经办行通过电子汇划系统发出报单和收到报单时的资金汇划往来与清算情况。本科目属于资产负债共同类。汇划业务结束，该科目余额结转到"系统内上存款项"科目进行资金实时清算。

(二) "系统内上存款项"科目。该科目反映各清算行存放在总以及各经办行存放在清算行的清算备付金。该科目属资产类，余额反映在借方。

(三) "系统内款项存放"科目。该科目反映总行收到的各清算上存以及各清算行收到各经办行上存的清算备付金存款。该科目属负债类，余额反映在贷方。

八、资金汇划清算业务使用的凭证

资金汇划清算业务的基本凭证是"资金汇划补充凭证"，由收报行接收来账数据后打印，是账务记载的依据和款项已入账的通知。资金汇划补充凭证是空白重要凭证，必须按规定领用和保管，并纳入表外科目核算，该凭证分为"资金汇划(借方)补充凭证"和"资金汇划(贷方)补充凭证"。

(一) 资金汇划(借方)补充凭证(图 8-1)一式两联: 一联作有关科目借方凭证; 另一联作有关科目的凭证或附件。

银行　　资金汇划(借方)补充凭证

　　　年　　　月　　　日

发报日期	业务种类
发报流水号:	收报流水号:
发报行行号:	收报行行号:
发报行名称:	收报行名称:
收款人名称:	付款人名称:
收款人账号:	付款人账号:
收款人地址:	付款人地址:
货币种类金额: 附言:	
网点号:　　　交易码:　　　流水号:　　　柜员号:	

图 8-1　资金汇划(借方)补充凭证

(二) 资金汇划(贷方)补充凭证(图 8-2)一式两联: 一联作有关科目贷方凭证; 另一联作收款通知。

银行　　资金汇划(贷方)补充凭证

　　　年　　　月　　　日

发报日期	业务种类
发报流水号:	收报流水号:
发报行行号:	收报行行号:
发报行名称:	收报行名称:
付款人名称:	收款人名称:
付款人账号:	收款人账号:
付款人地址:	收款人地址:
货币种类金额: 附言:	
网点号:　　　交易码:　　　流水号:　　　柜员号:	

图 8-2　资金汇划(贷方)补充凭证

九、系统内资金汇划与清算业务流程

系统内资金汇划与清算业务流程如图 8-3 所示。

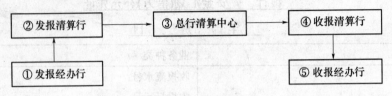

图 8-3　系统内资金汇划与清算业务流程

【项目活动】

项目活动一　　发报经办行往账处理

一、发报经办行办理往账业务操作流程

发报经办行办理往账业务操作流程如图 8-4 所示。

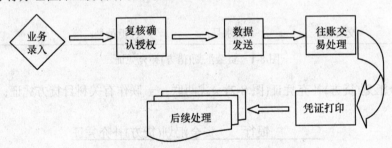

图 8-4　发报经办行办理往账业务操作流程

二、操作步骤

(一) 业务录入。经办人员根据确已记账的汇划凭证，分别实时、批量的汇划方式，按业务种类输入相关信息，用途栏和客户附言应按客户填写的内容录入，不得省略。录入完成后打印往账录入清单。

(二) 复核确认和授权。复核人员根据录入清单和原始汇划凭证，进行全面审查、复核确认。实时业务全部授权；批量业务大额业务须经各经办行会计主管人员授权。

(三) 数据发送。业务数据经过录入、复核、授权无误后，产生有效汇划数据，由系统发送至清算行。实时业务由系统实时发送至清算行，批量业务日终处理。

(四) 往账交易处理。贷报业务会计分录为

借：活期存款——××单位

(或：应解汇款)

　　贷：清算资金往来

借报业务则相反。

每日营业终了，将"清算资金往来"科目结转"系统内上存款项"，进行资金的实时清算。

182

如为贷报业务，会计分录为

 借：清算资金往来

  贷：系统内上存款项

如为借报业务，会计分录相反。

(五) 凭证打印。日终时打印"电子清算专用记账凭证"和"系统内上存款项记账凭证"；打印"资金汇划业务请单"，连同业务委托书第三联，托收承付凭证第四联，银行卡凭证，委托收款凭证第四联，银行汇票第二、三联，银行承兑汇票第二联等结算支付凭证，一起作"电子清算专用记账凭证"的附件。

(六) 后续处理。手工核对当天原始汇划凭证的笔数、金额合计与"资金汇划业务清单"发送借、贷报笔数、合计数及"清算资金往来"科目发报汇总借、贷方凭证笔数及发生额核对一致。

三、项目活动实践

2010 年 6 月 12 日模拟银行华夏支行(002001)开户单位华信电子有限公司(0001200101000012)来行申请将 200,000 元汇往工行北京前门支行开户的华业房产公司(01012001000331)，华夏支行审核后，办理往账手续。

华夏支行办理贷报业务，会计分录为

 借：活期存款——华信电子有限公司   200,000

  贷：清算资金往来   200,000

项目活动二 清算行账务处理

一、发报清算行的处理步骤

(一) 接收数据。清算行接收发报经办行传输来的汇划业务。

(二) 账务处理。计算机自动记载"系统内上存款项"科目和"系统内款项存放"科目有关账户。

收到贷报业务的会计分录为

 借：系统内款项存放——××经办行备付金户

  贷：系统内上存款项——上存总行备付金户

借报业务则相反。

如遇清算行在总行清算中心备付金存款不足时，"上存总行备付金"账户余额可暂时在贷方反映，但清算行要迅速筹措资金补充备付金头寸。

(三) 数据传送。汇划数据经过按规定权限授权、编押及账务处理后由计算机自动传输至总行。

二、总行清算中心处理

总行清算中心收到各发报清算行的汇划款项数据，由计算机自动登记后，将款项传送至收报清算行。

每日营业终了更新各清算行在总行开立的备付金存款账户。

三、收报清算行处理

收报清算行收到总行清算中心传来的汇划业务数据，计算机自动检测收报经办行是否为辖属行处，并经系统自动核押无误后，自动进行账务处理。实时业务即时处理并传至收报经办行，批量业务处理后次日传至收报经办行。

(一) 实时汇划。贷报业务，会计分录为

借：系统内上存款项——上存总行备付金户

　　贷：系统内款项存放——××经办行备付金户

借报业务则相反。

(二) 批量汇划。贷报业务，会计分录为

借：系统内上存款项——上存总行备付金户

　　贷：其他应付款——待处理汇划款项户

次日传给收报经办行时的会计分录为

借：其他应付款——待处理汇划款项户

　　贷：系统内款项存放——××经办行备付金户

借报业务则相反。

项目活动三　收报经办行来账处理

一、收报经办行办理来账业务操作流程

收报经办行办理来账业务操作流程如图 8-5 所示。

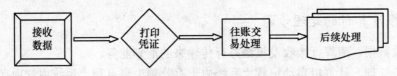

图 8-5　收报经办行办理来账业务操作流程

二、操作步骤

(一) 接收数据。接收清算行传来的批量、实时汇划业务。

(二) 打印凭证。经审核无误后，打印"资金汇划(借方)补充凭证"一式两份。

(三) 来账交易处理。贷报业务，会计分录为

借：清算资金往来

　　贷：活期存款——××单位

借报业务则相反。

每日营业终了，将"清算资金往来"科目结转到"系统内上存款项"，进行资金的清算。会计分录为

借：系统内上存款项

　　贷：清算资金往来

(四) 后续处理。每日营业终了，收报经办行应分别借报、贷报打印"资金汇划业务清单"，

184

与借方或贷方"资金汇划接收处理清单"、"资金汇划借方(贷方)补充凭证"及"清算资金往来"科目的来报汇总借、贷方凭证笔数、发生额核对一致。每天打印的"资金汇划借方(贷方)补充凭证"要与"空白重要凭证保管使用登记簿"中使用、结存数量、号码核对一致,并进行销号。

三、项目活动案例

(一) 2008年5月28日模拟银行华夏支行(002001)开户单位夏进集团公司(001200102002609)的一笔托收款划回,付款人系工行滨海市支行(200236)的开户单位新月商贸公司(241204502001139),金额1,800,000元。

模拟银行华夏支行办理来账手续如下。

(1) 接收到工行滨海市支行的贷报信息和托收划回款项。

(2) 打印"资金汇划(贷方)补充凭证"(图8-6)一式两联。

模拟银行华夏支行　　资金汇划(贷方)补充凭证

2010 年　　5 月　　28 日

发报日期:20100528	业务种类:委托收款
发报流水号:34567	收报流水号:78965
发报行行号:200236	收报行行号:002001
发报行名称:工行滨海市支行	收报行名称:模拟银行华夏支行
付款人名称:新月商贸公司	收款人名称:夏进集团公司
付款人账号:241204502001139	收款人账号:001200102002609
付款人地址	收款人地址
货币种类金额:RMB1,800,000.00　　　人民币壹佰捌拾万元整	
附言:货款	
网点号:00200101　　交易码:123　　　流水号:23122　　　柜员号:001002	

图 8-6　资金汇划(贷方)补充凭证

(3) 来帐交易处理。会计分录为

借:清算资金往来　　1,800,000

贷:活期存款——夏进集团公司　　1,800,000

(二) 2010年5月28日模拟银行华夏支行(002001)收到工行西安清河路支行(003005)的借报信息和银行汇票解讫通知,收款人西北化工工业有限公司(0031200102000766)在该行开户。经审核汇票系本行签发,申请人为开户单位华新集团公司(0001200102002609),出票金额130,000元,无多余款。

模拟银行华夏支行办理来账手续如下。

(1) 接收到工行西安清河路支行的贷报信息和银行汇票解讫通知。

(2) 打印"资金汇划(借方)补充凭证"(图8-7)一式两联。

发报日期：20100528	业务种类：银行汇票
发报流水号：34521	收报流水号：78654
发报行行号：003005	收报行行号：002001
发报行名称：西安清河路支行	收报行名称：模拟银行华夏支行
收款人名称：西北化工工业有限公司	付款人名称：华新集团公司
收款人账号：0031200102000766	付款人账号：0001200102002609
收款人地址：	付款人地址：

货币种类金额：RMB130,000.00　　　人民币壹拾叁万元整

附言：材料款

原汇票金额 130,000.00　　原汇票号码 25127362　原出票日期 2010 年 5 月 25 日

网点号：008　　　交易码：　20101　　　流水号：32988　　　柜员号：001002

图 8-7　资金汇划(借方)补充凭证

(3) 来账交易处理。会计分录为

　　借：汇出汇款　　　　　　130,000

　　　　贷：清算资金往来　　　　130,000

四、项目活动实践

(一) 资料。模拟银行华夏支行 2010 年 6 月 5 日发生下列借(贷)报业务。

(1) 开户单位大兴器材有限公司(001200010100168)提交业务委托书申请办理汇兑业务,金额 213,000 元,向西贡市支行开户的希望进出口贸易有限公司(216204201009911)支付进口器材款。

(2) 为开户单位华信房产公司(001200101000912)办理一笔银行汇票解付,汇票金额 18,000 元,实际结算额为 18,000 元。银行汇票系在松山市支行开户的东方电器厂(101200101000148)申请签发,支付货款。

(3) 收到松山市支行寄来的第三、四、五联托收凭证及商业承兑汇票,金额 240,000 元,收款人是在松山市支行开户的进蒂凡有限公司(21624200100901),付款人是在本行开户的华信电子有限公司 001200101000935),经审查无误通知付款人,且商业汇票已到期,付款人同意付款,予以划款。

(4) 收到兰新市支行的汇兑业务资金汇划贷方报单信息,金额 68,700 元,汇款人为在兰新市支行开户的华业装饰公司(231204502000676),系支付本行开户的飞达有限公司(001200102000334)的装饰材料款。

(5) 收到兰新市支行(23061)的银行汇票解付借报信息,汇票系开户单位飞腾公司(1001200102000655)四天前申请签发,汇票金额 125,000 元,报单金额 125,000 元,支付在兰新市支行开户的兴业公司(431200102007418)货款,经抽卡核对无误,予以结清。

（二）要求。根据以上业务进行相应的会计处理。

【课后思考】

1. 什么是系统内资金汇划清算业务?
2. 简述商业银行系统内贷(借)报业务的业务流程。

工作任务二 跨系统资金汇划与清算业务实训

【基础知识】

一、跨系统资金汇划清算的基本含义

跨系统资金汇划清算是指各商业银行之间依托现代化支付系统(CNAPS)实现资金汇划清算。

现代化支付系统主要包括大额实时支付系统(HVPS)和小额批量支付系统(BEPS)，建立有两级处理中心，即国家处理中心(NPC)和城市处理中心(CCPC)，国家处理中心分别与各城市处理中心相连，其通信网络采用专用网络，以地面通信为主，卫星通信备份。

二、现代化支付系统的参与者

现代化支付系统的参与者包括直接参与者、间接参与者以及特许参与者。

（一）直接参与者。直接参与者包括人民银行地市以上中心支行(库)以及在人民银行开设清算账户的银行和非银行金融机构。与城市处理中心直接连接，通过城市处理中心处理其支付清算业务。人民银行市地以上分支行会计部门和国库部门作为直接参与者，在城市处理中心开设大、小额支付往来账户和支付清算往来账户。

（二）间接参与者。间接参与者包括人民银行县(市)支行(库)和未在人民银行开设清算账户而委托直接参与者办理资金清算的银行以及经人民银行批准经营支付结算业务的非银行金融机构。间接参与者不与城市处理中心直接连接，其支付业务通过各银行内部系统或其他方式提交给其清算资金的直接参与者，由该直接参与者提交支付系统处理。

（三）特许参与者。经中国人民银行批准通过支付系统办理特定业务的机构。外汇交易中心、债券一级交易商等特许参与者在人民银行当地分支行开设特许账户，与当地城市处理中心连接，通过连接的城市处理中心办理支付业务；公开市场操作室等特许参与者与支付系统国家处理中心连接，办理支付交易的即时转账。

现代化支付系统的基本程序是由发起行发起业务后，经发起清算行、发报中心、国家处理中心、收报中心，最后至接收行为止。在该程序参与者中，发起行和接收行为间接参与者；发起清算行、发报中心、收报中心、接收清算行均为直接参与者。

三、直接参与者与支付系统的连接方式

直接参与者与支付系统的连接方式有直连方式和间连方式两种。

（一）直连方式。直连方式是商业银行系统内各机构网点发起和接收支付业务均通过直接参与者，由其通过行内业务处理系统与支付系统前置机相连处理业务。

（二）间连方式。间连方式是直接在支付系统前置机及其终端上录入发起和接收支付业务，

不与行内系统相连接。适合于城市内机构网点较少的银行。

个别商业银行由于不具备内部资金汇划系统，其系统内的资金汇划清算业务也依托大额、小额支付系统来办理。

【项目活动】

项目活动一　大额实时支付业务

一、大额实时支付业务基础知识

(一) 大额实时支付系统的含义。大额实时支付系统(简称大额支付系统)是中国人民银行按照我国支付清算需要，利用现代计算机技术和通信网络开发建设，处理同城和异地跨行之间和行内的大额贷记及紧急小额贷记支付业务，人民银行系统的贷记支付业务以及即时转账业务等的应用系统。具有"实时转账、逐笔处理业务、全额清算资金、实时到账"的特点。

(二) 大额支付系统业务范围。大额支付系统业务范围包括一般大额支付业务、即时转账业务和城市商业银行银行汇票业务。

(1) 一般大额支付业务。由发起行发起，逐笔实时发往国家处理中心，国家处理中心清算资金后，实时转发接收行的业务，包括汇兑、委托收款划回、托收承付划回、中央银行和国库部门办理的资金汇划等。

(2) 即时转账支付业务。由与支付系统国家处理中心直接连接的特许参与者(第三方)发起，通过国家处理中心实时清算资金后，通知被借记行和被贷记行的业务。目前，主要由中央债券综合业务系统发起。

(3) 城市商业银行银行汇票业务。支付系统为支持中小金融机构结算和通汇而专门设计的支持城市商业银行银行汇票资金的移存和兑付的资金清算的业务。

(三) 大额实时支付业务的科目设置。大额实时支付系统设置的科目包括以下几种。

(1) "大额支付往来"科目。本科目核算支付系统发起清算行和接收清算行通过大额实时支付系统办理的支付结算往来款项，余额轧差反映。年终，本科目余额全额转入"支付清算资金往来"科目，年终余额为零。

(2) "支付清算资金往来"科目。本科目核算支付系统发起清算行和接收清算行通过大额实时支付系统办理的支付结算汇差款项。年终，"大额支付往来"科目余额对清后，结转至本科目，余额轧差反映。

(3) "汇总平衡"科目。本科目是国家处理中心专用科目，用于平衡国家处理中心代理人民银行分支行(库)的账务处理，不纳入人民银行(库)的核算。

二、一般大额支付业务的操作流程

一般大额支付业务操作流程如图 8-8 所示。

三、一般大额支付业务操作步骤

(一) 发起(清算)行。

(1) 发起(清算)行处理流程如图 8-9 所示。

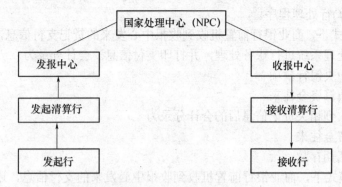

图 8-8 一般大额支付业务操作流程

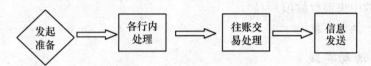

图 8-9 发起(清算)行处理流程

(2) 发起(清算)行处理程序。

① 发起准备。发起清算行根据发起人的要求确定支付业务的优先支付级次：发起人要求的救灾、战备款项为特急支付；发起人要求的紧急款项为紧急支付；其他支付为普通支付。

② 各行内处理。根据发起人提交的原始凭证和要求，如为直连模式，各行内业务处理系统将规定格式标准的支付报文发送前置机系统(MBFE)。

③ 往账交易处理。在直连模式下，发起行的贷记业务会计分录为

借：活期存款科目

　　贷：资金清算往来

在直连模式下，发起清算行的贷记业务会计分录为

借：资金清算往来

　　贷：存放中央银行款项

在间连模式下不再通过资金清算往来。

④ 信息发送。前置机系统自动逐笔加编地方密押后发送发报中心。

(二) 发报中心。发报中心收到发起清算行发来的支付信息，确认无误，加编全国密押，实时送发国家处理中心。

(三) 国家处理中心。国家处理中心收到发报中心发来的支付报文，逐笔确认无误后，进行资金清算，并将支付信息发往收报中心。

(四) 收报中心处理。收报中心接收国家处理中心的支付信息，确认无误后，逐笔加编地方密押实时发送接收清算行。

(五) 接收(清算)行。

(1) 接收(清算)行处理流程如图 8-10 所示。

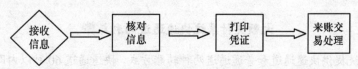

图 8-10 接收(清算)行处理流程

189

(2) 接收(清算)行处理程序。

① 在直连模式下，商业银行前置机收到收报中心发来的贷记支付信息，逐笔核对确认后发送至行内业务处理系统进行账务处理，并打印支付信息。会计分录为

  借：存放中央银行款项
    贷：清算资金往来

信息接收行收到相关贷记信息后的会计分录为

  借：清算资金往来
    贷：活期存款

② 在间连模式下，商业银行前置机收到收报中心发来的支付信息，逐笔确认后，打印支付系统专用凭证，再在行内业务处理系统进行账务处理。会计分录为

  借：存放中央银行款项
    贷：活期存款

四、项目活动实践

模拟银行工行华夏支行开户单位新河公司汇出100万元至农行西安西城支行开户的华西公司。大额支付业务资金清算过程(间接模式)如下：

第一步：华夏支行(发起清算行)。

  借：活期存款——新河公司   1,000,000
    贷：存放中央银行款项   1,000,000

第二步：信息发送当地人民银行发报中心。

第三步：当地人民银行发报中心收到信息，核对无误后，加编全国密押发送国家处理中心。

第四步：国家处理中心确认无误，进行资金清算。

资金清算会计分录为

  借：工商银行存款——华夏支行   1,000,000
    贷：大额支付往来——人民银行华夏中心支行   1,000,000
  借：大额支付往来——人民银行西安中心支行   1,000,000
    贷：农业银行存款——西安西城支行   1,000,000

将支付信息发往西安人民银行收报中心。

第五步：西安人民银行收报中心收到信息确认无误后，实时发送信息至接收清算行农行西安西城支行。

第六步：农行西安西城支行(接收清算行)收到信息，确认无误后，发送至行内业务处理系统进行账务处理。

  会计分录为

  借：存放中央银行款项   1,000,000
    贷：活期存款——华西公司   1,000,000

知识拓展

大额支付系统快速通道的利与弊

大额支付系统提供快速通道和普通通道两种转账方式，快速通道60秒以内即可到账，对于流动性要求很高的资金来说很适合。但美中不足的是，如果异地跨行转账超过10万元，只能走普通

汇款通道，这也是大额支付系统的一大不便。此外，大额支付系统的快速通道收费标准比较高。例如，消费者在西安工行异地跨行使用该系统，将10万元打往天津的农行账户，若走快速汇款通道，按照5%、上不封顶的收费标准，必须缴纳500元的手续费。如果走普通汇款通道，按照10万元以内10.5元／笔的标准、10万元～50万元按照15.5元／笔的标准收费，但到账时间要1个～3个工作日，若是周五汇款，很可能下周三才能到账，耗费时间将近5天，时间成本大。

项目活动二　小额批量支付业务

一、小额批量支付业务基础知识

（一）小额批量支付系统的含义。小额批量支付系统(Bulk Electronic Payment System, BEPS)是以电子方式批量处理同城和异地纸凭证截留的商业银行跨行之间的定期借记支付业务、人民银行会计和国库部门办理的借记支付业务以及每笔金额在规定起点(2万元)以下的小额贷记支付业务的应用系统。小额支付系统一般具有金额小、业务频繁等特点。

（二）小额批量支付系统逻辑结构。小额批量支付系统在物理上分为三层架构：国家处理中心、城市处理中心和商业银行前置系统。NPC(国家处理中心)作为小额支付系统的最上层节点，负责接收、转发各城市处理中心的支付指令，并对集中开设的清算账户进行资金清算和处理，是整个系统的核心。NPC设在中国人民银行清算总中心北京主站，分别与各CCPC(城市处理中心)相连。CCPC作为支付系统的中间节点，分布在各省省会人民银行，向上连接NPC、向下挂接MBFE(商业银行前置机系统)。中央银行会计集中核算系统(ABS)、国库会计核算系统(TBS)和其他行外系统主要负责支付指令的转发和接收。MBFE分布在各商业银行端，与商业银行行内汇兑系统和综合业务系统连接，和其他行外系统作为支付系统参与者发起或接收支付指令。NPC和CCPC提供了标准的接口规范和接口软件，支持相关业务系统的接入。

（三）小额支付系统的业务种类。

(1) 非实时贷记业务。非实时贷记业务包括普通贷记业务和定期贷记业务。普通贷记业务主要指规定金额以下的汇兑、委托收款(划回)、托收承付(划回)、行间转账以及国库汇划款项等主动汇款业务；定期贷记业务是指当事各方按照事先签订的协议，定期发生的批量付款业务，如代付工资、保险金等，其业务特点是单个付款人同时付款给多个收款人。

(2) 非实时借记业务。非实时借记业务包括普通借记业务和定期借记业务。普通借记业务为收款人发起的借记付款人账户的业务，如代理银行完成财政授权支付后向国库申请清算资金、人民银行银行内部之间的划付业务；定期借记业务是指当事各方按照事先签订的协议，定期发生的批量扣款业务，如收款单位委托其开户银行收取的水、电、煤气等公用事业费用，其业务特点是单个收款人向多个付款人同时收款。

(3) 实时贷记业务。付款人发起的实时贷记收款人账户的业务，包括跨行通存业务、柜台实时缴税等。

(4) 实时借记业务。收款人发起的实时借记付款人账户的业务，包括跨行通兑业务、税务机关实时扣税业务等。

(5) 清算组织发起的代收付业务。支付系统允许清算组织作为特许参与者，接入城市处理中心办理代收代付业务。清算组织负责将代收付清单通过小额批量支付系统转发至代理行，由代理行负责发起定期借贷记业务。清算组织不在支付系统开立清算账户，代收付业务的资金清算仍通过收付款单位的开户行进行处理。

(6) 同城轧差净额清算业务。城市处理中心收到同城清算系统的同城轧差净额后,转发到同城清算系统所在城市的中央银行会计集中核算系统(ABS)处理。中央银行会计集中核算系统将涉及支付系统直接参与者的同城轧差净额提交支付系统清算;对非直接参与者的同城轧差净额在中央银行会计集中核算系统内部完成资金清算;国家金库会计核算系统(TBS)的同城轧差净额按照付方启动的原则通过大额实时支付系统与中央银行会计集中核算系统进行清算。

(7) 国库相关业务。国库相关业务主要包括一般的税款缴纳、实时扣税、批量扣税、预算收入上划、预算收入退库等预算收入类业务,财政拨款、财政直接支付、财政授权支付等预算支出类业务以及国债兑付、国债发行的资金清算等其他业务。国库相关业务统一通过国家金库会计核算系统与支付系统的接口,采用发送和接收各类贷记业务、借记业务完成处理。

(8) 通存通兑业务。跨行储蓄通存通兑业务是指依托小额批量支付系统,实现不同银行营业网点的资源共享,储户可以通过任何一家银行的柜台办理跨行存取款业务。

(9) 支票圈存业务。支票圈存业务是指借助于支付密码技术,由收款人在收受支票时,通过 POS、网络、电话等受理终端,经由小额系统向出票人开户行发出圈存指令,预先从出票人账户上圈存支票金额,以保证支票的及时足额支付。

(10) 支票截留业务。支票截留业务是指持票人开户行收到客户提交的纸质支票后,不再将支票交换至出票人开户行,而是通过小额系统向出票人开户行发起一笔借记业务,出票人开户行根据借记业务指令中提供的支票信息、支付密码、支票影像等确认支票的真实性,并通过小额系统完成跨行资金清算。

(11) 信息服务业务。信息服务业务是指支付系统参与者间相互发起和接收的,不需要支付系统提供清算服务的信息数据,主要包括支票"圈存"信息等非支付类信息。支付系统接收参与者发送的各类信息,经由所在城市处理中心(同城业务)或国家处理中心(异地业务)实时转发接收参与者。

(四) 小额批量支付系统的科目设置。小额批量支付系统设置的科目包括以下几种。

(1) "小额支付往来"科目。本科目核算支付系统发起清算行和接收清算行通过小额批量支付系统办理的支付结算往来款项,余额轧差反映。年终,本科目余额全额转入"支付清算资金往来"科目,余额为零。

(2) "支付清算资金往来"科目。本科目核算支付系统发起清算行和接收清算行通过小额批量支付系统和大额实时支付系统办理的支付结算汇差款项。年终,"小额支付往来"科目余额对清后,结转至本科目,余额轧差反映。

(3) "汇总平衡"科目(国家处理中心专用)。本科目用于平衡国家处理中心代理人民银行分支行(库)账务处理,不纳入人民银行(库)的核算。

(五) 小额批量支付系统业务的基本处理流程。小额批量支付系统的基本业务处理流程是"24 小时连续运行,逐笔发起,组包发送,实时传输,双边轧差,定时清算"。小额系统实行 7×24 小时连续运行,系统每一工作日运行时间为前一自然日 16:00 至本自然日 16:00;发起行逐笔发起小额业务,组包后经城市处理中心或国家处理中心实时传输至接收行;同城业务在城市处理中心,异地业务在国家处理中心逐包按收款清算行和付款清算行双边轧差,并在规定时点提交清算账户管理系统(SAPS)清算。城市处理中心、国家处理中心每日 16:00 小额批量支付系统日切后进行当日最后一场轧差清算,日切后的业务则纳入次日第一场轧差清算处理。小额批量支付系统轧差净额的清算日为国家法定工作日,清算时间为 8:30—17:00,

如遇节假日，小额批量支付系统仍可继续轧差和转发业务，但所有轧差净额暂不进行资金清算，统一在节假日后的第一个法定工作日进行清算。

二、小额非实时贷记业务

小额支付系统接收付款清算行提交的贷记业务指令后，根据指令内容对收、付款清算行进行双边轧差处理，然后转发至收款清算行。具体操作流程如图 8-11 所示。

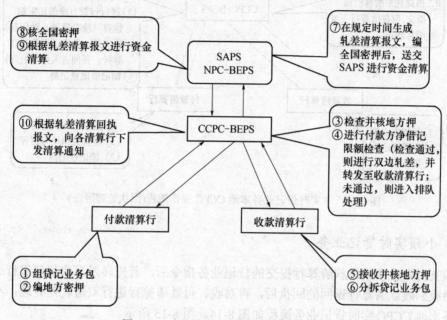

图 8-11　小额非实时贷记业务操作流程

三、小额非实时借记业务

小额非实时借记业务是指小额支付系统接收收款清算行提交的借记业务，转发至付款清算行；付款清算行在规定时间内向支付系统返回借记业务处理情况的回执信息，小额支付系统将回执信息纳入双边轧差处理后，将回执信息转发收款清算行。本地 CCPC 操作流程如图 8-12、图 8-13 所示。

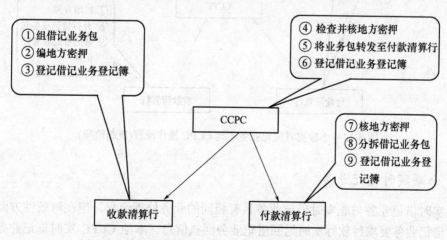

图 8-12　非实时借记业务本地 CCPC 操作流程(发起阶段)

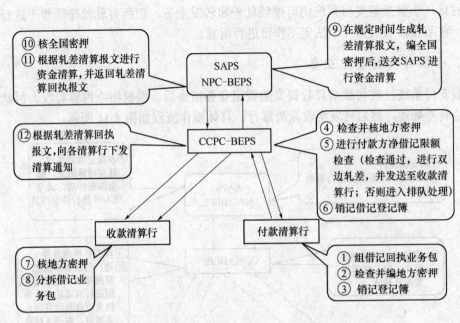

图 8-13　非实时借记业务本地 CCPC 操作流程(回执处理阶段)

四、小额实时贷记业务

小额支付系统接收付款清算行提交的贷记业务指令后，首先转发至收款清算行进行行内处理，待收到收款清算行返回的回执后，再对收、付款清算行进行双边轧差处理。小额实时贷记业务本地 CCPC 实时贷记业务流程如图 8-14、图 8-15 所示。

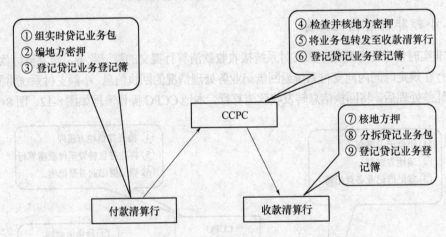

图 8-14　小额实时贷记业务本地 CCPC 操作流程(发起阶段)

五、小额实时借记业务

小额实时借记业务与非实时借记业务具有相同的业务处理流程，但在时效性方面存在差异，实时借记业务要求付款行实时返回借记业务回执信息。本地 CCPC 实时借记业务流程如图 8-16、图 8-17 所示。

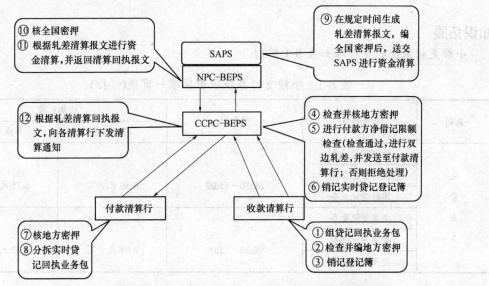

图 8-15　小额实时贷记业务本地 CCPC 操作流程(回执处理阶段)

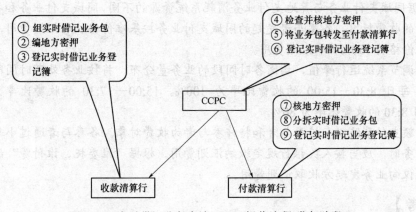

图 8-16　实时借记业务本地 CCPC 操作流程(发起阶段)

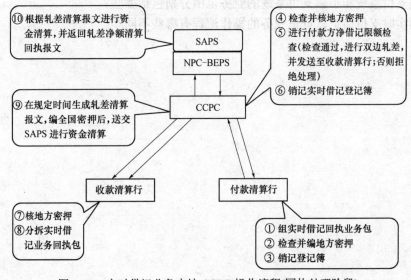

图 8-17　实时借记业务本地 CCPC 操作流程(回执处理阶段)

知识拓展

小额支付系统收费标准如表 8-1 所列。

表 8-1　小额支付系统收费标准一览表(试行)

类别	业务种类	时间段	收费标准	
			同城业务	异地业务
收费业务	普通贷记业务	08:30～15:00	0.50 元／笔	0.75 元／笔
	实时贷记业务			
	实时借记业务			
	定期贷记业务	08:30～15:00	0.08 元／笔	0.12 元／笔
	普通借记业务			
	定期借记业务			

说明:

(1) 根据同城支付业务与异地支付业务消耗系统资源的不同,同城支付业务和异地支付业务实行不同的收费标准。各参与者发起的同城支付业务按基准价格收取汇划费用,异地支付业务按基准价格的 150%收取汇划费用。

(2) 为调节系统运行峰值,均衡各时间段的业务量分布,将按业务处理时间段设置不同收费标准。每日 8:30—15:00 的收费比率为 100%,15:00—17:30 的收费比率为 120%,17:30—次日 8:30 的收费比率为 80%。

(3) 小额支付系统以直接参与者和特许参与者为收费对象。各参与者通过小额支付系统办理支付业务时,应当按人民银行规定缴纳汇划费用。根据"谁委托、谁付费"的原则,小额支付系统仅向业务发起方收取汇划费用。

【课后思考】

1. 大额支付系统和小额支付系统的业务范围分别包括哪些?

2. 小额实时支付借记、贷记业务的操作流程有哪些不同?

项目九　金融机构往来业务处理

学 习 指 南

【学习目标】

了解金融机构往来的含义，熟悉商业银行与中央银行往来以及商业银行之间往来的业务内容与会计处理方法。

【学习重点】

1. 商业银行向中央银行交存现金与支取现金的会计处理。
2. 缴存存款的会计处理。
3. 同城票据交换的会计处理。
4. 同业拆借的会计处理。

【学习难点】

1. 缴存存款的会计处理。
2. 同城票据交换的会计处理。

【工作任务】

1. 商业银行与中央银行往来业务的操作。
2. 商业银行之间往来业务操作。

工作任务一　商业银行与中央银行往来业务的操作

【基础知识】

(一) 商业银行与中央银行往来是指商业银行与中央银行之间因资金融通、调拨、汇划款项等引起的资金账务往来，包括商业银行向中央银行送存或提取现金、缴存存款准备金、向中央银行再贷款、办理再贴现及通过中央银行汇划款项等。

(二) 商业银行在日常经营过程中需要根据业务量保留一定数量的现金以满足客户的现金存取需要。当商业银行库存现金超过规定限额或库存现金不足支付时，需要向中央银行办理移交与现金支取业务。

(三) 缴存存款是指商业银行和其他金融机构将吸收的存款，按规定的比例或全额缴存人民银行。商业银行吸收的存款按其性质可以划分为三大类：财政性存款、企事业单位存款和城乡居民储蓄存款。

(四) 财政性存款属于人民银行的资金，商业银行不得占用，应全额缴存人民银行；后两类属于商业银行所组织的一般性存款，构成商业银行自身的信贷资金来源，应按规定比例缴存存款准备金。

(五) 商业银行在日常经营过程营运资金发生困难，导致在中央银行的存款账户资金不足时，可以向中央银行申请再贷款，或者将已办理过贴现的商业汇票转让给中央银行，申请办理再贴现业务，通过上述方式进行资金融通。

【项目活动】

项目活动一　商业银行向中央银行交存现金与支取现金

引入业务：

(1) 2009 年 7 月 20 日模拟银行华夏支行填交现金缴款单，向人民银行交存现金 7,000,000 元。人民银行经审核无误后，办理现金入库手续。

(2) 2009 年 8 月 30 日模拟银行华夏支行填制现金支票，向人民银行申请支取现金 5,500,000 元。人民银行经审核无误后，办理现金支取手续。

一、操作流程

商业银行向中央银行交存现金与支取现金的操作流程如图 9-1、图 9-2 所示。

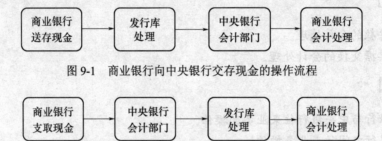

图 9-1　商业银行向中央银行交存现金的操作流程

图 9-2　商业银行向中央银行支取现金的操作流程

二、操作步骤

(一) 商业银行向中央银行交存现金。

(1) 商业银行送交现金。商业银行填制"现金缴款单"连同现金一并送交中央银行 (图 9-3)。

(2) 发行库处理。发行库审核"现金缴款单"无误并收妥款项后，在"现金缴款单"上加盖"现金收讫"章及经办人员名章后，将回单退给缴款的商业银行。记账如下：

收入：发行基金——本身库户　　　　　　　7,000,000

同时，将发行基金入库凭证有关联次连同"现金缴款单"送交会计部门。

每日营业终了，应将当天货币回笼数额电报上级库。

(3) 中央银行会计部门处理。中央银行会计部门收到发行库转来的"现金缴款单"及"发行库入库凭证"，经审核无误后，以"现金缴款单"作为现金收入传票，另填制"发行基金往

模拟银行　现金缴款单

2009 年　　 7 月　　 20 日　　　　　　　序号：

<table>
<tr><td rowspan="8">客户填写部分</td><td>收款人户名</td><td colspan="4">模拟银行华夏支行</td><td colspan="3"></td><td colspan="8"></td></tr>
<tr><td>收款人账号</td><td colspan="2">0000122410010015</td><td>收款人开户行</td><td colspan="5">人民银行银川市中心支行</td><td colspan="5"></td></tr>
<tr><td>缴款人</td><td colspan="2">模拟银行华夏支行</td><td>款项来源</td><td colspan="2">营业款</td><td colspan="6"></td></tr>
<tr><td>币种</td><td>人民币</td><td rowspan="2" colspan="2">大写：柒佰万元整</td><td></td><td>亿</td><td>千</td><td>百</td><td>十</td><td>千</td><td>百</td><td>十</td><td>元</td><td>角</td><td>分</td></tr>
<tr><td>外币</td><td></td><td></td><td></td><td>¥</td><td>7</td><td>0</td><td>0</td><td>0</td><td>0</td><td>0</td><td>0</td><td>0</td></tr>
<tr><td>券别</td><td>100 元</td><td>50 元</td><td colspan="2">20 元</td><td colspan="2">10 元</td><td colspan="2">5 元</td><td colspan="2">2 元</td><td colspan="3">1 元</td></tr>
<tr><td>张数</td><td></td><td></td><td colspan="2"></td><td colspan="2"></td><td colspan="2"></td><td colspan="2"></td><td colspan="3"></td></tr>
<tr><td colspan="15"></td></tr>
<tr><td rowspan="4">银行填写部分</td><td colspan="3">日期　　　　日志号：</td><td colspan="3">交易码：</td><td colspan="3">币种：</td><td colspan="5">票据种类：</td></tr>
<tr><td colspan="3">金额：　　　　终端号：</td><td colspan="3">授权主管：</td><td colspan="3">柜员：</td><td colspan="5">票据号码：</td></tr>
<tr><td colspan="14"></td></tr>
<tr><td colspan="14"></td></tr>
</table>

制票：　　　　　　　　　　　　　　　　复核：

图 9-3　模拟银行现金缴款单

来"科目借方传票进行账务处理。会计分录为

借：发行基金往来　　　　　　　　　　　　　　　　7,000,000
　　贷：××银行准备金存款——模拟银行华夏支行　7,000,000

(4) 商业银行账务处理。商业银行依据中央银行退回的"现金缴款单"回单联，填制现金付出传票，"现金缴款单"回单联作附件，进行账务处理。会计分录为

借：存放中央银行款项　　　　　　7,000,000
　　贷：库存现金　　　　　　　　　　7,000,000

(二) 商业银行向中央银行支取现金。

(1) 商业银行申请取现。商业银行填制现金支票，交中央银行会计部门。

(2) 中央银行会计部门处理。中央银行会计部门收到商业银行交来的现金支票，经审查无误后，以现金支票作为现金付出传票，另填制发行基金往来科目贷方传票处理账务。会计分录为

借：××银行准备金存款——模拟银行华夏支行
　　贷：发行基金往来

同时，在记账传票上加盖记账、复核和有关人员名章后交发行库办理付款。

(3) 发行库处理。发行库收到会计部门转来的现金支票和发行基金往来科目贷方传票，经商业银行取款人员工作证及预留印鉴核对无误后，填制"发行库出库凭证"。发行库在商业银行的现金支票上加盖"现金付讫"章及经办人员章，配款并付出现金。记账如下：

付出：发行基金——本身库户

每日营业终了，应将当天货币发行数额电报上级库。

(4) 商业银行账务处理。商业银行领入现金后经查验无误，填制现金收入传票，以现金支票存根联作附件进行账务处理。会计分录为

借：现金

贷：存放中央银行款项

三、项目活动实践

(一) 模拟银行华夏支行填交现金缴款单向当地人民银行缴存现金 9,000,000 元。请根据相关业务规定办理缴款手续。

(二) 模拟银行华夏支行填制现金支票，向当地人民银行要求支取现金 8,000,000 元。请根据相关业务规定办理支款手续。

项目活动二　缴存财政性存款

一、缴存财政性存款基础知识

(一) 财政性存款的缴存范围。国家金库款轧减中央经费限额支出数、待结算财政款项轧减借方数、财政发行期票轧减应收期票款项、财政发行的国库券及各项债券款项轧减已兑付国库券及各项债券款项。

(二) 缴存款的比例。财政性存款属于中央银行信贷资金，应全额(缴存比例为 100%)缴存入银行。

(三) 调整缴存款的时间。商业银行向人民银行缴存财政性存款的时间，除第一次按规定缴存，城市分支行(包括所属部、处)每旬调整一次，于旬后五日内办理；县支行及其所属处所，每月调整一次，于月后八天内办理，如遇调整日最后一天为休假日，则可顺延。

(四) 调整缴存款的计算方法。商业银行划缴或调整财政性存款时，应按本旬(月)末各科目余额总数与上期同类各科目旬(月)末余额总数对比，按实际增加或减少数进行调整，计算应缴存金额。缴存(调整)金额以千元为单位，千元以下四舍五入。

二、缴存财政性存款业务处理

引入业务：

(1) 2009 年 6 月 30 日模拟银行华夏支行财政性存款各科目余额为 70 万元，7 月 3 日初次向人民银行办理缴存存款。

(2) 该支行 7 月 10 日财政性存款各科目余额为 84 万元。7 月 12 日填制划拨凭证向人民银行办理调整缴存款。

(3) 该支行 7 月 20 日财政性存款各科目余额为 61 万元。7 月 25 日填制划拨凭证向人民银行办理调整缴存款。

(一) 操作流程。缴有财政性存款业务处理操作流程如图 9-4 所示。

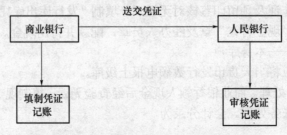

图 9-4　缴存财政性存款业务处理操作流程

(二) 操作步骤。

(1) 商业银行初次缴存。

① 填制凭证。商业银行初次向人民银行缴存财政性存款时，应根据有关存款科目余额，填制"缴存财政性存款科目余额表"一式两份，并按规定比例计算出应缴存的金额，填制"缴存财政性存款划拨凭证"，如图9-5所示，一式四联。

② 账务处理。以缴存财政性存款划拨凭证第一、二联作转账借贷方传票，会计分录为

借：缴存中央银行财政性存款

　　贷：存放中央银行款项

缴存（或调整）财政性存款划拨凭证（借方凭证）
一般性存款
年　　月　　日

缴款	名称						收受	名称					
银行	账号						银行	账号					
存款科			月　　日余额				缴存比例		应缴存款金额				
1. 财政性存款													
2. 一般性存款													
3.													
4.													
5. 应付缴存款金额合计（1）或（2+3+4）													
6. 已提缴存款余额													
7. 本次应收退回存款差额(6－5)							8. 本次应付补缴存款差额（5-6）						
上列缴存金额或应补缴和应退回的差额，已按规定办理划转 缴存银行盖章　　转讫　　月　　日							会计分录： 科目（借） 对方科目（贷） 转账日期　　年　　月　　日						

会计　　　　　复核　　　　　记账

图9-5　缴存财政性存款划拨凭证

③ 送交凭证。将划拨凭证第三、四两联随附一份缴存财政性存款科目余额表送交开户人民银行，另一份余额表留存。

(2) 人民银行受理缴存款。

① 审核凭证。人民银行接到商业银行送来的缴存财政性存款科目余额表和缴存财政性存款划拨凭证第三、四联，按照业务规定进行审核。

② 账务处理。以缴存财政性存款划拨凭证第三、四联分别作借、贷方传票办理转账，会计分录为

借：××银行准备金存款——华夏支行

贷：××银行划来财政性存款

（3）商业银行调整缴存款项。商业银行在规定日期（按旬或按月）调整缴存款时，仍应填制缴存财政性存款科目余额表和存财政性存款划拨凭证，以本旬末（或月末）各科目余额总数与上次已办理缴存款的同类各科旬末（或月末）的余额总数进行比较，若为调增补缴，填制调整财政性存款划拨凭证。会计分录为

借：缴存中央银行财政性存款

贷：存放中央银行款项

若为调减退回，则会计分录相反。

借：存放中央银行款项

贷：缴存中央银行财政性存款

缴存财政性存款科目余额表和缴存财政性存款划拨凭证的处理与前述相同。

（4）人民银行受理缴存款调整。人民银行接到商业银行送来的缴存财政性存款科目余额表和缴存财政性存款划拨凭证第三、四联，经审核无误后办理转账。若为调增补缴，其会计分录与初缴时相同；若为调减退回，则会计分录相反。缴存财政性存款科目余额表和缴存财政性存款划拨凭证的处理与前述相同。

三、项目活动实践

（一）模拟银行华夏支行 5 月 20 日财政性存款各科目的余额共计 1,230,000 元，上旬调整缴存款后，"缴存中央银行财政性存款"科目的余额为 1,320,000 元，5 月 22 日办理调整。请分别做出模拟银行华夏支行和人民银行有关的会计分录。

（二）模拟银行华夏支行 6 月 20 日财政性存款各科目的余额共计 750,000 元，上旬调整缴存款后，"缴存中央银行财政性存款"科目的余额为 620,000 元，6 月 24 日办理调整。请分别做出模拟银行华夏支行和人民银行有关的会计分录。

项目活动三　缴存一般性存款

一、缴存一般性存款基础知识

（一）一般性存款的缴存范围。一般性存款的缴存范围包括企业存款、储蓄存款、农村存款、部队存款、基建单位存款、机关团体存款、财政预算外存款、委托存款和委托贷款的差额、其他存款。

（二）一般性存款的缴存规定。

（1）缴存的比例。各商业银行一般性存款的准备金率由中央银行根据货币政策执行的需要调整。

（2）调整缴存的时间。各商业银行每旬调整一次，于旬后 5 日内办理。

（3）调整缴存款的计算方法。各商业银行应按旬根据一般性存款增加（或减少）的实际数额，按规定缴存比例计算调整增加（或减少）的准备金存款。

（4）其他规定。第一，现行制度规定，准备金存款由各金融机构法人统一向当地的人民银行缴存。第二，人民银行对金融机构法人的准备金存款，于每日日终考核其存款准备金率，日间只控制其存款账户的透支行为。第三，人民银行对金融机构分支机构的存款，不考核存

款准备金率，只控制其存款账户的透支行为。第四，金融机构的法人存款账户日终、旬后未按规定比率存入准备金和金融机构未及时向人民银行报送有关报表时，人民银行按有关规定予以处罚。

二、缴存一般性存款业务处理

一般性存款初次缴存的流程如图9-6所示。

图9-6 一般性存款初次缴存流程

(一) 基层行编制账表。商业银行基层行于旬末编制"一般存款科目余额表"(格式与"财政性存款科目余额表"相同)报上级行，并按规定的比例计算出应缴存的金额。

(二) 上报系统内总行。商业银行基层行通过内部汇划将存款逐级划至本系统总行。

(三) 报送人民银行。总行将汇总全行旬末"一般存款科目余额表"报所在地人民银行，根据余额表的合计数按规定的比例计算出应缴存的金额。

三、罚款规定及账务处理

每日日终、旬后五天内，商业银行未按有关规定比率存入准备金和未及时向人民银行报送有报表的，人民银行会计部门将填制特种转账借、贷方传票，办理罚款的处理手续。

(一) 人民银行账务处理的会计分录为

借：××银行准备金存款

　　贷：业务收入——罚款净收入户

(二) 商业银行总行账务处理的会计分录为

借：利润分配——未分配利润(属少交、迟交的)

　　(或借：营业外支出(属于欠交存款准备金的罚金))

　　贷：存放中央银行款项

项目活动四　再贷款发放与收回

一、操作流程

再贷款发放与收回的操作流程如图9-7所示。

图9-7 再贷软发效与收回操作流程

二、操作步骤

（一）再贷款发放。

(1) 商业银行申请贷款。商业银行向人民银行申请再贷款时，应填制一式五联的借款借据送交人民银行。

(2) 人民银行审批并发放贷款。借款借据经审查批准后，第四联留存作贷款记录卡，其余四联送交会计部门。

人民银行会计部门收到借款借据并审查无误后，以借款借据的第一、二联分别作转账借方和贷方传票办理转账。其会计分录为

借：××银行贷款

贷：××银行准备金存款

第三联借款借据加盖转讫章后退还借款的商业银行；第五联借款借据按到期日顺序排列妥善保管，并定期与贷款分户账核对，以保证账据一致。

(3) 商业银行借入贷款。商业银行收到人民银行退回的第三联借款借据后，凭以编制转账借、贷方传票办理转账。会计分录为

借：存放中央银行款项

贷：向中央银行借款

（二）再贷款收回。

(1) 商业银行填交还款凭证。贷款到期，商业银行应主动办理贷款归还手续。由会计部门填制一式四联再贷款还款凭证提交人民银行。

(2) 人民银行审核并收回贷款。人民银行收到商业银行提交的再贷款还款凭证，经审查无误后，以第一、二联还款凭证分别代转账借方、贷方传票，原借款借据第五联作贷方传票附件，办理转账。同时计算利息，填制两联特种转账借、贷方传票收取利息。会计分录为

借：××银行准备金存款

贷：××银行贷款

贷：利息收入——金融机构利息收入户

转账后，将还款凭证第三联送有关部门保管，还款凭证第四联支款通知和一联特种转账借方票加盖转讫章后退还借款的商业银行。

(3) 商业银行归还贷款。商业银行收到人民银行退回的还款凭证第四联作贷方传票，特种账借方传票作利息支出传票，同时填制转账借方传票办理转账。会计分录为

借：向中央银行借款

借：金融企业往来支出——中央银行往来支出户

贷：存放中央银行款项

三、项目活动实践

模拟银行华夏支行当日发生以下业务。

（一）向人民银行申请季节性贷款 9 000 000 元，期限为三个月，经中央银行审查同意办理，年利率为 4.31%。

（二）向人民银行提交转账支票，归还本日到期的年利率为 3.14%、期限为 20 天的再贷款 1 000 000 元。

要求：分别作出人民银行和模拟银行华夏支行有关的会计分录。

项目活动五　再贴现款发放与收回

一、操作流程

再贴现款发放与收回的操作流程如图 9-8 所示。

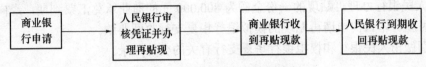

图 9-8　再贴现款发放与收回流程

二、操作步骤

(一) 商业银行申请。再贴现是指商业银行持已经办理贴现，但尚未到期的商业汇票向人民银行融通资金的行为。它主要解决商业银行因办理票据贴现而引起的资金不足。

商业银行持未到期的商业汇票向人民银行申请再贴现时，应根据汇票填制再贴现申请书和一式五联再贴现凭证，在第一联再贴现凭证上签章后，连同汇票一并送交人民银行。

(二) 人民银行审核凭证并办理再贴现。人民银行的会计部门接到有关部门转来审批同意的再贴现凭证和作成背书转让的商业汇票，经审核确认无误后，按规定的贴现率计算出再贴现利息和实付再贴现金额(计算方法与一般贴现的计算方法相同，并填入再贴现凭证中，以第一、二、三联再贴现凭证代传票办理转账。会计分录为

借：再贴现——××银行汇票户
　　贷：××银行准备金存款
　　贷：利息收入——再贴现利息收入户

人民银行将再贴现凭证第四联作收账通知退还商业银行，第五联到期检查卡按到期日顺序排列妥善保管。

(三) 商业银行收到再贴现款项。商业银行收到人民银行交给的再贴现收账通知后，应填制两联特种转账借方传票、一联特种账贷方传票，收账通知作存放中央银行款项借方传票的附件。会计分录为

借：存放中央银行款项
借：金融企业往来支出——再贴现利息支出户
　　贷：贴现——汇票户或汇票转贴现户

(四) 人民银行到期收回再贴现款项。再贴现到期，由人民银行作为持票人填制委托收款凭证连同再贴现的票据向付款人办理收款。在收到款项划回时，会计分录为

借：清算资金往来(或其他有关科目)
　　贷：再贴现——××银行汇票户

人民银行收到付款人开户行或承兑银行退回的委托收款凭证、汇票和拒绝付款理由书或未付票款通知书后，追索票款时，可向再贴现的申请银行收取。

三、项目活动实践

(一) 3 月 21 日，模拟银行华夏支行持一份已办理贴现的银行承兑汇票向人民银行申请再

贴现。该汇票金额为 2,000,000 元，3 月 10 日出票，8 月 10 日到期，经异地某农行承兑。人民银行经审查同意，当天办理贴现手续，再贴现率为年利率 4.32%。

要求：计算再贴现利息和实付贴现金额，并分别作出人民银行和模拟银行华夏支行有关的会计分录。

（二）人民银行通过电子联行收到该行托收的一份银行承兑汇票再贴现票款 600,000 元。请做出中央银行收回再贴现款的会计分录。

（三）人民银行办理再贴现的一份金额为 800,000 元的商业承兑汇票到期，经向付款人托收，未获付款。本日向申请再贴现的模拟银行华夏支行收回票款。

请分别做出人民银行和模拟银行华夏支行有关的会计分录。

工作任务二　商业银行之间往来业务操作

【基础知识】

（一）商业银行往来是指商业银行之间由于办理跨系统结算、相互拆借及代理业务等引起的资金账务往来，具体包括同城票据交换、同业拆借、转贴现等业务。

（二）同城票据交换是指在同一票据交换区域内的各银行，按照规定的时间，集中到指定的场，相互交换代收、代付票据，轧计差额，清算应收、应付资金的办法。同城票据清算通常由各地人民银行组织。

（三）同业拆借是指商业银行与其他金融机构之间进行的短期资金借贷行为。

（四）转贴现是指商业银行持已贴现的未到期的商业汇票向其他商业银行融通资金的行为，是解决商业银行因办理票据贴现而引起资金不足的又一条途径。转贴现收入属于金融机构往来收入，不征营业税。

【项目活动】

项目活动一　同城票据交换与资金清算

引入业务：5 月 21 日，模拟银行华夏支行行号，第一次票据交换情况如下：提支票 10 张(合计金额 30 万元)、进账单 7 张(合计金额 18 万元)；提入支票 6 张(合计金额 20 元)、进账单 8 张(合计金额 15 万元)。

一、操作流程

同城票据交换与资金清算操作流程如图 9-9 所示。

图 9-9　同城票据交换与资金清算操作流程

二、操作步骤

（一）提出行处理。

(1) 使用打码机处理提出票据。

(2) 根据打码机自动打印的提出票据汇总单，核对本行账务系统中核算的提出票据总额无误后，打印记账凭证和"同城票据提出签收单"。

(3) 对提出交换的提出票据，逐张加盖"票据交换专用章"。

(4) 提出票据汇总单、明细清单以及本次交换提出的全部票据一并装入交换专用袋并加封后，提交票据交换所。

(5) 账务处理。

提出借方票据的会计分录为

借：其他应收款——提出交换票据应收款

　　贷：其他应付款——托收票据

在下一场票据交换没有退票后，为客户办理入账。会计分录为

借：其他应付款——托收票据

　　贷：活期存款——收款人户

提出贷方票据的会计分录为

借：活期存款——付款人户

　　贷：其他应付款——提出交换票据应付款

（二）票据交换所的处理。

(1) 票据交换所的工作人员在收到各提出行的提出票据后，在检查确认提出票据汇总单和明细清单的汇总金额、批次和票据份数无误后，在"同城票据提出签收单"上签章，办妥交接手续。

(2) 由票据清分机在自动识别票据磁码、在票据背后打印票据记录后按提入行进行清分，将提回票据放入各提入行的箱夹。对通过票据清分机的票据进行数据清算，平衡后产生"同城票据交换资金差额报告单"，打印出各交换行的提回明细清单。票据交所的工作人员则将清分处理后在各提入行箱夹中的票据连同"同城票据交换资金差额报告单"和提回明细清单按提入行整理复查，装入交换专用袋后封包，待交换行在规定时间派员取回。

(3) 账务处理。人民银行根据"同城票据交换资金差额报告单"，办理各交换行的会计分录为

借：××银行准备金存款(应付差额行)

　　贷：××银行准备金存款(应收差额行)

（三）提入行处理。

(1) 审查核对提入票据。提入行在规定时间派员到票据交换所取回封包的提回票据后，核对"同城票据交换资金差额报告单"的提出、提回金额，检查其提回票据金额与提回清单金额是否相符。然后，按支付结算办法对票据有关内容进行审验。

(2) 经审核无误后进行相关账务处理。提入借方票据的会计分录为

借：活期存款——付款人户

　　贷：其他应付款——提入交换票据应付款

提入贷方票据的会计分录为

借：其他应收款——提入交换票据应收款

贷：活期存款——收款人户

(3) 交换终了，轧算交换差额的会计分录为

借：其他应付款——提出交换票据应付款

借：其他应付款——提入交换票据应付款

  贷：其他应收款——提出交换票据应收款

  贷：其他应收款——提入交换票据应收款

如果上述借方金额合计大于贷方金额合计，其差额表示为应付差额，即减少在人民银行的存款，其差额作如下处理：

贷：存放中央银行款项

反之，如果借方金额合计小于贷方金额合计，其差额则表示为应收差额，即增加在人民银行的存款，其差额作如下处理：

借：存放中央银行款项

三、项目活动实践

6月9日，第一次票据交换情况如下。

(一) 中国工商银行提出借方票据金额30万元、贷方票据金额18万元；提入借方票据20万元、贷方票据金额15万元。

(二) 中国银行提出借方票据金额6万元、贷方票据金额5万元；提入借方票据金额12万元、贷方票据金额7万元。

(三) 中国农业银行提出借方票据金额5万元、贷方票据金额1万元；提入借方票据金额18万元、贷方票据金额11万元。

请根据上述资料作出各交换行处(即中国工商银行、中国银行、中国农业银行)与中央银行清算资金时的会计分录。

项目活动二 同业资金拆借与归还

一、操作流程

同业资金折借与归还操作流程如图9-10所示。

图9-10 同业资金折借与归还操作流程

二、操作步骤

(一) 同城同业资金拆借。

(1) 拆出行拆放资金。拆出行会计部门根据资金计划部门签发的资金调拨单和人民银行转账支票填制进账单，经业务主管签字和授权后办理资金拆放手续。会计分录为

208

借：拆放同业——拆入行户

　　贷：存放中央银行款项

(2) 人民银行办理转账。人民银行收到拆出行签发的转账支票和进账单，据以办理转账。会计分录为

借：××银行准备金存款(拆出行户)

　　贷：××银行准备金存款(拆入行户)

(3) 拆入行收到资金。拆入行会计部门收到进账单回单联，经资金计划部门确认后并经业务主管授权据以办理入账。会计分录为

借：存放中央银行款项

　　贷：同业拆入——拆出行户

(二) 同城同业拆借资金归还。

(1) 拆入行归还本息。拆借资金到期后，拆入行会计部门经审核资金计划部门签发的资金到期通知书无误后，计算利息：签发人民银行转账支票并填制进账单，经业务主管授权后办理归还手续。会计分录为

借：同业拆入——拆出行户

借：金融企业往来支出——拆借利息支出户

　　贷：存放中央银行款项

(2) 人民银行办理转账。人民银行收到拆入行签发的转账支票和进账单，据以办理转账。会计分录为

借：××银行准备金存款(拆入行户)

　　贷：经××银行准备金存款(拆出行户)

(3) 拆出行收到本息。拆出行收到进账单回单联，经资金计划部门确认并经业务主管授权据以办理入账手续。会计分录为

借：存放中央银行款项

　　贷：金融企业往来收入——拆借利息收入户

　　贷：拆放同业——拆入行户

三、项目活动实践

　　模拟银行华夏支行发生临时性资金困难，向当地农行某支行拆借资金5,000,000元，经商定拆借期限为10天，年利率为3.24%。请作出拆放资金时模拟银行华夏支行和农行某支行的有关会计分录。

项目活动三　转贴现业务贴现款发放与收回

一、操作流程

转贴现业务贴现款发放与收回操作流程如图9-11所示。

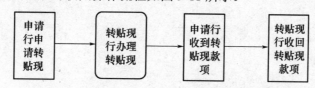

图9-11　转贴现业务贴现款发放与收回操作流程

二、操作步骤

(一) 申请行申请转贴现。商业银行持未到期的商业汇票向其他商业银行申请转贴现时，应根据汇票填制一式五联转贴现凭证(用贴现凭证代)，在第一联上签章后，连同汇票一并送交转贴现银行信贷部门。

(二) 转贴现行办理转贴现。转贴现银行会计部门接到信贷部门转来审批同意的转贴现凭证和作成背书转让的商业汇票，经审核确认无误后，其余手续比照一般贴现办理。会计分录为

借：贴现——汇票转贴现户

贷：存放中央银行款项

贷：金融企业往来收入——转现利息收入户

(三) 申请行收到转贴现款项。申请行收到转贴现银行交给的转贴现收账通知后，应填制二借一贷的特种转账传票，收账通知作存放中央银行款项借方传票的附件办理转账。会计分录为

借：存放中央银行款项

金融企业往来支出——转贴现利息支出户

贷：贴现——汇票户

(四) 转贴现行收回转贴现款项。贴现银行作为持票人向付款人办理收款，可比照贴现到期收回贴现票款的处理。在收到款项划回时，会计分录为

借：清算资金往来(或其他有关科目)

贷：贴现——汇票转贴现户

对未收回的，按照《票据法》的规定向其前手进行追索。

项目十　商业银行损益的计算与账务处理

学 习 指 南

【学习目标】

1. 掌握收入结转的处理方法。
2. 掌握支出结转的处理方法。
3. 掌握利润分配的处理方法。

【学习重点】

1. 收入的确认原则。
2. 收入结转的账务处理。
3. 支出结转的账务处理。
4. 利润结转及分配的账务处理

【学习难点】

利润结转及分配的账务处理。

【工作任务】

1. 收入结转的处理。
2. 支出结转的处理。
3. 利润与利润分配的处理。

工作任务一　收入结转的处理

【基础知识】

商业银行的收入包括营业收入、营业外收入和投资收益。

一、营业收入

银行的营业收入是指商业区银行在经营业务中由于提供放款、资金、劳务、办理证券交易、外汇买卖等取得的收入。营业收入包括利息收入、金融企业往来收入、手续费收入、汇总收益、其他业务收入等。

营业收入应按权责发生制核算，对于利息收入、金融企业往来收入、手续费收入在确定收入时，应满足的条件是：与经营该项业务相关的经济利益即收入能够流入金融企业，并且

211

收入的金额能够可靠地进行计量。

二、营业外收入

营业外收入是指与业务经营无直接关系的各项收入。营业外收入包括固定资产清理净收益、罚没收入、罚款收入、出纳长款及结算差错款收入、教育费附加返回款、因债权人的特殊原因确实无法支付的应付款项等。

三、投资收益

投资收益是指银行在进行长、短期投资时，按照合同或协议的规定，从受资方分回的利润、股利、利息等投资收入。

【项目活动】

项目活动一 营 业 收 入

一、营业收入的基本内容及使用的会计科目

(一) 利息收入。利息收入是指商业银行发放各项贷款取得的利息收入。利息收入应按让渡资金使用权的时间和适用利率计算确定。

商业银行取得的各项利息收入通过"利息收入"科目进行会计处理。

(二) 金融企业往来收入。金融企业往来收入是商业银行与其他金融机构往来而取得的各项利息收入。金融企业往来收入，应按让渡资金使用权的时间和适用利率计算确定。

商业银行与其他金融机构往来而取得的各项利息收入通过"金融企业往来收入"科目进行会计处理。

(三) 手续费收入。手续费收入主要包括商业银行在提供服务时向客户收取的费用。手续费收入，应当在向客户提供相关服务时确认收入。

商业银行收取的各项手续费通过"手续费收入"科目进行会计处理。

(四) 汇兑收益。汇兑收益是指发生外币兑换、外汇买卖业务产生的收益。即已经收入的外币资金在使用时，或已经发生的外币债权、外币债务在偿还时，由于期末汇率与记账汇率的不同而发生的折合为记账本位币的差额，期末汇率高于记账汇率而折合为记账本位币的差额为汇兑收益，反之，则为汇兑损失。

商业银行的外汇买卖及兑换通过"外汇买卖"科目进行会计处理。取得的外汇收益在贷方登记，发生的外汇损失在借方登记。

(五) 其他业务收入。其他业务收入是指商业银行从主营业务以外取得的营业收入。其他业务收入包括咨询业务收入、担保收入、无形资产转让净收入、代保管收入等。

商业银行收取的其他业务收入通过"其他业务收入"科目进行会计处理。

二、营业收入的账务处理

(一) 贷款利息收入。

(1) 取得利息时，根据计算清单编制借、贷方记账传票。会计分录为

借：应收利息或相关科目

  贷：利息收入——××贷款利息收入户

知识拓展

银行发放的贷款，应按期计提利息并确认收入。发放贷款到期(含展期，下同)90 天及以上尚未收回的，其应计利息停止计入当期利息收入，纳入表外核算；已计提的贷款应收利息，在贷款到期 90 天后仍未收回的，或在应收利息逾期 90 天后仍未收到的，冲减原已计入损益的利息收入，转作表外核算。

(2) 年末结转利润时，会计分录为

借：利息收入

　　贷：本年利润

(二) 金融企业往来收入。

(1) 收到存放在中央银行的各项存款及拆借给同业其他银行资金取得利息收入时，根据有关业务内容编制借、贷方记账传票。会计分录为

借：存放中央银行款项

　　贷：金融企业往来收入——存中央银行存款利息收入户

(2) 年末结转利润时，会计分录为

借：金融企业往来收入

　　贷：本年利润

(三) 手续费收入。

(1) 收取结算手续费。商业银行办理各类结算业务，需按规定的范围和标准向客户收取手续费。手续费采取当时计收和定期汇总计收两种方法。计收手续费时根据有关业务内容编制借、贷方记账传票。会计分录为

借：活期存款等相关科目

　　贷：手续费收入——结算手续费收入户

(2) 年末结转利润时，会计分录为

借：手续费收入

　　贷：本年利润

(四) 汇兑收益。

(1) 根据发生的汇兑收益，编制借、贷方记账传票。会计分录为

借：外汇买卖

　　贷：汇兑收益

(2) 年末结转利润时，会计分录为

借：汇总收益

　　贷：本年利润

(五) 其他业务收入。其他业务收入是指商业银行从主营业务以外取得的营业收入。

(1) 发生其他业务收入时，根据有关业务内容编制借、贷方记账传票。会计分录为

借：现金或相关科目

　　贷：其他业务收入

(2) 年末结转利润时，会计分录为

借：其他业务收入

　　贷：本年利润

三、项目活动案例

(一) 资料。模拟银行华夏支行 2009 年 12 月发生经济业务如下。

(1) 在计息期计收黄河公司贷款利息 30,000 元，从该公司存款账户中办理转账。

(2) 收到人民银行存款利息 40,000 元。

(3) 接受客户华业电子公司申请办理银行承兑汇票，收取手续费 420 元。

(二) 要求。以模拟银行华夏支行柜员的身份进行账务结转。

(1) 取得收入时：

借：应收利息——黄河公司应收利息户	30,000	
贷：利息收入——贷款利息收入户		30,000
借：存放中央银行款项	40,000	
贷：金融企业往来收入		40,000
借：活期存款——华业电子公司	420	
贷：手续费收入		420

(2) 结转利润时：

借：利息收入——贷款利息收入户	30,000	
借：金融企业往来收入	40,000	
借：手续费收入	420	
贷：本年利润		70,420

四、项目活动实践

(一)资料。模拟银行华夏支行 2009 年 12 月发生经济业务如下。

(1) 12 月 20 日计算应收中长期贷款利息 876,100 元，其中已收到利息 860,000 元，其余利息尚未收到。

(2) 收到人民银行存款利息 40,000 元。

(3) 接受客户西夏建材公司申请办理银行承兑汇票，收取手续费 490 元。

(二) 要求。以模拟银行华夏支行柜员的身份结转各损益账户，确定本年利润。

项目活动二　营业外收入

一、营业外收入的基本内容及使用的会计科目

营业外收入是指与业务经营无直接关系的各项收入。营业外收入包括固定资产清理净收益、罚款收入、出纳长款及结算差错款收入、教育费附加返回款、因债权人的特殊原因确实无法支付的应付款项等。

商业银行取得的各项营业外收入通过"营业外收入"科目进行会计处理。

二、营业外收入的账务处理

(一) 发生各项营业外业务收入时，根据有关业务内容编制借、贷方记账传票。会计分录为

借：相关科目

　　贷：营业外收入

（二）年末结转利润时，会计分录为

借：营业外收入

贷：本年利润

三、项目活动实践

(一) 资料。 模拟银行华夏支行2009年12月向黄河公司收取罚款500元；发生出纳长款收入200元。

(二) 要求。 以模拟银行华夏支行柜员的身份进行账务结转。

【课后思考】

1. 什么是银行收入? 包括哪些内容?

2. 简述利息收入的核算。

工作任务二　支出结转的处理

【基础知识】

银行支出是指银行在其业务经营过程中所发生的各种支出，包括营业支出、营业税金及附加和营业外支出等。

一、营业支出

营业支出是指商业银行业务经营过程中发生的与业务经营有关的各种支出，包括利息支出、金融企业往来利息支出、手续费支出、营业费用、汇兑损失、其他营业支出等。

二、营业税金及附加

营业税金及附加是指银行根据国家税法的规定，按适用税率或费率交纳的各种税收或附加费，包括营业税、城市维护建设税、教育费附加。

三、营业外支出

营业外支出是指银行发生的与业务经营无直接关系的各项支出，包括资产一般损失、资产非常损失、出纳短款、罚没支出、赔偿金、违约金、固定资产盘亏、固定资产清理损失、公益救济性捐赠支出、职工子弟学校经费支出以及技校、干部培训中心经费支出等。

【项目活动】

项目活动一　营业支出

一、营业支出的基本内容及使用的会计科目

（一）利息支出。利息支出是商业银行向单位、居民个人等以负债形式筹集资金所支付给债权人的报酬。

为反映利息支出的增减变动情况，商业银行设置"利息支出"科目进行核算。

(二) 金融企业往来支出。金融企业往来支出是指银行系统内联行之间、商业银行与中央银行之间、同业及其他金融机构之间因资金往来而发生的利息支出。

为了核算反映金融企业往来支出的增减变化情况，商业银行设置"金融企业往来支出"科目进行核算。

(三) 手续费支出。手续费支出是银行委托其他单位办理有关业务而支付的工本费，如代办储蓄手续费、其他银行代办业务手续费等。手续费支付方式有两种：现金支和转账支付。

为了反映手续费支出的增减变化情况，银行设置"手续费支出"科目进行核算。

(四) 汇兑损失的核算。汇兑损失是银行进行外汇买卖、外币兑换以及结售汇等业务发生的各种损失。

为了核算反映汇兑损失的增减变动情况，银行设置"汇兑损失"科目进行核算。

(五) 营业费用的核算。营业费用是指银行在业务经营及管理工作中发生的各项费用，包括固定资产折旧、业务宣传费、业务招待费、电子设备运转费、安全防卫费、企业财产保险费、邮电费、劳动保护费、外事费、印刷费、公杂费、低值易耗品摊销、理赔勘察费、职工工资、差旅费、水电费、租赁费、修理费、职工福利费、职工教育经费、工会经费、房产税、车船使用税、土地使用税、印花税、会议费、诉讼费、公证费、咨询费、无形资产摊销、长期待摊费用摊销、待业保险费、劳动保险费、取暖费、审计费、技术转让费、研究开发费、绿化费、董事会费、上交管理费、广告费、银行结算费等。

为了核算营业费用的增减变动情况，银行设置"营业费用"科目进行核算。

(六) 其他营业支出。其他营业支出是除了利息支出、金融企业往来支出、手续费支出、汇兑损失、营业费用以外的其他营业支出。

银行的其他营业支出作为一个单独的费用项目，通过设置"其他营业支出"科目进行核算。

二、营业支出的账务处理

(一) 利息支出。

(1) 发生利息支出时，根据有关业务编制借、贷方记账传票。会计分录为

借：利息支出——××利息支出户
　　贷：现金或活期存款——××户

(2) 预提定期存款应付利息时，其会计分录为

借：利息支出——××利息支出户
　　贷：应付利息

(3) 期末结转利润时，其会计分录为

借：本年利润
　　贷：利息支出——××利息支出户

(二) 金融企业往来支出。

(1) 发生金融企业往来利息支出时，根据有关业务内容编制借、贷方记账传票。会计分录为

借：金融企业往来支出——××利息支出户
　　贷：存放中央银行款项

(2) 期末结转利润时，其会计分录为

借：本年利润

贷：金融企业往来支出——××利息支出户

　　(三) 手续费支出。

　　(1) 发生手续费支出时，根据有关业务编制借、贷方记账凭证。会计分录为

　　借：手续费支出——××手续费支出户

　　　　贷：存放中央银行款项等科目

　　(2) 期末结转利润时，其会计分录为

　　借：本年利润

　　　　贷：手续费支出——××手续费支出户

　　(四) 汇兑损失。

　　(1) 当发生汇兑损失时，根据有关业务编制借、贷方记账凭证。会计分录为

　　借：汇兑损失——××损失户(本币或外币)

　　　　贷：外币买卖(本币或外币)

　　(2) 期末结转利润时，其会计分录为

　　借：本年利润(本币或外币)

　　　　贷：汇兑损失——××损失户(本币或外币)

　　(五) 营业费用。由于营业费用的项目繁杂，"营业费用"科目可按费用性质进行明细核算，其明细科目可设置为业务宣传费、业务招待费、业务管理费等。

　　(1) 业务宣传费。银行为了更好地开展业务，必须做好宣传工作，以吸引客户，如设置定点宣传栏、印发宣传资料、配合有关业务不定期上街宣传等，在这些活动中发生的业务宣传费实行比例控制，即宣传费用不得超过银行营业收入的2‰，其计算公式为

　　业务宣传费最高限额=(营业收入-金融企业往来收入)×2‰

　　业务宣传费应按期如实列支，不得预提。

　　发生宣传费时，根据有关凭证编制借、贷方记账凭证。会计分录为

　　借：营业费用——业务宣传费

　　　　贷：现金或相关科目

　　(2) 业务招待费。业务招待费是银行业务经营的合理需要而发生的公关费用。新的财务制度规定，业务招待费实行分档次按比例控制，最高限额的控制标准如表10-1所列。

表 10-1　商业银行业务招待费控制标准

控制标准	控制比例	控制标准	控制比例
1,500 万元以内	5‰	5,000 万~1 亿元	2‰
1,500 万~5,000 万元	3‰	1 亿元以上	1‰

　　业务招待费的计算公式为

　　业务招待费最高限额=(营业收入-金融企业往来收入)×控制比例

　　业务招待费必须当期如实列支，不得预提。

　　发生业务招待费时，根据有关业务编制借、贷方记账凭证。会计分录为

　　借：营业费用——业务招待费

　　　　贷：现金或相关科目

　　(3) 业务管理费。业务管理费是银行在业务管理工作中发生的各项费用。业务管理费包含

的内容很多，一般根据费用的具体项目设置详细的明细账进行核算。

发生业务管理费时，根据有关凭证编制借、贷方记账传票。会计分录为

借：营业费用——××费用户

　　贷：××科目

知识拓展

营业费用有关账户的支出，除按有关规定可先提后用外，其他一律据实列支，不得预提。银行对需要待摊和预提的费用，应根据权责发生制原则，结合自身的具体情况确定。待摊费用的摊销期一般不超过一年。预提费用当年能结算的，年终决算不留余额，需跨年度使用的，应在决算说明中予以说明。银行营业费用项目较多，而且繁杂，在会计核算中，应加强对营业费用的核算和管理。

(4) 上述有关业务宣传费、业务招待费、业务管理费等，在期末结转利润时，其会计分录为

借：本年利润

　　贷：营业费用——××费用户

(六) 其他营业支出。

(1) 发生其他营业支出时，根据有关业务内容编制借、贷方记账传票。会计分录为

借：其他营业支出——××支出户

　　贷：现金等科目

(2) 期末本科目余额结转利润时，其会计分录为

借：本年利润

　　贷：其他营业支出——××支出户

项目活动二　营业税金及附加

一、营业税金及附加的基本内容及使用的会计科目

(一) 营业税。营业税是国家对以营利为目的的企业单位或个人就其营业收入和提供劳务收入而征收的一种税收。根据税法规定，银行作为经营货币信用业务的特殊企业，也应向国家税务机关缴纳营业税款和其他税款，依法纳税是银行的义务。目前，国家对银行营业收入中的金融企业往来收入暂不征收营业税金和各种附加，因此，银行应以其营业收入扣除金融企业往来收入为缴纳营业税的计税依据。其计算公式为

应纳营业税=(营业收入−金融企业往来收入)×营业税率(5%)

(二) 城市维护建设税。城市维护建设税是国家为加强城市维护建设，扩大和稳定城市维护建设资金的来源而征收的一个税种，其性质属于附加税。银行应以缴纳的营业税为课税对象，缴纳城市维护建设税。城市维护建设税的税率按银行所在地确定：银行分支机构在市区的按7%的税率缴纳；在县城或建制镇的税率为5%；不在县城、建制镇的税率为1%。其计算公式为

城市维护建设税=应纳营业税额×适用税率

(三) 教育费附加。教育费附加是为了加快发展地方教育事业，扩大地方教育的来源而征收的一个税种。教育费附加是以银行实际缴纳营业税额的 2%计交的用于地方教育事业的费用附加。其计算公式为

教育费附加=应纳营业税额×2%

为了核算反映营业税金及附加的增减变动情况，商业银行设置"营业税金及附加"科目进行核算。营业税及城市维护建设费对应的科目为"应交税金"；教育费附加对应的科目为"其他应付款"。

营业税金及附加的明细科目可设置为营业税、城市维护建设税、教育费附加。

二、营业税金及附加的账务处理

(一) 商业银行期末计提应纳营业税金及附加时，根据有关业务内容编制借、贷方记账传票。会计分录为

　　借：营业税金及附加——××税户
　　　　贷：应交税金或其他应付款——教育费附加

(二) 实际交纳营业税金及附加时，其会计分录为

　　借：应交税金或其他应付款——教育费附加
　　　　贷：存放中央银行款项

(三) 期末结转利润时，其会计分录为

　　借：本年利润
　　　　贷：营业税金及附加——××税户

项目活动三　营业外支出

一、营业外支出的基本内容及使用的会计科目

营业外支出是指商业银行发生的与业务经营无直接关系的各项支出，包括出纳短款、罚没支出、赔偿金、违约金、固定资产盘亏、固定资产清理损失、公益救济性捐赠支出、职工子弟学校经费支出以及技校、干部培训中心经费支出等。

为了核算反映实际发生的与业务经营没有直接关系的各项支出，商业银行设置"营业外支出"科目进行核算。

"营业外支出"科目，按支出项目设置明细科目。

二、营业外支出的账务处理

(一) 发生的与业务经营无直接关系的各项支出，经批准结转营业外支出时，根据有关业务，编制借、贷方记账传票。其会计分录为

　　借：营业外支出——××支出户
　　　　贷：××科目

(二) 期末本科目余额结转利润时，其会计分录为

　　借：本年利润
　　　　贷：营业外支出——××支出户

三、项目活动实践

(一) 资料。模拟银行华夏支行 2009 年 12 月发生如上业务。

(1) 向人民银行借款 4,000,000 元，到期归还本金及利息共计 4,200,000 元。

(2) 预提定期存款利息 80,000 元。

(3) 收到期王某转存定期存款 30,000 元，支取利息 2,000 元。

(4) 李某办理存款销户，支取本金 10,000 元，利息 50 元。

(5) 支付营业税 5,000 元。

(6) 支付开户单位华业电子公司活期存款利息 3,000 元。

(二) 要求。以模拟银行华夏支行柜员的身份结转各损益账户，确定本年利润。

【课后思考】

1. 银行支出的组成部分有哪些？
2. 什么是银行的营业支出？
3. 试述营业税金及附加的核算。

工作任务三 利润与利润分配处理

【基础知识】

一、商业银行的利润

商业银行的利润是银行在一定时期业务经营成果的综合反映。银行在经营过程中，通过贷款的发放和资金的拆借实现的收入，扣除一系列的经营成本，再加减非经营性质的收支及投资收益，即为银行的利润总额或亏损总额。计算公式为

营业利润＝营业收入－营业支出－营业税金及附加

利润总额＝营业利润＋投资净收益＋营业外收支净额

净利润＝利润总额-所得税

二、利润分配

利润分配是将商业银行所实现的利润总额，按照有关法规和投资协议所确认的比例，在国家、商业银行、投资者之间进行分配。银行实现的利润总额，首先要依法缴纳所得税，税后利润才能按规定的分配顺序进行分配。

知识拓展

银行的利润总额在依法纳税前可以进行调整。调整内容如下：

(1) 按照国家规定，如果银行年度中发生亏损，允许用交纳所得税前的利润弥补，但连续弥补期不得超过五年，五年内未能连续弥补完的亏损，只能用交纳所得税后的利润弥补。

(2) 国家也允许银行在交纳所得税前增减有关收入或支出的项目，如对上年决算按国家规定进行调整；为避免对投资收益重复征税，在确定应税利润时，对已税收益加以扣除等。

银行按规定分配次序进行利润分配时，必须遵循一定的法定关系，表现为以下几方面：

(1) 银行以前年度亏损未弥补完，不得提取公积金和公益金。

(2) 银行在提取公积金和公益金以前，不得向投资者分配利润。

(3) 银行必须按照当年税后利润(减弥补亏损)的 10％ 提取法定盈余公积金。如果银行历年提取的盈余公积金已达到注册资金的 50％ 时，可以不再提取盈余公积金。

(4) 银行以前年度未分配利润，可以并入本年利润统一分配。

(5) 银行在向投资者分配利润前，经董事会决定，可以提取任意盈余公积金。

(6) 银行没有当年利润，不得向投资者分配利润。

(7) 提取盈余公积金和公益金。提取法定盈余公积金，可以用于弥补亏损或者转增资本。但银行留存的法定盈余公积金一般不得低于注册资本的 25%。银行提取的公益金，主要用于银行的文教、职工福利设施支出。

【项目活动】

项目活动一　利润结转

一、商业银行利润结转使用的会计科目

为了核算银行年度内实现的利润总额(或亏损总额)，应设置"本年利润"科目进行核算。年末，将各损益账户收入全部转入"本年利润"账户贷方，支出转入该科目借方。

二、利润结转的账务处理

(一) 收入的结转。

借：利息收入
　　金融企业往来收入
　　手续费收入
　　其他营业收入
　　汇兑收益
　　投资收益
　　营业外收入
　　　贷：本年利润

(二) 支出的结转。

借：本年利润
　　　贷：利息支出
　　　　　金融企业往来支出
　　　　　手续费支出
　　　　　营业费用
　　　　　营业税金及附加
　　　　　其他营业支出
　　　　　汇兑损失
　　　　　营业外支出
　　　　　所得税费

项目活动二　利润分配

一、商业银行利润分配核算使用的会计科目

为了加强利润分配的核算，商业银行应设置"利润分配"科目。该科目属于所有者权益

类,用于核算银行按规定分配的利润或应弥补的亏损和历年分配(或补亏)后的结存余额。借方反映各种利润分配事项,贷方反映抵减利润分配的事项,年末借方余额表示未弥补的亏损总额,贷方余额表示累计未分配利润总额。

"利润分配"科目的明细科目可设置为提取盈余公积、盈余公积补亏、应付利润、未分配利润等。

二、利润分配的账务处理

(一) 将年度实现的利润总额转入"利润分配"账户。会计分录为

借:本年利润

　　贷:利润分配——未分配利润户

如果是亏损总额,则作相反分录。

(二) 提取法定盈余公积金。会计分录为

借:利润分配——提取法定盈余公积

　　贷:盈余公积——法定盈余公积

(三) 用盈余公积补亏损。会计分录为

借:盈余公积——法定盈余公积

　　贷:利润分配——盈余公积补亏

(四) 提取公益金。其会计分录为

借:利润分配——提取法定公益金

　　贷:盈余公积——法定公益金

(五) 支付投资者利润。其会计分录为

借:利润分配——应付利润

　　贷:应付利润

(六) 按上顺序全部分配完毕后,要将"利润分配"科目所有已分配利润各明细的余额结转到"未分配利润"明细科目中。其会计分录为

借:利润分配——未分配利润

　　贷:利润分配——提取法定盈余公积

　　　　　　——提取法定公益金

　　　　　　——应付利润

结转后,"利润分配"科目的其他各明细科目均无余额;只有"未分配利润"明细科目有余额,表示剩余尚未分配的利润,可留作留存收益,与新年度的利润一并进行分配;如为借方余额,则为未弥补亏损。

三、项目活动案例

模拟银行 12 月 31 日各损益类账户余额如下:利息收入 587,000 元,手续费收入 69,000 元,金融企业往来收入 32,700 元,其他营业收入 2,300 元,营业外收入 1,000 元;利息支出 475,000 元,手续费支出 55,300 元,金融企业往来支出 16,800 元,其他营业支出 5,900 元,营业外支出 2,100 元,营业税金及附加 41,000 元。若该银行按利润总额的 25%缴纳企业所得税,计算应缴所得税额和银行的净利润,并编制相应会计分录。

(一) 收入结转。

借:利息收入　　　　　　　587,000

222

手续费收入	69,000	
金融机构往来收入	32,700	
其他营业收入	2,300	
营业外收入	1,000	
贷：本年利润		692,000

（二）支出结转。

借：本年利润 546,100

　　贷：利息支出 475,000

　　　　手续费支出 5,300

　　　　金融机构往来支出 16,800

　　　　其他营业支出 46,900

　　　　营业外支出 2,100

（三）所得税=(692,000-546,100)×25%=36,475 元。

借：本年利润 36,475

　　贷：所得税费 36,475

（四）利润结转。

净利润=692,000-546,100-36,475=109,425 元

借：本年利润 109,425

　　贷：利润分配——未分配利润 109,425

四、项目活动实践

（一）资料。模拟银行年终有关损益类账户的发生额如表10-2所列。

表 10-2　某银行损益类账户发生额表

单位：元

会计科目	借方发生额	贷方发生额	会计科目	借方发生额	贷方发生额
利息收入		7,611,660	手续费支出	523,000	
金融企业往来收入		928,600	营业费用	321,000	
手续费收入		600,000	其他营业支出	32,000	
汇兑收益	197,480	843,260	营业税金及附加	834,500	
投资收益	73,980	83,420	营业外收入		68.340
其他营业收入		98,300	营业外支出	56,780	
利息支出	4,452,300		所得税	2,117,412	
金融企业往来利息支出	652,300				

（二）要求。

(1) 将收入、成本费用类账户结转到"本年利润"账户。

(2) 按25%的税率计算所得税费并结转。

(3) 将"本年利润"转入利润分配。

(4) 按当年净利润的10%提取法定盈余公积、5%提取公益金。

(5) 将提取盈余公积和公益金后的净利润的40%分配给投资者。

(6) 将"利润分配"账户下所有明细账户的余额转到"未分配利润"明细账户中。

项目十一　年度决算的处理

学 习 指 南

【学习目标】

1. 了解决算前的准备工作程序。
2. 掌握决算日的工作程序。
3. 了解决算报表的编制。
4. 能够按照有关制度规定进行年度决算的相关工作处理。

【学习重点】

1. 决算前的工作程序。
2. 决算日的工作程序。
3. 决算报表的格式。

【学习难点】

1. 年度决算的内容。
2. 年度决算报表的编制。

【工作任务】

1. 决算前的工作。
2. 决算日的工作。
3. 决算后的工作。

工作任务一　决算前的工作

【基础知识】

　　银行年度决算是运用会计核算资料，对全年业务活动和经营成果进行总结的一项综合性工作，它通过对整个会计年度会计账目记载的有关事项和数字进行核实、归纳和整理，按照统一规定的格式和要求编制年度决算报表，全面反映银行一年的业务活动情况和经营成果。根据会计法的规定，公历 1 月 1 日至 12 月 31 日为一个会计年度，每年 12 月 31 日为年度决算日。会计年度终了，凡属独立会计核算的单位，都必须办理年度决算，非独立会计核算单位则通过并账或并表的方式，由其管辖行合并办理年度决算。

　　银行的年度决算工作，一般分三个步骤进行。第一，年度决算准备工作。第二，年度决算日的工作。第三，编制年度决算报表和决算说明书。商业银行应当严格按照年度决算办法和规定，积极采取措施，充分做好年度决算的准备工作。其中，决算前准备工作做得充分与否，直接影响年度决算的质量高低。因此，各单位必须按照管辖机关关于年度决算工作要求，认真做好年度决算的准备工作。年度决算的准备工作，一般在每年第四季度开始后就应着手进行。

一、清理资金

(一) 清理存款资金。年度决算前，应认真核对财政性存款和一般性存款、计息存款和不计息存款、活期存款和定期存款的划分是否正确，核查计息存款日数、积数、已计利息计算是否正确。

(二) 清理贷款资金。年度决算前，应核对贷款级别、贷款种类、贷款指标累计、贷款期限、贷款利率、利息计算以及年初贷款余额、发放贷款累计、本年发放贷款、收回贷款累计、本年收回贷款是否相符。对超过合理期限尚未收回的，应抓紧催收，要与对方取得联系，对无法收回的呆滞贷款，应按上级行有关规定办理。

(三) 清理结算资金。年度决算前，应对各种结算资金进行全面清理。对汇出汇款户、开出本票户，应逐笔核对未销账余额，并与该账户余额及总账余额核对，对超过规定期限尚未销账的款项，应查明原因，及时处理。

(四) 清理内部资金。年度决算前，应对本行内部各种暂收和暂付的临时资金逐项彻底清理，对应划、应交、应收、应付和需要核销的款项要及时办理转账手续。经过清理，暂时无法解决的，要注明原因，以备日后查考和清理。

二、盘点财产

年度决算前，应对固定资产、库存物资、库存现金、有价单证、重要空白凭证、代保管物品、担保物、抵债资产、本行发行、兑付、购买的各种证券等现金、实物进行彻底清查，并与有关表内、表外科目进行核对，做到账证、账账、账表、账款、账实、账卡相符。对有物无账或有账无物的，要查明原因，及时处理。

三、核对账目

在年度决算前，要根据会计科目使用说明和当年有关科目变化调整的文件规定，对系统内存款户、内部往来和中央银行存款户三个账目进行全面检查，逐笔勾对并及时更正，以保持双方一致。

四、核实损益

年终前要认真核实各项财务收支，当年的各项营业收支和营业外收支及税金支出，必须按规定列账。对不合理的收支予以纠正，对错用的账户进行冲正，对各项待摊预提费用在决算前及时处理，做到费用在当年合理负担。

五、试算平衡

为了进一步检验日常账务的正确，保证年度决算报表编制的准确，在编制正式决算报表之前，各行应根据当年总账编制 1 月份至 11 月份的试算平衡表，进行试算平衡，以检查和验算各科目上、下年度是否衔接，年初数加减本年借、贷方发生额是否与 11 月末余额相符；年初数、发生额与 11 月末余额各栏的合计数是否各自平衡。

六、调整好计算机系统相关数据

为确保全辖所有网点计算机年终损益、利润自动结转的正确性，各行要确保管理的各项规定得到有效执行。参数管理员要在年终决算前完成年终决算参数表的调整并进行核对。

【课后思考】

年度会计决算需要做哪些准备工作？为什么要做这些准备工作？

工作任务二　决算日的工作

【基础知识】

每年 12 月 31 日为决算日，决算日的主要工作有以下几种。

一、轧平当日账务，全面核对账务

决算日发生的各项业务，必须处理完毕；全部账务全部入账；收到的联行报单或同城交换的票据要当日处理完毕；核实本年及第四季度应交税金额，于当日办理转账手续；与中央银行、同业银行及系统内各行的各种往来划款均须当日结清，不得跨年。在全面处理账务后，应将各科目总账与明细账、登记簿进行全面核对，做到账账相符。

二、计算外汇买卖损益

决算日，应将各种外币买卖账户余额，一律按决算日汇价折成人民币，并与原币的外汇买卖账上的人民币余额比较，其差额列入相关损益账户。

三、进行月度结算，结转本年损益

决算日账务结平后，进行 12 月份的月结工作，编制月计表。月结之后，结转损益。将损益类各收支科目的余额通过分录转入"损益"科目内，并结出本年利润(或亏损)。

四、结转新旧科目及新旧账簿

全年账务轧平后，编制年终决算报表，然后办理上下年度账务结转工作。年终如有会计科目修改变更，应采取对照表方式办理新旧科目结转。同时，办理新旧账簿的结转，结束旧账，建立新账，保证新年度业务活动的正常进行。

(一) 总账的结转。总账每年更换一次，年终结转时，新账页的日期，应写新年度 1 月 1 日，"摘要"栏盖"上年结转"戳记，旧账余额过入新账的"上年余额"栏内。

(二) 明细账的结转。银行的各种明细账，除卡片账、储蓄账不办理结转，下年度可以继续使用外，其余均办理结转。

(1) 一般分户账页的结转。银行甲、乙、丙格式的一般分户账的结转，应先在旧账页的最后一行余额下，加盖"结转下年"戳记，然后将最后余额过入新账页，并在新账页日期栏写明新年度 1 月 1 日，摘要栏加盖"上年结转"戳记。此外，对余额已结清的账户，一般应在

226

各账页最后一行的下面划一道红线，并在账页上加盖"结清"戳记。

(2) 销账式账面的结转。对逐笔记入、逐笔销账的丁种账页，应先在旧账页未销各笔的销账日期栏内，加盖"结转下年"戳记，然后将未销各笔逐一过入新账页，并结出余额，在摘要栏加盖"上年结转"戳记。对新账页的记账日期，不论是在年终决算日内办理结转，还是在新年度开业前办理结转，应一律写新年度1月1日。对户名及发生日期均按旧账页抄转，以便查考。

年度决算结束后，不再使用的旧账页，应分别科目按账号顺序整理并装订成册，标明名称、年度、科目及编号等，按会计档案保管办法的规定入库保管。

知识拓展

银行应在会计年度终了办理年度决算，通过年度决算报表对银行各项业务和财务活动进行总结反映。每年12月31日为年度决算日，如遇节假日仍以该日为决算日。年度决算前银行应清理各项临时和过渡性资金，清查各项财产，全面检查、核对内外账务，核实财务收支。全年账务处理结束后，编制年度会计报表。年终决算时，外币记账的业务应折算为人民币，编制汇总的人民币决算表。原币有中国人民银行公布的人民币对该种货币基准汇率的，直接采用基准汇率折成人民币，无人民币对该种货币基准汇率的，通过其对美元的汇率套算折成人民币。

【课后思考】

年度会计决算的主要内容有哪些？

工作任务三　决算后的工作

【基础知识】

年度终了，在决算整理期内，各项账目已调整清理完毕，所有属于上年度的账项，均已在上年度的账页上登记齐备。这时，即可按照会计制度规定的时间编制年度决算报表。

一、年度决算报表的种类

银行决算报表是综合反映银行全年财务状况和经营成果的书面文件，是会计核算工作的结果，是银行经营活动的定期总结。银行会计报表向使用者提供银行的综合信息，全面反映银行某一会计期间的财务状况和主要经营情况。在银行会计信息中，最主要、最重要的来源是银行的会计报表。因此，编制时应做到真实可靠、全面完整、编报及时。

银行现行的决算报表由会计报表、会计报表附注和财务情况说明书组成(不要求编制和提供财务情况说明书的金融企业除外)。会计报表有资产负债表、利润表、现金流量表以及商业银行年度决算文件要求编报的其他有关报表。

知识拓展

银行的财务会计报告分为年度、半年度、季度和月度财务会计报告。月度、季度财务会计报告是指月度和季度终了提供的财务会计报告；半年度财务会计报告是指在每个会计年度的前六个月结束后对外提供的财务会计报告；年度财务会计报告是指年度终了对外提供的财务会计报告。

二、年度决算报表的编报

(一) 资产负债表。资产负债表是总括反映商业银行一定时期末全部资产、负债和所有者权益及其构成情况的会计报表。它根据"资产＝负债＋所有者权益"这一基本公式，按照一定的分类标准排列而编制的。它能够反映银行各项资产、负债和所有者权益的增减变动以及各项目之间的相互关系；据以了解银行所掌握的经济资源的总量及其分布与结构；检查信贷资金来源的渠道及其构成；并为分析银行各项业务，预测未来财务状况和发展前景提供信息。

我国商业银行采用账户式左右对称结构的资产负债表。具体格式如图 11-1 所示。

资 产 负 债 表

编制单位：　　　　　　　　　　　　年　　　月　　　日　　　　　　　　　单位：元

资产	期末余额	年初余额	负债和所有者权益	期末余额	年初余额
资产：			负债：		
现金及存放中央银行款项			向中央银行借款		
存放同业款项			同业及其他金融机构存放款项		
贵金属			拆入资金		
拆出资金			交易性金融负债		
交易性金融资产			衍生金融负债		
衍生金融资产			卖出回购金融资产款		
买入返售金融资产			吸收存款		
应收利息			应付职工薪酬		
发放贷款和垫款			应交税费		
可供出售金融资产			应付利息		
持有至到期投资			预计负债		
长期股权投资			负债合计		
投资性房地产			应付债券		
固定资产			递延所得税负债		
无形资产			其他负债		
递延所得税资产			所有者权益(或股东权益)：		
其他资产			实收资本(股本)		
			资本公积		
			减：库存股		
			盈余公积		
			一般风险准备		
			未分配利润		
			所有者权益(或股东权益)合计		
资产总计			负债和所有者权益(或股东权益)总计		

图 11-1　资产负债表

（二）利润表。利润表是反映银行一定会计期间的经营成果的会计报表。编制本表的目的是为了考核银行利润(亏损)计划的执行结果，分析盈亏增减变化的原因。

我国商业银行采用多步式结构的利润表。利润表的具体格式如图 11-2 所示。

利 润 表

编制单位：_____ ____年 ____月_____日 单位：元

项 目	本期金额	上期金额
一、主营业务收入		
利息净收入		
利息收入		
利息支出		
手续费及佣金净收入		
手续费及佣金收入		
手续费及佣金支出		
投资收益(损失以"—"号填列)		
其中：对联营企业和合营企业的投资收益		
公允价值变动收益(损失以"—"号填列)		
汇兑收益(损失以"—"号填列)		
其他业务收入		
二、营业成本		
营业税金及附加		
业务及管理费		
资产减值损失		
其他业务成本		
三、营业利润(亏损以"—"号填列)		
加：营业外收入		
减：营业外支出		
四、利润总额(亏损以"—"号填列)		
减：所得税费用		
五、净利润 (净亏损以"—"号填列)		
六、每股收益		
(一)基本每股收益		
(二)稀释每股收益		

图 11-2 利润表

（三）现金流量表。现金流量表是反映银行在一定会计期间内经营活动、投资活动和筹资活动等所产生的现金流入和现金流出情况的会计报表。

银行编制现金流量表时按规定采用直接法，即通过现金收入和支出的主要类别反映来自银行经营活动的现金流量，一般是以利润表中的营业收入为起算点，调整与经营活动有关的项目的增减变动，然后计算出经营活动的现金流量。同时，要求在现金流量表附注中披露将净利润调节为经营活动现金流量的信息，也就是用间接法即以本期净利润为起算点，调整不涉及现金的收入、费用、营业外收支以及有关项目的增减变动，据此计算出经营活动的现金流量。现金流量表的具体格式如图11-3所示。

现 金 流 量 表

编制单位：＿＿＿＿＿＿＿＿年度　　　　　　　　　单位：元

项　　　　目	本期金额	上期金额
一、经营活动产生的现金流量		
客户存款和同业存放款项净增加额		
向中央银行借款净增加额		
向其他金融机构拆入资金净增加额		
收取利息、手续费及佣金的现金		
收到其他与经营活动有关的现金		
经营活动现金流入小计		
客户贷款及垫款净增加额		
存放中央银行和同业款项净增加额		
支付手续费及佣金的现金		
支付给职工以及为职工支付的现金		
支付的各项税费		
支付其他与经营活动有关的现金		
经营活动现金流出小计		
经营活动产生的现金流量净额		
二、投资活动产生的现金流量		
收回投资收到的现金		
取得投资收益收到的现金		
收到其他与投资活动有关的现金		
投资活动现金流入小计		
投资支付的现金		
购建固定资产、无形资产和其他长期资产支付的现金		
支付其他与投资活动有关的现金		
投资活动现金流出小计		
投资活动产生的现金流量净额		
三、筹资活动产生的现金流量		
吸收投资收到的现金		
发行债券收到的现金		

230

收到其他与筹资活动有关的现金		
筹资活动现金流入小计		
偿还债务支付的现金		
分配股利、利润或偿付利息支付的现金		
支付其他与筹资活动有关的现金		
筹资活动现金流出小计		
筹资活动产生的现金流量净额		
四、汇率变动对现金及现金等价物的影响		
五、现金及现金等价物净增加额		
加：期初现金及现金等价物余额		
六、期末现金及现金等价物余额		

图 11-3 现金流量表的具体格式

【课后思考】

年度会计决算后工作包括哪些内容？

项目十二　商业银行模拟软件的实训操作

学 习 指 南

【学习目标】

1. 了解系统的登陆过程。
2. 熟悉商业银行实训涉及的实验。
3. 掌握商业银行的模拟实验操作程序。

【学习重点】

1. 商业银行储蓄业务操作步骤。
2. 商业银行对公业务操作步骤。
3. 商业银行结算业务操作步骤。

【学习难点】

1. 商业银行对公业务操作步骤。
2. 商业银行结算业务操作步骤。

【工作任务】

1. 商业银行会计模拟软件介绍及实训操作程序。
2. 商业银行储蓄业务操作步骤。
3. 商业银行对公业务操作步骤。
4. 商业银行结算业务操作步骤。

工作任务一　商业银行会计模拟实训软件介绍

【基础知识】

一、系统首页介绍

学生登录 SimBank 银行模拟教学平台，分别输入账号及密码，单击"登录系统"按钮，进入培训系统。

以学生账户登录，进入学生的操作界面，可以看到老师发布的通知、实验内容的链接列表、成绩图表和相关知识链接(图 12-1)。

单击"个人信息"：学生可查看个人信息、修改姓名及密码。

单击"在线帮助"：可查询各项功能的具体操作。

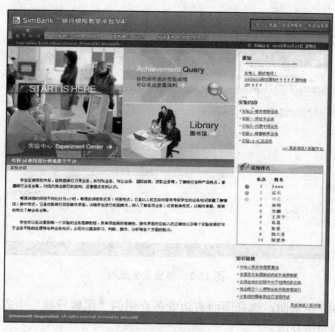

图 12-1 培训系统

单击"退出系统"：可重新进入登录画面。

二、实验中心介绍

学生将以一课(实验课)一练的形式进行有针对性、目的性的学习，学习的内容包括业务相关的知识介绍、流程图解、凭证学习及仿真界面操作等一系列培训及实战考核。

培训中心的每个课程之间虽然针对性、目的性不同，办理的具体业务不同，但具体的实践内容又互相关联，课与课之间由浅入深，每课难度逐步提升。通过这些业务知识的综合学习训练，可以使学生熟悉银行日常业务，了解银行各种产品特点，掌握银行业务台账，对现代商业银行的架构、运营模式有所认识，以达到学生能在日后的实际业务中融会贯通的进行工作的目的。

单击每项实验名称，可以进入到具体该业务的学习页面。

培训涉及到的所有业务流程的图示，学生通过流程图可以直接明了地了解相应实验的操作步骤、业务内容。同时在页面右侧"常见问题"中列出在办理业务中会碰到的一些问题和相关的，供学生在实验中借鉴和参考。"知识链接"是银行相关知识的扩充，学生通过实验的操作了解到现实中的银行业务。

以现金业务为例，具体操作如下。

在"实务图解"页面，单击页面右侧"图解导航"，选择相应的步骤的链接，如"现金缴现"，进入该步骤的业务流程介绍(图 12-2)。

单击"流程图"里的具体步骤，将弹出页面，显示该步骤的具体说明。

三、基本业务介绍

业务介绍部分以银行金融产品或业务类型为课程主题，并围绕当前课程的学习主题，以教科书的形式对各项业务细节进行介绍，通过基本介绍和财务核算对学生进行系统的理论培训。

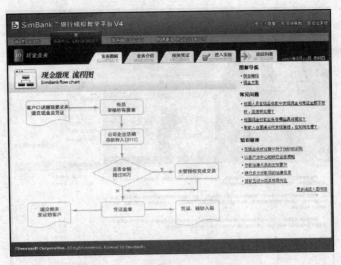

图 12-2 现金业务流程

　　学生进入业务介绍页面，选择画面右边业务介绍的"图解导航"中需要浏览的目录，单击即可看到对应的知识介绍。

　　相关凭证是对于当前课程的学习主题而发生的各项业务中的所有凭证进行细致的介绍，力求让学生清楚地了解在业务中所有涉及的各类凭证，让学生更加清楚地掌握前面所学习的理论知识。

　　进入相关凭证页面，画面显示凭证名称和凭证介绍。单击要详细查看的凭证右下角的"GO"，弹出页面显示凭证样式及该凭证的概述介绍。

　　学生的所有模拟操作在"进入"的银行营业大厅中完成。学生可以根据每个实验课的需要，在不同的部门内进行有针对性的操作及练习，以练代学地全面掌握各项银行业务的详细流程。

【项目活动】

项目活动一　实际操作画面

　　营业大厅分为对私柜台、对公柜台、机房、信贷办公室等多个部门。根据实验内容选择不同的柜台进入实际操作页面(图 12-3)。

图 12-3　实际操作画面

选择对公业务相关实验后，单击"对公柜台"，画面如下(图12-4)。

1. 交换包
2. 客户
3. 受理新业务牌
4. 客户需求
5. 桌面凭证
6. 桌面钱钞
7. 操作电脑
8. 公章
9. 财务箱
10. 清算箱
11. 单据箱
12. 挂账箱
13. 报表打印机
14. 压数机
15. 专夹保管箱
16. 印鉴本
17. 点钞机
18. 跳过
19. 提示
20. 结束业务
21. 返回

图12-4 "对公柜台"画面

一、交换包

在做"同城票据结算业务"之前，必须要进入交换操作。单击画面右侧的绿色交换包，进入交换包凭证，开始提入交换。选择右侧具体单据，进行"入账"或"退票"处理，清分完成后，关闭清分窗口。清分完成后，单击"操作电脑"，进入业务操作台，进行所有交换业务操作(图12-5)。

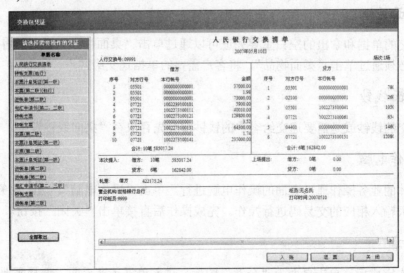

图12-5 "交换包凭证"画面

二、客户

提交需求的人员，单击"客户"后，可以选择"请客户签字"、"请客户盖章"、"请客户付款"。

三、受理新业务牌

点"受理业务"牌，出现"客户需求"对话框，表示开始受理业务，单笔业务开始。

四、客户需求

受理新业务后，查看客户需求描述，并根据桌面凭证及桌面钱钞判断此题为接受还是拒收。若点"拒收"，从弹出的列表框中勾选拒绝理由后单击"确定"按钮。弹出窗口显示"拒收成功！"，表示该笔业务结束，柜员可以单击柜台"受理新业务"牌继续受理下笔业务(图12-6)。

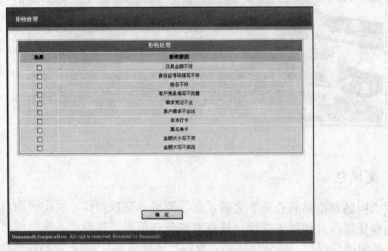

图12-6 "拒收处理"画面

五、桌面凭证

客户递交的单据和拿出的空白重要凭证可以通过单击"桌面物品"进行查看。当业务操作完成后，必须通过单击"桌面物品"，将客户需要的单据递交给客户。

六、桌面钱钞

客户递交的钱钞或是需要递交给客户的钱钞都会先存放在"桌面钱钞"中。

七、操作电脑

学生具体的业务操作通过桌面的操作电脑进行。单击"操作电脑"，进入业务操作界面。根据业务需求输入相应的交易码进行操作。完成操作后直接单击"关闭"按钮。

八、公章

业务操作完成后，单击桌面上"公章"图标，进入单据盖章界面。选择需要盖章的单据右侧"盖章"按钮，根据业务需求，选择需要加盖章的类型。全部盖章完成后，单击"盖章完毕"按钮，完成全部盖章操作。

九、财物箱

单击操作电脑左侧"财物箱"，可以选择"重要凭证"拿出重要的空白凭证或选择"钱钞"

取出需要提交给客户的钱钞。

十、清算箱

对公操作完成后，单击清算箱进行提出交换操作。

十一、单据箱

单击操作电脑右侧的"单据箱"，查看历史所有单据，每张单据均可单击查看明细。

十二、挂账箱

上一场提出，本场需要入账的借方单据，放置此票据箱。

十三、报表打印机

业务操作结束后，学生可以通过报表打印银行具体业务报表。

十四、压数机

银行办理票据业务专用工具，增强票据防弊功能，辨别票据真伪，确保资金安全重要手段。

十五、专夹保管箱

单击"专夹保管箱"，选择需要取出的历史凭证，单击"全部取出"按钮。

十六、印鉴簿

对于本票、支票等业务，学生在接受客户递交单据时，可以通过印鉴簿查看并进行核对。

十七、点钞机

在现金业务中，学生需要对客户递交的钱钞进行清点，需要单击桌面左侧的"点钞机"。

十八、跳过

老师设置难易度后，学生可以单击"跳过"按钮，直接跳过当前步骤而继续完成接下去的步骤。

十九、提示

老师设置难易度后，学生可以单击"提示"按钮，查看当前需要完成的具体步骤。

二十、结束业务

当所操作确认结束后，单击"结束业务"，系统提示"成功结束业务"，完成该笔操作。

二十一、返回

单击"返回"按钮，退回至实验列表，可以重新选择新的实验内容。

在系统图书馆中，收集了大量的与银行相关的典型个案、法律法规、规范制度、业务相关及知识题库，还有职业素养方面的介绍，供学生在完成业务练习的同时进行查看，以巩固对银行学知识的巩固和进一步扩展。可单击相关链接进行查看。学生在完成实验任务后，可以在成绩查询中进行查询。

项目活动二　实训操作程序

一、流程图

实训操作程序流程如图 12-7 所示。

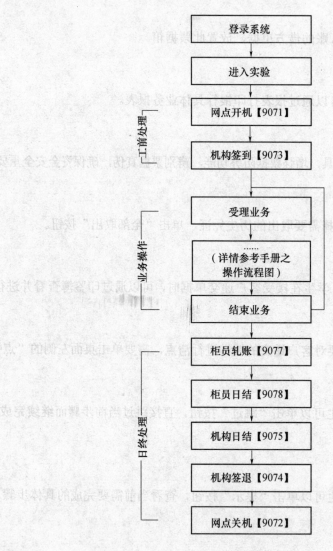

图 12-7　实训操作程序流程

二、登陆系统

学生登录 SimBank 银行模拟教学平台，分别输入账号及密码，单击"登录系统"按钮，进入培训系统。

以学生账户登录，进入学生的操作界面，可以看到辅导员发布的通知、实验内容的链接列表、成绩图表和相关知识链接，如图 12-1 所示。

单击"个人信息"：学生可查看个人信息、修改姓名及密码。

单击"在线帮助"：可查询各项功能的具体操作。

单击"退出系统"：可重新进入登录画面。

三、实验中心

(一) 学生登录后，单击"实验中心"，见图 12-8。

图 12-8　实验中心

(二) 选择相应的实验名称进入实验操作简介(例如图 12-9 所示的"本票业务")。

实验名称： **本票业务**
课时：　2课时
实验介绍：对于银行日常营业中对公会计柜台办理的本票开立及结算(即包括本票的交换业务)等业务
　　　　　进行学习试验。

　　　　　　　　　　　　　　　　　　　　　　　　　　　　　Go

图 12-9　实验操作简介

(三) 在业务画面，选择"进入实验"，即可进入模拟营业大厅，如图 12-10 所示。

图 12-10　模拟营业大厅

四、工前处理

学生在受理具体业务之前，必须进行网点开机及日启工作，具体操作步骤如下：在业务大厅中，单击"机房"进入，如图 12-11 所示。

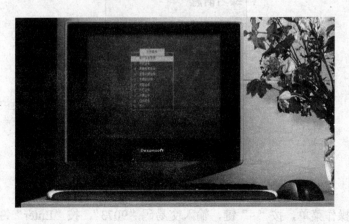

图 12-11　网点开机

(一) 单击画面中的计算机，弹出"网点管理"的黑画面，如图 12-12 所示。

图 12-12　网点管理

(二) 按"Enter"键，进入"网点开机[9071]"，如图 12-13 所示。

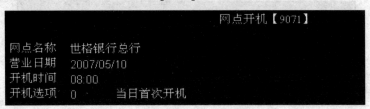

图 12-13　网点开机[9071]

(三) 按"+"键提交，提示"已成功开机"。

(四) 关闭以上黑画面，返回营业大厅，单击"对公柜台"进入对公业务操作画面。

(五) 单击桌面计算机，在弹出的黑画面中输入柜员代号及密码按"+"键提交，如图 12-14 所示。

图 12-14　单击桌面计算机后弹出的黑画面

注：在实验画面右侧的"练习信息"(图 12-15)中，柜员号即为柜员代号。

练习信息

姓名：**胡爱玲**

班级：**democlass**

实验名称：**本票业务**

机构号：**32010**

柜员号：**0016**

交换号：**09991**

实验日期：**2007-05-10**

图 12-15　练习信息

(六) 在系统操作菜单，按"~"键，输入交易码"9073"，按"Enter"键进入机构签到画面。输入营业机构号、柜员号及密码，按"+"键提交，如图 12-16 所示。

图 12-16　机构签到画面

注：营业机构号及柜员号可在实验画面右侧的"练习信息"中查找。

(七) 系统提示：机构签到成功。关闭窗口后可以进行新业务受理。

五、业务操作

(一) 在对公柜台，单击"受理新业务牌"。

(二) 根据客户需求，判断是否受理此项业务。

(三) 根据不同业务做相应操作 (详见各项实验之操作流程图及操作步骤)。

(四) 结束业务。

六、日终处理

学生在具体业务受理完毕之后，必须进行日终处理工作。

以对公业务为例，具体操作步骤如下。

(一) 单击对公柜台的"操作电脑"，弹出黑画面，按键盘上"~"，输入交易码：9077(图 12-17)。

图 12-17　输入交易码

(二) 进入柜员轧账[9077]页面，选择正式轧账后提交。系统提示"轧账成功!"，如图 12-18 所示。

(三) 按"Esc"键，退出柜员轧账画面，重新选择交易码"9078"，进入柜员日结[9078]，输入操作柜员等信息，按"+"键提交(图 12-19)。

(四) 进入机构日结[9075]，输入操作柜员信息及密码，按"+"键提交(图 12-20)。

(五) 机构日结完成后，继续进入"9074"机构签退操作画面(图 12-21)。

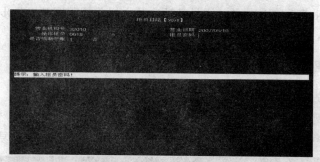

图 12-18　柜员轧账

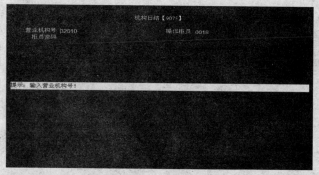

图 12-19　柜员日结[9078]

图 12-20　机构日结[9075]

图 12-21　机构签退[9074]

（六）点业务柜台右边"报表打印机"，可以查看各项报表打印情况，包括柜员轧账单、尾箱重空清单、业务流水表、营业日报表和机构日结单。

（七）单击"返回"按钮，返回银行营业大厅页面，单击"机房"进入。单击机房计算机，通过"↓"键选择"1 网点关机"，进入"网点关机[9072]"，按要求输入各项，按"+"键提交。

工作任务二　储蓄存款业务操作

【基础知识】

一、储蓄存款的种类

储蓄存款是商业银行吸收的城乡居民存入银行的款项，包括活期储蓄存款和定期储蓄存款和定活两便储蓄存款。定期储蓄存款又包括整存整取定期、零存整取、存本取息、大额通知存款等。

二、重要凭证

（一）普通储蓄存折。客户在银行开立活期存款、零存整取、定活两便等储种时，银行将会发放存折作为客户的存款凭证，并且此账户的存取款以及其他业务信息将会按顺序打印在存折上。

（二）活期一本通。活期一本通存折为一折多币活期储蓄存折存款，可以在一本存折上储蓄人民币和多种外币，且存款状况一目了然。当客户选择多种币种储蓄时，银行发放此存折作为客户的存款凭证，并且此账户的存取款以及其他业务信息将会按顺序打印在存折上。

（三）整存整取定期存单。客户在银行开立定期存款时，银行将会发给客户作为客户的存款凭证。该存单上印有客户开户时所约定的存款期限、存款利率以及转存形式，存单上如果约定到期自动转存，则到期时该存单无需客户前来柜面即本息自动转存，到期时可一次性支取，存款期限未到时可以根据客户需要做一次部分提前支取，存单需换开，账号、存期不变。

（四）定期一本通存折。定期一本通存折与普通定期储蓄的区别在于可以多币种、多种期限、多笔数进行储蓄，对多账户存款情况一目了然，避免多张存单不便保管的麻烦。

（五）存款凭条。个人所有在柜台办理的存单、存折现金存款业务都会涉及此单据，包括活期、零存整取、一本通、教育储蓄、通知存款等储种的存款业务,当为大额存款或者代理人存款时需填写背书,凭条都由计算机打印，客户确认签字，即完成业务。

（六）取款凭条。个人所有在柜台办理的存单、存折现金存款业务都会涉及此单据，包括活期、整存整取、零存整取、一本通、教育储蓄、国债、通知存款、存本取息等储种的取款业务,当为大额存款或者代理人存款时需填写背书,凭条都由计算机打印，客户确认签字，即完成业务。

【项目活动】

项目活动一　活期储蓄存款账户开立操作步骤

（一）单击"对私柜台"，进入对私业务画面。

（二）单击柜台"受理新业务"牌，查看实验进度。选择需要完成的业务名称，单击右侧的"开始"按钮，进入该业务操作。系统提示客户需求以及受理业务成功。

（三）单击"桌面凭证"查看客户提交的凭证。注：递交身份证和储蓄开户凭条。

（四）单击操作界面的"点钞机"，点明客户递交的钱钞，关闭钱钞窗口。

（五）单击"客户需求"，根据客户递交的凭证和钱钞，判断该题是接受还是拒收。若单击"拒收"，从弹出列表框中勾选拒绝理由后单击"确定"按钮，弹出窗口显示"拒收成功！"。表示该笔业务结束，柜员可以继续受理下笔业务。

（六）单击"接受"后，系统提示已成功接受业务，柜员回到对私柜台业务画面进行下一步操作。

（七）单击计算机左侧的"财务箱"，选择"重空凭证"，弹出重要空白凭证，选择需要取出的空白凭证，单击右侧的"取出"按钮，系统提示成功取出。

注：储蓄存折开户应取出普通储蓄存折；活期一本通开户应取出活期一本通。

（八）单击"计算机"，进入系统操作菜单，按"~"键，输入交易码"1011"。

（九）按"Enter"键，进入"活期开户"[1011]黑画面中，按要求填写各项。

（十）按要求输入完成各项后，按"+"加号键，提示操作成功。

（十一）单击对私画面，桌面上的"盖章"图标，进入盖章界面。

（十二）在左侧选择需要盖章的单据，单击右下角"盖章"按钮，系统自动作盖章处理。

注：储蓄存折开户应在存折和储蓄开户凭条上盖章，一本通开户应在一本通存折和储蓄开户凭条上盖章。

（十三）再次单击"桌面凭证"，进入单据提交客户界面。单击每张单据，可以查看具体的盖章情况。

（十四）在左侧选择框中选中要递交的单据，在下拉列表中选择"递交客户"，单击"确定"按钮后，系统提示"单据递交成功！"。

注：存折开户应递交身份证和储蓄存折，一本通开户应递交身份证和活期一本通。

（十五）继续在左侧选择框中选中要归入单据箱的单据，在下拉列表中选择"凭证归入单据箱"，单击"确定"按钮后，系统提示"桌面无凭证！"，然后将储蓄开户凭条归入单据箱中。

（十六）单击"桌面钱钞"按钮，输入需要收归财务箱的钱钞数量，单击"归入财务箱"按钮。

（十七）单击对私画面右侧的"查看操作记录"，可以查看到当前柜员所有的实验记录。

（十八）当所操作确认结束后，单击"结束业务"，系统提示"成功结束业务"，并进行自动评分。

项目活动二　活期储蓄续存操作步骤

（一）单击"对私柜台"，进入对私业务画面。

（二）单击柜台"受理新业务"牌，查看实验进度。选择需要完成的业务名称，单击右侧的"开始"按钮，进入该业务操作。系统提示客户需求以及受理业务成功。

（三）单击"桌面凭证"，查看客户提交的凭证。

注：存折蓄存应提交储蓄存折；一本通蓄存应递交活期一本通；卡蓄存应提交借记卡。

（四）单击操作界面的"点钞机"，点明客户递交的钱钞，关闭钱钞窗口。

（五）单击"客户需求"，根据客户递交的凭证和钱钞，判断该题是接受还是拒收。

若单击"拒收",从弹出列表框中勾选拒绝理由后单击"确定"按钮。弹出窗口显示"拒收成功!"。表示该笔业务结束,柜员可以继续受理下笔业务。

(六) 单击"接受"后,系统提示已成功接受业务,柜员回到对私柜台业务画面进行下一步操作。

(七) 单击"计算机",进入系统操作菜单,按"~"键,输入交易码"1001",按"Enter"键,进入"活期续存"[1001]黑画面中,按要求填写各项。

(八) 按要求输入完成各项后,按"+"加号键,提示操作成功。

(九) 单击"客户",弹出"请客户签字",进入请客户签字界面。

(十) 在左侧选择需要客户签字的单据,在下拉表中选择"请客户签字",系统自动作签字处理,将存款凭条递交客户签字。

(十一) 单击对私画面,桌面上的"盖章"图标,进入盖章界面。

(十二) 在左侧选择需要盖章的单据,单击右下角"盖章"按钮,系统自动作盖章处理,分别在存款凭条凭证联和回单联上盖章。

(十三) 再次单击"桌面凭证",进入单据提交客户界面。单击每张单据,可以查看具体的盖章情况。

(十四) 在左侧选择框中选中要递交的单据,在下拉列表中选择"递交客户",单击"确定"按钮后,系统提示"单据递交成功!"。

注:存折续存将储蓄存折和存款凭条回单联递交客户;一本通续存将活期一本通和存款凭条回单联递交客户;卡续存将借记卡和存款凭条回单联递交客户。

(十五) 继续在左侧选择框中选中要归入单据箱的单据,在下拉列表中选择"凭证归入单据箱",单击"确定"按钮后,系统提示"桌面无凭证!",然后将存款凭条凭证联归入单据箱中。

(十六) 进入对私画面,单击"桌面钱钞",输入需要收归财务箱的钱钞数量,单击"归入财务箱"按钮。

(十七) 单击对私画面右侧的"查看操作记录",可以查看到当前柜员所有的实验记录。

(十八) 当所操作确认结束后,单击"结束业务",系统提示"成功结束业务",并进行自动评分。

项目活动三　活期储蓄账户对转操作步骤

(一) 单击"对私柜台",进入对私业务画面。

(二) 单击柜台"受理新业务"牌,查看实验进度。选择需要完成的业务名称,单击右侧的"开始"按钮,进入该业务操作。系统提示客户需求以及受理业务成功。

注:活期账户对转包括储蓄存折转至储蓄存折和借记卡转至储蓄存折,单击"桌面凭证"查看客户提交的凭证。储蓄存折转至储蓄存折时,将提交一张储蓄存折;卡转至储蓄存折时,将提交一张借记卡。

(三) 单击"客户需求",根据客户递交的凭证,判断该题是接受还是拒收。若单击"拒收",从弹出列表框中勾选拒绝理由后单击"确定"按钮。弹出窗口显示"拒收成功!"。表示该笔业务结束,柜员可以继续受理下笔业务。

(四) 单击"接受"后,系统提示已成功接受业务,柜员回到对私柜台业务画面进行下一步操作。

（五）单击"计算机"，进入系统操作菜单，按"~"键，输入交易码"1001"。

（六）按"Enter"键，进入"活期续存"[1001]黑画面中，按要求填写，按要求输入完成各项后，按"+"加号键，提示操作成功。

（七）单击"客户"，弹出"请客户签字"，进入请客户签字界面。

（八）在左侧选择需要客户签字的单据，在下拉表中选择"请客户签字"，系统自动作签字处理。将转账凭条递交客户签字。

（九）单击对私画面，桌面上的"盖章"图标，进入盖章界面。在左侧选择需要盖章的单据，单击右下角"盖章"按钮，系统自动作盖章处理。

（十）再次单击"桌面凭证"，进入单据提交客户界面。单击每张单据，可以查看具体的盖章情况。

（十一）在左侧选择框中选中要递交的单据，在下拉列表中选择"递交客户"，单击"确定"按钮后，系统提示"单据递交成功！"，储蓄存折转至储蓄存折将存折和转账凭条回单联递交客户，卡转至储蓄存折将借记卡和转账凭条回单联递交客户。

（十二）继续在左侧选择框中选中要放入单据箱的单据，在下拉列表中选择"凭证归入单据箱"，单击"确定"按钮后，系统提示"桌面无凭证！"，然后将转账凭条中的凭证联归入单据箱中。

（十三）单击对私画面右侧的"查看操作记录"，可以查看到当前柜员所有的实验记录。

（十四）当所操作确认结束后，单击"结束业务"，系统提示"成功结束业务"，并进行自动评分。

项目活动四　活期储蓄存款账户支取操作步骤

（一）单击"对私柜台"，进入对私业务画面。

（二）单击柜台"受理新业务"牌，查看实验进度。选择需要完成的业务名称，单击右侧的"开始"按钮，进入该业务操作。系统提示客户需求以及受理业务成功。

（三）单击"桌面凭证"查看客户提交的凭证。

（四）单击"客户需求"，根据客户提交的凭证，判断是该接受还是拒收。若单击"拒收"，从弹出列表框中勾选拒绝理由后单击"确定"按钮，弹出窗口显示"拒收成功！"。表示该笔业务结束，柜员可以继续受理下笔业务。

（五）单击"接受"后，系统提示已成功接受业务，柜员回到对私柜台业务画面进行下一步操作。

（六）单击"计算机"，进入系统操作菜单，按"~"键，输入交易码"1002"。

（七）按"Enter"键，进入"活期支取"[1002]黑画面中，按要求填写，按要求输入完成各项后，按"+"加号键，提示操作成功。

（八）单击"客户"，弹出"请客户签字"，进入请客户签字界面。

（九）在左侧选择需要客户签字的单据，在下拉表中选择"请客户签字"，系统自动作签字处理，然后将取款凭条递交客户签字。

（十）单击对私画面，桌面上的"盖章"图标，进入盖章界面。

（十一）在左侧选择需要盖章的单据，单击右下角"盖章"按钮，系统自动作盖章处理。

注：储蓄存折支取、活期一本通支取、卡支取都是将取款凭条递交盖章，大额存折支取

和大额卡支取是要将取款凭条和大额现金支取登记审批表第一联和第二联递交盖章。

（十二）再次单击"桌面凭证"，进入单据提交客户界面。单击每张单据，可以查看具体的盖章情况。

（十三）在左侧选择框中选中要递交的单据，在下拉列表中选择"递交客户"，单击"确定"按钮后，系统提示"单据递交成功！"。

注：存折支取应将储蓄存折和取款凭条回单联递交客户，一本通支取应将一本通和取款凭条回单联递交客户，卡支取应将借记卡和取款凭条回单联递交客户，大额存折支取应将储蓄存折、取款凭条回单联和身份证递交客户，大额卡支取应将借记卡、取款凭条回单联和身份证递交客户。

（十四）进入对私画面，单击桌上财务箱，再单击进入"钱钞"界面，输入所取现金数量，单击"取出"按钮。

（十五）单击桌面点钞机进行点钞，自动进入"桌面钱钞"界面，再次输入所取钱钞数量，单击"递交客户"按钮，弹出"递交客户完成"。

（十六）再次进入桌面凭证界面，继续在左侧选择框中选中要归入单据箱的单据，在下拉列表中选择"凭证放入单据箱"，单击"确定"按钮后，系统提示"桌面无凭证！"。

注：储蓄存折支取、活期一本通支取、卡支取都是将取款凭条凭证联归入"单据箱"，大额存折(卡)支取都是要将取款凭条凭证联和大额现金支取登记审批表第一联和第二联归入单据箱。

（十七）单击对私画面右侧的"查看操作记录"，可以查看到当前柜员所有的实验记录。

（十八）当所操作确认结束后，单击"结束业务"，系统提示"成功结束业务"，并进行自动评分。

项目活动五　活期储蓄存款账户结清操作步骤

（一）单击"对私柜台"，进入对私业务画面。

（二）单击柜台"受理新业务"牌，查看实验进度。选择需要完成的业务名称，单击右侧的"开始"按钮，进入该业务操作。系统提示客户需求以及受理业务成功。

注：活期存款账户结清包括储蓄存折结清、活期一本通结清。

（三）单击"桌面凭证"查看客户提交的凭证。储蓄存折结清应递交储蓄存折，活期一本通结清应递交活期一本通。

（四）单击"客户需求"，根据客户提交的凭证，判断是该接受还是拒收。

若单击"拒收"，从弹出列表框中勾选拒绝理由后单击"确定"按钮，弹出窗口显示"拒收成功！"。表示该笔业务结束，柜员可以继续受理下笔业务；若单击"接受"后，系统提示已成功接受业务，柜员回到对私柜台业务画面进行下一步操作。

（五）单击"计算机"，进入系统操作菜单，按"~"键，输入交易码"1012"。

（六）按"Enter"键，进入"活期账户结清"[1012]黑画面中，按要求填写，按要求输入完成各项后，按"+"加号键，提示操作成功。

（七）单击"客户"，会弹出"请客户签字"，进入请客户签字界面。

（八）在左侧选择需要客户签字的单据，在下拉表中选择"请客户签字"，系统自动作签字处理，将取款凭条递交客户签字。

（九）单击对私画面，桌面上的"盖章"图标，进入盖章界面。在左侧选择需要盖章的单据，单击右下角"盖章"按钮，系统自动作盖章处理。将取款凭条和存款利息清单进行盖章(会分别生成取款凭条凭证联和回单联，存款利息清单凭证联和回单联)。

（十）再次单击"桌面凭证"，进入单据提交客户界面。单击每张单据，可以查看具体的盖章情况。

（十一）在左侧选择框中选中要递交的单据，在下拉列表中选择"递交客户"，单击"确定"按钮后，系统提示"单据递交成功！"。储蓄存折结清应将储蓄存款存折、取款凭条回单联和存款利息清单回单联递交客户；活期一本通结清应将一本通、取款凭条回单联和存款利息清单回单联递交客户。

（十二）进入对私画面，单击桌上财务箱，再单击进入"钱钞"界面，按照存款利息清单的应付本息输入所取现金数量，单击"取出"按钮。

（十三）单击桌面点钞机进行点钞，自动进入桌面钱钞界面，再次输入所取钱钞数量，单击"递交客户"按钮，弹出"递交客户完成"。

（十四）再次进入桌面凭证界面，继续在左侧选择框中选中要归入单据箱的单据，在下拉列表中选择"凭证归入单据箱"，单击"确定"按钮后，系统提示"桌面无凭证！"。将取款凭条的凭证联和存款利息清单的凭证联归入单据箱。

（十五）单击对私画面右侧的"查看操作记录"，可以查看到当前柜员所有的实验记录。

（十六）当所操作确认结束后，单击"结束业务"，系统提示"成功结束业务"，并进行自动评分。

项目活动六　活期储蓄存款账户销户操作步骤

（一）单击"对私柜台"，进入对私业务画面。

（二）单击柜台"受理新业务"牌，查看实验进度。选择需要完成的业务名称，单击右侧的"开始"按钮，进入该业务操作。系统提示客户需求以及受理业务成功。

（三）单击"桌面凭证"查看客户提交的凭证。储蓄存折销户应提交储蓄存折，活期一本通销户应递交一本通。

（四）单击"客户需求"，根据客户提交的凭证，判断是该接受还是拒收。

若单击"拒收"，从弹出列表框中勾选拒绝理由后单击"确定"按钮，弹出窗口显示"拒收成功！"。表示该笔业务结束，柜员可以继续受理下笔业务。

若单击"接受"后，系统提示已成功接受业务，柜员回到对私柜台业务画面进行下一步操作。

（五）单击"计算机"，进入系统操作菜单，按"~"键，输入交易码"1013"。

（六）按"Enter"键，进入"活期销折"[1013]黑画面中，按要求填写，按要求输入完成各项后，按"+"加号键，提示操作成功。

（七）然后单击"客户"，会弹出"请客户签字"，进入请客户签字界面。

（八）在左侧选择需要客户签字的单据，在下拉表中选择"请客户签字"，系统自动作签字处理。

注：将取款凭条递交客户签字。

（九）单击对私画面，桌面上的"盖章"图标，进入盖章界面。

（十）在左侧选择需要盖章的单据，单击右下角"盖章"按钮，系统自动作盖章处理。储蓄存折销户要将存折和取款凭条进行盖章；活期一本通销户要将一本通和取款凭条经行盖章(会生成取款凭条凭证联和回单联)。

(十一) 再次单击"桌面凭证"，进入单据提交客户界面。单击每张单据，可以查看具体的盖章情况。

(十二) 在左侧选择框中选中要递交的单据，在下拉列表中选择"递交客户"，单击"确定"按钮后，系统提示"单据递交成功!"，将取款凭条的回单联递交客户。

(十三) 继续在左侧选择框中选中要归入单据箱的单据，在下拉列表中选择"凭证归入单据箱"，单击"确定"按钮后，系统提示"桌面无凭证!"。

注：储蓄存折销户要将存折和取款凭条的凭证联放入单据箱，活期一本通要将一本通和取款凭条的凭证联归入单据箱。

(十四) 单击对私画面右侧的"查看操作记录"，可以查看到当前柜员所有的实验记录。

(十五) 当所操作确认结束后，单击"结束业务"，系统提示"成功结束业务"，并进行自动评分。

项目活动七　整存整取定期储蓄存款开户操作步骤

(一) 单击"对私柜台"，进入对私业务画面。

(二) 单击柜台"受理新业务"牌，查看实验进度。选择需要完成的业务名称，开立整存整取存款户，单击右侧的"开始"按钮，进入该业务操作。系统提示客户需求以及受理业务成功(可以选择整存整取存单或定期一本通开户)。

(三)单击"桌面凭证"查看客户提交的凭证。单击操作界面的"点钞机"，点明客户递交的钱钞(存单或定期一本通开户时，客户需要递交开户申请书和身份证)。

(四) 单击"客户需求"，根据客户递交的凭证和钱钞，判断该题是接受还是拒收。

若单击"拒收"，从弹出列表框中勾选拒绝理由后单击"确定"按钮。弹出窗口显示"拒收成功!"。表示该笔业务结束，柜员可以继续受理下笔业务。

若单击"接受"后，系统提示已成功接受业务，柜员回到对私柜台业务画面进行下一步操作。

(五) 单击计算机左侧"财务箱"，选择"重空凭证"按钮，弹出重要空白凭证。选择需要取出的凭证，单击右侧的"取出"按钮，系统提示取出成功。

注：开立整存整取存单户时，取出"普通储蓄存单"；开立一本通账户，取出"定期一本通"。

(六) 单击"操作电脑"，进入业务操作界面。按"~"键，输入交易号"1311"。

(七) 按"Enter"键，进入"零存整取开户[1311]"画面操作，按画面要求输入相应数据。全部数据输入后，按"+"加号键，系统提示录入成功的信息。

(八) 单击对私业务画面，桌面上"盖章"图标，进入单据盖章界面。

(九) 在左侧选择需要盖章的单据，单击右下角"盖章"按钮，系统自动作盖章处理。存单开户时需在储蓄开户凭条和个整存整取存单上盖章，一本通开户时只需在储蓄开户凭条上盖章。

(十) 再次单击"桌面凭证"，进入单据提交客户界面。单击每张单据，可以查看具体的盖章情况。

(十一) 在左侧选择框中选中要递交的单据，在下拉列表中选择"递交客户"，单击"确定"按钮后，系统提示"单据递交成功!"，开立整整存单户，需将整存整取存单和客户身份证递还给客户；开立定期一本通，需将定期一本通和客户身份证递还给客户。

（十二）继续在左侧选择框中选中要放入单据箱的单据，在下拉列表中选择"凭证放入单据箱"，单击"确定"按钮后，系统提示"桌面无凭证！"，然后需将开户申请书放入单据箱。

（十三）单击"桌面钱钞"按钮，输入需要收归财务箱的钱钞数量，单击"归入财务箱"按钮。

（十四）单击"查看历史记录"，可以查看当前柜员所有实验操作记录。

（十五）当所操作确认结束后，单击"结束业务"，系统提示"成功结束业务"，并进行自动评分。

项目活动八　定期储蓄存款定期一本通账户续存操作步骤

（一）单击"对私柜台"，进入对私业务画面。

（二）单击柜台"受理新业务"牌，查看实验进度。选择需要完成的业务名称，单击右侧的"开始"按钮，进入该题业务操作。系统提示客户需求以及受理业务成功。

（三）单击"桌面凭证"查看客户提交的凭证。单击操作界面的"点钞机"，点明客户递交的钱钞。

（四）单击"客户需求"，根据客户递交的凭证和钱钞，判断该题是接受还是拒收。

若单击"拒收"，从弹出列表框中勾选拒绝理由后单击"确定"按钮，弹出窗口显示"拒收成功！"。表示该笔业务结束，柜员可以继续受理下笔业务。

若单击"接受"后，系统提示已成功接受业务，柜员回到对私柜台业务画面进行下一步操作。

（五）单击"操作电脑"，进入业务操作界面。按"~"键，输入交易号"1317"。

（六）按"Enter"键，进入"整存整取存款[1317]"画面操作，按画面要求输入相应数据，全部数据输入后，按"+"加号键，系统提示录入成功的信息。

（七）单击办理业务的客户，单击"请客户签字"按钮，在弹出窗口的左侧列表中选择需要客户签字的单据，单击"客户签字"按钮(需在存款凭条上签字)。

（八）单击对私业务画面，桌面上"盖章"图标，进入单据盖章界面。

（九）在左侧选择需要盖章的单据，单击右下角"盖章"按钮，系统自动作盖章处理(需在存款凭条上盖章)。

（十）再次单击"桌面凭证"，进入单据提交客户界面。单击每张单据，可以查看具体的盖章情况。

（十一）在左侧选择框中选中要递交的单据，在下拉列表中选择"递交客户"，单击"确定"按钮后，系统提示"单据递交成功！"，然后需将存款凭条(回单联)和客户定期一本通递还给客户。

（十二）继续在左侧选择框中选中要放入单据箱的单据，在下拉列表中选择"凭证放入单据箱"，单击"确定"按钮后，系统提示"桌面无凭证！"，然后需将开户申请书放入单据箱。

（十三）单击"桌面钱钞"按钮，输入需要收归财务箱的钱钞数量，单击"归入财务箱"按钮。

（十四）单击"查看历史记录"，可以查看当前柜员所有实验操作记录。

（十五）当所操作确认结束后，单击"结束业务"，系统提示"成功结束业务"，并进行自动评分。

项目活动九　整存整取定期储蓄存款支取操作步骤

(一) 单击"对私柜台",进入对私业务画面。

(二) 单击柜台"受理新业务"牌,查看实验进度。选择需要完成的业务名称,单击右侧的"开始"按钮,进入该业务操作。系统提示客户需求以及受理业务成功。

(三) 单击"桌面凭证"查看客户提交的凭证 (客户支取整整存单,需递交整存整取存单,若存单金额超过 5 万元,还需递交大额支取审批登记表)。

(四) 单击"客户需求",根据客户递交的凭证,判断该题是接受还是拒收。

若单击"拒收",从弹出列表框中勾选拒绝理由后单击"确定"按钮,弹出窗口显示"拒收成功!"。表示该笔业务结束,柜员可以继续受理下笔业务;

若单击"接受"后,系统提示已成功接受业务,柜员回到对私柜台业务画面进行下一步操作。

(五) 单击"操作电脑",进入业务操作界面。按"~"键,输入交易号"1313"。

(六) 按"Enter"键,进入"整存整取支取(存单)[1313]"画面操作,按画面要求输入相应数据。

(七) 全部数据输入后,按"+"加号键,系统提示录入成功的信息。

(八) 点对私业务画面,桌面上"盖章"图标,进入单据盖章界面。

(九) 在左侧选择需要盖章的单据,单击右下角"盖章"按钮,系统自动作盖章处理(需要盖章的单据有存款利息清单、整存整取存单;如果是大额支取时,还需在大额支取登记表上盖章)。

(十) 再次单击"桌面凭证",进入单据提交客户界面。单击每张单据,可以查看具体的盖章情况。

(十一) 在左侧选择框中选中要递交的单据,在下拉列表中选择"递交客户",单击"确定"按钮后,系统提示"单据递交成功!",然后将存款利息清单(回单联)递交给客户。

(十二) 单击计算机左侧的"财务箱",选择"钱钞"按钮,输入需要递交给客户的钱钞数值,单击"取出"按钮。

(十三) 单击桌面"点钞机",确认从财务箱中取出的钱钞数值,并输入需要递交给客户的钱钞数额,单击"递交客户"按钮。

(十四) 继续单击桌面凭证在左侧选择框中选中要放入单据箱的单据,在下拉列表中选择"凭证放入单据箱",单击"确定"按钮后,系统提示"桌面无凭证!",然后应将存款利息清单(凭证联)、整存整取存单归入单据箱;如果是大额支取时,还需将大额现金支取登记表归入单据箱。

(十五) 单击"查看历史记录",可以查看当前柜员所有实验操作记录。

(十六) 当所操作确认结束后,单击"结束业务",系统提示"成功结束业务",并进行自动评分。

项目活动十　整存整取定期储蓄存款部分支取操作步骤

(一) 单击"对私柜台",进入对私业务画面。

(二) 单击柜台"受理新业务"牌,查看实验进度。选择需要完成的业务名称,单击右侧

的"开始"按钮，进入该业务操作。系统提示客户需求以及受理业务成功。

(三) 单击"桌面凭证"查看客户提交的凭证(客户递交整存整取存单)。

(四) 单击"客户需求"，根据客户递交的凭证，判断该题是接受还是拒收。

若单击"拒收"，从弹出列表框中勾选拒绝理由后单击"确定"按钮，弹出窗口显示"拒收成功！"。表示该笔业务结束，柜员可以继续受理下笔业务。

若单击"接受"后，系统提示已成功接受业务，柜员回到对私柜台业务画面进行下一步操作。

(五) 单击计算机左侧"财务箱"，选择"重空凭证"按钮，弹出重要空白凭证。选择需要取出的凭证，单击右侧的"取出"按钮。系统提示取出成功。

注：部分支取时，取出新"空白存单"，需将剩余的钱重新存入。

(六) 单击"操作电脑"，进入业务操作界面。按"~"键，输入交易号"1313"。

(七) 按"Enter"键，进入"整存整取支取(存单)[1313]"画面操作，按画面要求输入相应数据。

(八) 全部数据输入后，按"+"加号键，系统提示录入成功的信息。

(九) 单击对私业务画面，桌面上"盖章"图标，进入单据盖章界面。

(十) 在左侧选择需要盖章的单据，单击右下角"盖章"按钮，系统自动作盖章处理(需要盖章的单据有存款利息清单、旧整存整取存单、新整存整取存单)。

(十一) 再次单击"桌面凭证"，进入单据提交客户界面。单击每张单据，可以查看具体的盖章情况。

(十二) 单击计算机左侧的"财务箱"，选择"钱钞"按钮，输入需要递交给客户的钱钞数值，单击"取出"按钮。

(十三) 单击桌面"点钞机"，确认从财务箱中取出的钱钞数值，并输入需要递交给客户的钱钞数额，单击"递交客户"按钮。

(十四) 继续单击桌面凭证在左侧选择框中选中要放入单据箱的单据，在下拉列表中选择"凭证放入单据箱"，单击"确定"按钮后，系统提示"桌面无凭证！"，然后应将存款利息清单(凭证联)、整存整取存单归入单据箱；如果是大额支取时，还需将大额现金支取登记表归入单据箱。

(十五) 单击"查看历史记录"，可以查看当前柜员所有实验操作记录。

(十六) 当所操作确认结束后，单击"结束业务"，系统提示"成功结束业务"，并进行自动评分。

项目活动十一 零存整取定期储蓄存款开户操作步骤

(一) 单击"对私柜台"，进入对私业务画面。

(二) 单击柜台"受理新业务"牌，查看实验进度。选择需要完成的业务名称，单击右侧的"开始"按钮，进入该业务操作。系统提示客户需求以及受理业务成功(零存整取开户包括普通零整开户和教育储蓄开户)。

(三) 单击"桌面凭证"查看客户提交的凭证。单击操作界面的"点钞机"，点明客户递交的钱钞(客户需要递交开户申请书和身份证)。

(四) 单击"客户需求"，根据客户递交的凭证和钱钞，判断该题是接受还是拒收。

若单击"拒收"，从弹出列表框中勾选拒绝理由后单击"确定"按钮，弹出窗口显示"拒收成功！"。表示该笔业务结束，柜员可以继续受理下笔业务。

若单击"接受"后，系统提示已成功接受业务，柜员回到对私柜台业务画面进行下一步操作。

(五) 单击计算机左侧"财务箱"，选择"重空凭证"按钮，弹出重要空白凭证。选择需要取出的凭证，单击右侧的"取出"按钮。系统提示取出成功(取出"空白储蓄存款存折")。

(六) 单击"操作电脑"，进入业务操作界面。按"~"键，输入交易号"1511"。

(七) 按"Enter"键，进入"零存整取开户[1511]"画面操作，按画面要求输入相应数据，全部数据输入后，按"+"加号键，系统提示录入成功的信息。

(八) 单击对私业务画面，桌面上"盖章"图标，进入单据盖章界面。

(九) 在左侧选择需要盖章的单据，单击右下角"盖章"按钮，系统自动作盖章处理(需在储蓄开户凭条和储蓄存款存折上盖章)。

(十) 再次单击"桌面凭证"，进入单据提交客户界面。单击每张单据，可以查看具体的盖章情况。

(十一) 在左侧选择框中选中要递交的单据，在下拉列表中选择"递交客户"，单击"确定"按钮后，系统提示"单据递交成功！"，然后需将储蓄存款存折和客户身份证递还给客户。

(十二) 单击"桌面钱钞"按钮，输入需要收归财务箱的钱钞数量，单击"归入财务箱"按钮。

(十三) 单击"桌面凭证"，继续在左侧选择框中选中要放入单据箱的单据，在下拉列表中选择"凭证放入单据箱"，单击"确定"按钮后，系统提示"桌面无凭证！"，然后需将开户申请书放入单据箱。

(十四) 单击"查看历史记录"，可以查看当前柜员所有实验操作记录。

(十五) 当所操作确认结束后，单击"结束业务"，系统提示"成功结束业务"，并进行自动评分。

项目活动十二　零存整取定期储蓄存款开户操作步骤

(一) 单击"对私柜台"，进入对私业务画面。

(二) 单击柜台"受理新业务"牌，查看实验进度。选择需要完成的业务名称，单击右侧的"开始"按钮，进入该业务操作。系统提示客户需求以及受理业务成功(包括普通零整续存和教育储蓄续存)。

(三) 单击"桌面凭证"查看客户提交的凭证。单击操作界面的"点钞机"，点明客户递交的钱钞(客户需要递交储蓄存折和身份证)。

(四) 单击"客户需求"，根据客户递交的凭证和钱钞，判断该题是接受还是拒收。

若单击"拒收"，从弹出列表框中勾选拒绝理由后单击"确定"按钮，弹出窗口显示"拒收成功！"。表示该笔业务结束，柜员可以继续受理下笔业务。

若单击"接受"后，系统提示已成功接受业务，柜员回到对私柜台业务画面进行下一步操作。

(五) 单击"操作电脑"，进入业务操作界面。按"~"键，输入交易号"1501"。

(六) 按"Enter"键，进入"零存整取续存[1501]"画面操作，按画面要求输入相应数据。

(七) 全部数据输入后，按"+"加号键，系统提示录入成功的信息。

(八) 单击办理业务的客户，单击"请客户签字"按钮，在弹出窗口的左侧列表中选择需要客户签字的单据，单击"客户签字"按钮(需在存款凭条上签字)。

(九) 单击对私业务画面，桌面上"盖章"图标，进入单据盖章界面。

(十) 在左侧选择需要盖章的单据，单击右下角"盖章"按钮，系统自动作盖章处理(需在存款凭条上盖章)。

(十一) 再次单击"桌面凭证"，进入单据提交客户界面。单击每张单据，可以查看具体的盖章情况。

(十二) 在左侧选择框中选中要递交的单据，在下拉列表中选择"递交客户"，单击"确定"按钮后，系统提示"单据递交成功！"，然后需将通知存款存单和客户身份证递还给客户。

(十三) 继续在左侧选择框中选中要放入单据箱的单据，在下拉列表中选择"凭证放入单据箱"，单击"确定"按钮后，系统提示"桌面无凭证！"，然后需将开户申请书放入单据箱。

(十四) 单击"桌面钱钞"按钮，输入需要收归财务箱的钱钞数量，单击"归入财务箱"按钮。

(十五) 单击"查看历史记录"，可以查看当前柜员所有实验操作记录。

(十六) 当所操作确认结束后，单击"结束业务"，系统提示"成功结束业务"，并进行自动评分。

项目活动十三　零存整取定期储蓄存款销户操作步骤

(一) 单击"对私柜台"，进入对私业务画面。

(二) 单击柜台"受理新业务"牌，查看实验进度。选择需要完成的业务名称，单击右侧的"开始"按钮，进入该业务操作。系统提示客户需求以及受理业务成功。

(三) 单击"桌面凭证"查看客户提交的凭证。

注：客户需递交储蓄存款存折，若为教育储蓄销户时，还需提交学校教育证明的第二联和第三联。

(四) 单击"客户需求"，根据客户递交的凭证，判断该题是接受还是拒收。

若单击"拒收"，从弹出列表框中勾选拒绝理由后单击"确定"按钮，弹出窗口显示"拒收成功！"表示该笔业务结束，柜员可以继续受理下笔业务。

若单击"接受"后，系统提示已成功接受业务，柜员回到对私柜台业务画面进行下一步操作。

(五) 单击"操作电脑"，进入业务操作界面。按"~"键，输入交易号"1512"。

(六) 按"Enter"键，进入"零存整取销户[1512]"画面操作，按画面要求输入相应数据，全部数据输入后，按"+"加号键，系统提示录入成功的信息。

(七) 单击办理业务的客户，单击"请客户签字"按钮。

(八) 在弹出窗口的左侧列表中选择需要客户签字的单据，单击"客户签字"按钮(需在取款凭条上签字)。

(九) 单击对私业务画面，桌面上"盖章"图标，进入单据盖章界面。

(十) 在左侧选择需要盖章的单据，单击右下角"盖章"按钮，系统自动作盖章处理(需要盖章的单据有存款利息清单、储蓄存款存折、取款凭条)。

（十一）再次单击"桌面凭证"，进入单据提交客户界面。单击每张单据，可以查看具体的盖章情况。

（十二）在左侧选择框中选中要递交的单据，在下拉列表中选择"递交客户"，单击"确定"按钮后，系统提示"单据递交成功！"，然后将取款凭条(回单联)、存款利息清单(回单联)递交给客户。

（十三）单击计算机左侧的"财务箱"，选择"钱钞"按钮，输入需要递交给客户的钱钞数值，单击"取出"按钮。

（十四）单击桌面"点钞机"，确认从财务箱中取出的钱钞数值，并输入需要递交给客户的钱钞数额，单击"递交客户"按钮。

（十五）继续单击桌面凭证在左侧选择框中选中要放入单据箱的单据，在下拉列表中选择"凭证放入单据箱"，单击"确定"按钮后，系统提示"桌面无凭证！"，然后应将存款利息清单(凭证联)、储蓄存款存折、取款凭条(凭证联)归入单据箱；如果是教育储蓄销户，还应将学校教育证明(第二联)、学校教育证明(第三联)归入单据箱。

（十六）单击"查看历史记录"，可以查看当前柜员所有实验操作记录。

（十七）当所操作确认结束后，单击"结束业务"，系统提示"成功结束业务"，并进行自动评分

项目活动十四 个人通知存款开户操作步骤

（一）单击"对私柜台"，进入对私业务画面。

（二）单击柜台"受理新业务"牌，查看实验进度。选择需要完成的业务名称，单击右侧的"开始"按钮，进入该业务操作。系统提示客户需求以及受理业务成功。

（三）单击"桌面凭证"查看客户提交的凭证。单击操作界面的"点钞机"，点明客户递交的钱钞(个人通知存款开户时，客户需要递交开户申请书和身份证)。

（四）单击"客户需求"，根据客户递交的凭证和钱钞，判断该题是接受还是拒收。

若单击"拒收"，从弹出的列表框中勾选拒绝理由后单击"确定"按钮，弹出窗口显示"拒收成功！"。表示该笔业务结束，柜员可以继续受理下笔业务。

若单击"接受"后，系统提示已成功接受业务，柜员回到对私柜台业务画面进行下一步操作。

（五）单击计算机左侧"财务箱"，选择"重空凭证"按钮，弹出重要空白凭证。选择需要取出的凭证，单击右侧的"取出"按钮。系统提示取出成功(个人通知存款开户时，取出"普通储蓄存单"。)

（六）单击"操作电脑"，进入业务操作界面。按"~"键，输入交易号"1911"。

（七）按"Enter"键，进入"通知存款开户[1911]"画面操作，按画面要求输入相应数据，全部数据输入后，按"+"加号键，系统提示录入成功的信息。

（八）单击对私业务画面，桌面上"盖章"图标，进入单据盖章界面。

（九）在左侧选择需要盖章的单据，单击右下角"盖章"按钮，系统自动作盖章处理(需在储蓄开户凭条和个人通知存款储蓄存单上盖章)。

（十）再次单击"桌面凭证"，进入单据提交客户界面。单击每张单据，可以查看具体的盖章情况。

(十一) 在左侧选择框中选中要递交的单据，在下拉列表中选择"递交客户"，单击"确定"按钮后，系统提示"单据递交成功！"，然后需将通知存款存单和客户身份证递还给客户。

(十二) 继续在左侧选择框中选中要放入单据箱的单据，在下拉列表中选择"凭证放入单据箱"，单击"确定"按钮后，系统提示"桌面无凭证！"，然后需将开户申请书放入单据箱。

(十三) 单击"桌面钱钞"按钮，输入需要收归财务箱的钱钞数量，单击"归入财务箱"按钮。

(十四) 单击"查看历史记录"，可以查看当前柜员所有实验操作记录。

(十五) 当所操作确认结束后，单击"结束业务"，系统提示"成功结束业务"，并进行自动评分。

项目活动十五　个人通知存款通知支取操作步骤

(一) 单击"对私柜台"，进入对私业务画面。

(二) 单击柜台"受理新业务"牌，查看实验进度。选择需要完成的业务名称——通知支取通知，单击右侧的"开始"按钮，进入该业务操作。系统提示客户需求以及受理业务成功。

(三) 单击"桌面凭证"查看客户提交的凭证(办理通知支取通知时客户需递交身份证和个人通知存款储蓄存单)。

(四) 单击"客户需求"，根据客户递交的凭证，判断该题是接受还是拒收。

若单击"拒收"，从弹出列表框中勾选拒绝理由后单击"确定"按钮，弹出窗口显示"拒收成功！"。表示该笔业务结束，柜员可以继续受理下笔业务。

若单击"接受"后，系统提示已成功接受业务，柜员回到对私柜台业务画面进行下一步操作。

(五) 单击"操作电脑"，进入业务操作界面。按"~"键，输入交易号"1910"。

(六) 按"Enter"键，进入"通知存款通知/撤销[1910]"画面操作，按画面要求输入相应数据，全部数据输入后，按"+"加号键，系统提示录入成功的信息。

(七) 单击办理业务的客户，单击"请客户签字"按钮。

(八) 在弹出窗口的左侧列表中选择需要客户签字的单据，单击"客户签字"按钮(需在通知存款通知书(第一联)、通知存款通知书(第二联)签字)。

(九) 单击对私业务画面，桌面上"盖章"图标，进入单据盖章界面。

(十) 在左侧选择需要盖章的单据，单击右下角"盖章"按钮，系统自动作盖章处理(需要盖章的单据有通知存款通知书第一联、通知存款通知书第二联)。

(十一) 再次单击"桌面凭证"，进入单据提交客户界面。单击每张单据，可以查看具体的盖章情况。

(十二) 在左侧选择框中选中要递交的单据，在下拉列表中选择"递交客户"，单击"确定"按钮后，系统提示"单据递交成功！"(办理通知支取通知时，需将身份证、个人通知存款储蓄存单、通知存款通知书第一联递交给客户)。

(十三) 继续在左侧选择框中选中要放入单据箱的单据，在下拉列表中选择"凭证放入单据箱"，单击"确定"按钮后，系统提示"桌面无凭证！"(办理通知支取通知时，需将通知存款通知书(第二联)归入单据箱)。

(十四) 单击"查看历史记录"，可以查看当前柜员所有实验操作记录。

(十五) 当所操作确认结束后，单击"结束业务"，系统提示"成功结束业务"，并进行自动评分。

项目活动十六　个人通知存款支取操作步骤

(一) 单击"对私柜台"，进入对私业务画面。

(二) 单击柜台"受理新业务"牌，查看实验进度。选择需要完成的业务名称，单击右侧的"开始"按钮，进入该业务操作。系统提示客户需求以及受理业务成功。

(三) 单击"桌面凭证"查看客户提交的凭证(客户需递交身份证、个人通知存款储蓄存单、通知存款通知书第一联和大额现金支取登记审批表)。

(四) 单击"客户需求"，根据客户递交的凭证，判断该题是接受还是拒收。

若单击"拒收"，从弹出列表框中勾选拒绝理由后单击"确定"按钮，弹出窗口显示"拒收成功!"。表示该笔业务结束，柜员可以继续受理下笔业务。

若单击"接受"后，系统提示已成功接受业务，柜员回到对私柜台业务画面进行下一步操作。

(五) 单击"专夹保管箱"，取出历史凭证。单击凭证名称右侧的下拉键，从列表中选择需要取出的凭证，单击"取出"按钮(需要取出的凭证是通知存款通知书第二联)。

(六) 单击计算机左侧"财务箱"，选择"重空凭证"按钮，弹出重要空白凭证。选择需要取出的凭证，单击右侧的"取出"按钮。系统提示取出成功(当通知存款部分支取的时候需要取出新的"空白存单"。如果是全部支取，则这一步骤可以省略)。

(七) 单击"操作电脑"，进入业务操作界面。按"~"键，输入交易号"1902"。

(八) 按"Enter"键，进入"通知存款支取[1902]"画面操作，按画面要求输入相应数据，全部数据输入后，按"+"加号键，系统提示录入成功的信息。

(九) 单击对私业务画面，桌面上"盖章"图标，进入单据盖章界面。

(十) 在左侧选择需要盖章的单据，单击右下角"盖章"按钮，系统自动作盖章处理(需要盖章的单据有存款利息清单、个人通知存款储蓄存单、通知存款通知书第一联、通知存款通知书第二联、大额现金支取登记审批表第一联、大额现金支取登记审批表第二联。如果是部分支取，还需选择新个人通知存款储蓄存单进行盖章)。

(十一) 再次单击"桌面凭证"，进入单据提交客户界面。单击每张单据，可以查看具体的盖章情况。

(十二) 在左侧选择框中选中要递交的单据，在下拉列表中选择"递交客户"，单击"确定"按钮后，系统提示"单据递交成功!"(全额支取时，需将身份证、存款利息清单回单联、大额现金支取登记审批表第二联递交给客户；部分支取时，还需将新个人通知存款储蓄存单递交给客户)。

(十三) 继续在左侧选择框中选中要放入单据箱的单据，在下拉列表中选择"凭证放入单据箱"，单击"确定"按钮后，系统提示"桌面无凭证!"(办理通知支取时，需将应存存款利息清单凭证联、个人通知存款储蓄存单、通知存款通知书第一联、通知存款通知书第二联、大额现金支取登记审批表第一联归入单据箱)。

(十四) 单击计算机左侧的"财务箱"，选择"钱钞"按钮，输入需要递交给客户的钱钞数值，单击"取出"按钮。

(十五) 单击桌面"点钞机"，确认从财务箱中取出的钱钞数值，并输入需要递交给客户的钱钞数额，单击"递交客户"按钮。

(十六) 继续单击桌面凭证在左侧选择框中选中要放入单据箱的单据，在下拉列表中选择"凭证放入单据箱"，单击"确定"按钮后，系统提示"桌面无凭证！"(办理通知支取时，需将应将存款利息清单凭证联、个人通知存款储蓄存单、通知存款通知书第一联、通知存款通知书第二联、大额现金支取登记审批表第一联归入单据箱)。

(十七) 单击"查看历史记录"，可以查看当前柜员所有实验操作记录。

(十八) 当所操作确认结束后，单击"结束业务"，系统提示"成功结束业务"，并进行自动评分。

工作任务三　对公存款业务操作

【基础知识】

一、对公存款的种类

对公存款是指机关、团体、企业、事业单位、个体工商户、院校、部队、外国驻华机构等在金融机构的存款，包括活期存款、定期存款以及经中国人民银行批准的其他存款。

二、客户开立对公存款户客户递交的凭证

(一) 法人身份证。

(二) 开立单位银行结算账户申请书(第一联)。

(三) 预留印鉴。

(四) 营业执照(正本)。

(五) 组织机构代码证。

(六) 查验身份证登记表。

(七) 印鉴卡(客户留存)。

(八) 税务登记证(副本)。

(九) 业务专用凭证(第二联)[7101]。

(十) 业务专用凭证(第二联)[2101]。

(十一) 财务主管身份证。

【项目活动】

项目活动一　活期基本存款开户操作步骤

(一) 单击"对公柜台"，进入对公业务画面。

(二) 单击柜台"受理新业务"牌，查看实验进度。选择需要完成的业务名称，单击右侧的"开始"按钮，进入该业务操作。系统提示客户需求以及受理业务成功(选择活期存款开户——基本户)。

(三) 单击"桌面凭证"查看客户提交的凭证(客户应递交法人身份证及复印件，开立单位银行结算账户申请书(共三联)，预留印鉴，营业执照正本及正本复印件，组织机构代码证及复印件，税务登记证副本及副本复印件，查验身份证登记表及复写联，财务主管身份证及复印件)。

（四）单击"客户需求"，根据客户递交的凭证，判断该题是接受还是拒收。

若单击"拒收"，从弹出列表框中勾选拒绝理由后单击"确定"按钮，弹出窗口显示"拒收成功！"。表示该笔业务结束，柜员可以继续受理下笔业务。

若单击"接受"后，系统提示已成功接受业务，柜员回到对公柜台业务画面进行下一步操作。

（五）单击计算机左侧的"财务箱"，选择"重空凭证"，弹出重要空白凭证，选择需要取出的空白凭证，单击右侧的"取出"按钮，系统提示成功取出(应取印鉴卡)。

（六）单击"计算机"，进入系统操作菜单，按"~"键，输入交易码"7101"。

（七）按"Enter"键，进入"公司企业客户信息登记 [7101]"黑画面中，按要求填写各项内容后，按"+"加号键，提示操作成功。

（八）再次单击"计算机"，进入系统操作菜单，按"~"键，输入交易码"2101"。

（九）按"Enter"键，进入"公司企业活期存款开户"[2101]黑画面中，按要求填写各项后，按"+"加号键，提示操作成功。

（十）单击"客户"，弹出"请客户盖章"，进入请客户盖章界面。

（十一）在左侧选择需要客户盖章的单据，在下拉表中选择"请客户盖章"，系统自动作盖章处理(将印鉴卡递交客户盖章)。

（十二）单击对公柜台画面，桌面上的"盖章"图标，进入盖章界面。

（十三）在左侧选择需要盖章的单据，单击右下角"盖章"按钮，系统自动作盖章处理(将开立单位银行结算账户申请书(第一联)、开立单位银行结算账户申请书(第二联)、开立单位银行结算账户申请书(第三联)、查验身份证登记表、查验身份证登记表(复写联)、印鉴卡(银行留存)、印鉴卡(客户留存)、业务专用凭证(第一联)[7101]、业务专用凭证(第二联)[7101]、业务专用凭证(第一联)[2101]、业务专用凭证(第二联)[2101]进行盖章)。

（十四）再次单击"桌面凭证"，进入单据提交客户界面。单击每张单据，可以查看具体的盖章情况。

（十五）在左侧选择框中选中要递交的单据，在下拉列表中选择"递交客户"，单击"确定"按钮后，系统提示"单据递交成功！"(将法人身份证、开立单位银行结算账户申请书(第一联)、预留印鉴、营业执照(正本)、组织机构代码证、税务登记证副本、查验身份证登记表、印鉴卡(客户留存)、业务专用凭证(第二联)[7101]、业务专用凭证(第二联)[2101]、财务主管身份证递交客户)。

（十六）继续在左侧选择框中选中要归入单据箱的单据，在下拉列表中选择"凭证归入单据箱"，单击"确定"按钮后，系统提示"桌面无凭证！"(应将开立单位银行结算账户申请书(第二联)、开立单位银行结算账户申请书(第三联)、营业执照(正本复印件)、组织机构代码证(复印件)、查验身份证登记表(复写联)、法人身份证(复印件)、印鉴卡(银行留存)、税务登记证(副本复印件)、业务专用凭证(第一联)[7101]、业务专用凭证(第一联)[2101]、财务主管身份证(复印件)归入单据箱)。

（十七）单击对公画面右侧的"查看操作记录"，可以查看到当前柜员所有的实验记录。

（十八）当所操作确认结束后，单击"结束业务"，系统提示"成功结束业务"，并进行自动评分。

项目活动二　活期存款销户操作步骤

（一）单击"对公柜台"，进入对公业务画面。

(二) 单击柜台"受理新业务"牌，查看实验进度。选择需要完成的业务名称，单击右侧的"开始"按钮，进入该业务操作。系统提示客户需求以及受理业务成功。

注：选择活期存款销户(入代销账)。

(三) 单击"桌面凭证"查看客户提交的凭证(客户应递交剩余转账支票，进账单两联，支款单及复写联，印鉴卡客户留存联，撤销银行结算账户申请书三联，单位销户申请)。

(四) 单击"客户需求"，根据客户递交的凭证，判断该题是接受还是拒收。

若单击"拒收"，从弹出列表框中勾选拒绝理由后单击"确定"按钮。弹出窗口显示"拒收成功！"。表示该笔业务结束，柜员可以继续受理下笔业务。

若单击"接受"后，系统提示已成功接受业务，柜员回到对公柜台业务画面进行下一步操作。

(五) 单击"计算机"，进入系统操作菜单，按"~"键，输入交易码"7108"。

(六) 按"Enter"键，进入"公司企业客户凭证缴回处理 [7108]"黑画面中，按要求填写各项。

(七) 按要求输入完成各项后，按"+"加号键，提示操作成功。

(八) 再次单击"计算机"，进入系统操作菜单，按"~"键，输入交易码"2102"，按"Enter"键，进入"公司企业活期存款销户[2102]"黑画面中，按要求填写各项。

(九) 按要求输入完成各项后，按"+"加号键，提示操作成功。

(十) 单击对公柜台画面，桌面上的"盖章"图标，进入盖章界面。

(十一) 在左侧选择需要盖章的单据，单击右下角"盖章"按钮，系统自动作盖章处理(将剩余转账支票、进账单(第一联)、进账单(第二联)、支款单、印鉴卡(客户留存)、撤销银行结算账户申请书(第一联)、撤销银行结算账户申请书(第二联)、撤销银行结算账户申请书(第三联)、单位销户申请、支款单(复写联)、业务专用凭证(第一联)[本息清单]、业务专用凭证(第二联)[本息清单]、业务专用凭证(第一联)[入账单]、业务专用凭证(第二联)[入账单]进行盖章)。

(十二) 再次单击"桌面凭证"，进入单据提交客户界面。单击每张单据，可以查看具体的盖章情况。

(十三) 在左侧选择框中选中要递交的单据，在下拉列表中选择"递交客户"，单击"确定"按钮后，系统提示"单据递交成功！"(将进账单(第一联)、进账单(第二联左联)、撤销银行结算账户申请书(第一联)、支款单(复写联)、业务专用凭证(第二联)[本息清单]、业务专用凭证(第二联)[入账单]递交客户)。

(十四) 继续在左侧选择框中选中要归入单据箱的单据，在下拉列表中选择"凭证归入单据箱"，单击"确定"按钮后，系统提示"桌面无凭证！"，然后应将剩余转账支票、进账单(第二联右联)、支款单、印鉴卡(客户留存)、撤销银行结算账户申请书(第二联)、撤销银行结算账户申请书(第三联)、单位销户申请、业务专用凭证(第一联)[本息清单]、业务专用凭证(第一联)[入账单]归入单据箱。

(十五) 单击对公画面右侧的"查看操作记录"，可以查看到当前柜员所有的实验记录。

(十六) 当所操作确认结束后，单击"结束业务"，系统提示"成功结束业务"，并进行自动评分。

项目活动三　定期存款开户步骤

(一) 单击"对公柜台"，进入对公业务画面。

(二) 单击柜台"受理新业务"牌，查看实验进度。选择需要完成的业务名称，单击右侧的"开始"按钮，进入该业务操作。系统提示客户需求以及受理业务成功。

(三) 单击"桌面凭证"，查看客户递交的凭证(客户应递交转账支票)。

(四) 单击"客户需求"，根据客户递交的凭证，判断该题是接受还是拒收。

若单击"拒收"，从弹出列表框中勾选拒绝理由后单击"确定"按钮，弹出窗口显示"拒收成功！"。表示该笔业务结束，柜员可以继续受理下笔业务；

若单击"接受"后，系统提示已成功接受业务，柜员回到对公柜台业务画面进行下一步操作。

(五) 单击计算机左侧的"财务箱"，选择"重空凭证"，弹出重要空白凭证，选择需要取出的空白凭证，单击右侧的"取出"按钮，系统提示成功取出(应取出存款开户证实书)。

(六) 单击"计算机"，进入系统操作菜单，按"~"键，输入交易码"2201"，对于客户递交来的转账支票，可对应操作"对公活期存款账户查询[7104]"查询黑画面中所需输入的客户号。

(七) 按"Enter"键，进入"公司企业定期存款开户"[2201]黑画面中，按要求填写各项后，按"+"加号键，提示操作成功。

(八) 单击"客户"，弹出"请客户盖章"，进入请客户盖章界面。

(九) 在左侧选择需要客户盖章的单据，在下拉表中选择"请客户盖章"，系统自动作盖章处理(将单位定期存款开户证实书(第一联)、单位定期存款开户证实书(第二联)、单位定期存款开户证实书(第三联)和单位定期存款开户证实书(第四联)递交客户进行盖章)。

(十) 单击对公画面，桌面上的"盖章"图标，进入盖章界面。

(十一) 在左侧选择需要盖章的单据，单击右下角"盖章"按钮，系统自动作盖章处理(将转账支票、单位定期存款开户证实书(第一联)、单位定期存款开户证实书(第二联)、单位定期存款开户证实书(第三联)和单位定期存款开户证实书(第四联)进行盖章)。

(十二) 再次单击"桌面凭证"，进入单据提交客户界面。单击每张单据，可以查看具体的盖章情况。

(十三) 在左侧选择框中选中要递交的单据，在下拉列表中选择"递交客户"，单击"确定"按钮后，系统提示"单据递交成功！"。

注：将单位定期存款开户证实书(第一联)递交客户。

(十四) 继续在左侧选择框中选中要归入单据箱的单据，在下拉列表中选择"凭证归入单据箱"，单击"确定"按钮后，系统提示"桌面无凭证！"，然后应将转账支票、单位定期存款开户证实书(第二联)、单位定期存款开户证实书(第三联)和单位定期存款开户证实书(第四联)归入单据箱。

(十五) 单击对公画面右侧的"查看操作记录"，可以查看到当前柜员所有的实验记录。

(十六) 当所操作确认结束后，单击"结束业务"，系统提示"成功结束业务"，并进行自动评分。

项目活动四　定期存款销户操作步骤

(一) 单击"对公柜台"，进入对公业务画面。

(二) 单击柜台"受理新业务"牌，查看实验进度。选择需要完成的业务名称，单击右侧的"开始"按钮，进入该业务操作。系统提示客户需求以及受理业务成功。

(三) 单击"桌面凭证"，查看客户递交的凭证(客户应递交单位定期存款开户证实书)。

(四) 单击"客户需求"，根据客户递交的凭证，判断该题是接受还是拒收。

若单击"拒收"，从弹出的列表框中勾选拒绝理由后单击"确定"按钮。弹出窗口显示"拒收成功！"。表示该笔业务结束，柜员可以继续受理下笔业务。

若单击"接受"后，系统提示已成功接受业务，柜员回到对公柜台业务画面进行下一步操作。

(五) 单击桌面下方的专夹保管箱，进入取出历史凭证界面，在凭证名称的下拉表中选择所要取出的凭证，单击"取出"，系统提示成功取出(应取出历史凭证单位定期存款开户证实书第二联)。

(六) 单击"计算机"，进入系统操作菜单，按"~"键，输入交易码"2202"。

(七) 按"Enter"键，进入"公司企业定期存款支取[2202]"黑画面中，按要求填写各项后，按"+"加号键，提示操作成功。

(八) 单击对公画面，桌面上的"盖章"图标，进入盖章界面。

(九) 在左侧选择需要盖章的单据，单击右下角"盖章"按钮，系统自动作盖章处理(将单位定期存款开户证实书(第一联)、单位定期存款开户证实书(第二联)、业务专用凭证(第一联)[本息清单]、业务专用凭证(第二联)[本息清单]、业务专用凭证(第一联)[入账单]和业务专用凭证(第二联)[入账单]进行盖章)。

(十) 再次单击"桌面凭证"，进入单据提交客户界面。单击每张单据，可以查看具体的盖章情况。

(十一) 在左侧选择框中选中要递交的单据，在下拉列表中选择"递交客户"，单击"确定"按钮后，系统提示"单据递交成功！"，然后应将业务专用凭证(第二联)[本息清单]和业务专用凭证(第二联)[入账单]递交客户。

(十二) 继续在左侧选择框中选中要归入单据箱的单据，在下拉列表中选择"凭证归入单据箱"，单击"确定"按钮后，系统提示"桌面无凭证！"，然后应将单位定期存款开户证实书(第一联)、单位定期存款开户证实书(第二联)、业务专用凭证(第一联)[本息清单]和业务专用凭证(第一联)[入账单]归入单据箱。

(十三) 单击对公画面右侧的"查看操作记录"，可以查看到当前柜员所有的实验记录。

(十四) 当所操作确认结束后，单击"结束业务"，系统提示"成功结束业务"，并进行自动评分。

【课后思考】

1. 一个公司在商业银行能开立多个基本存款账户吗？
2. 单位定期存款在支取时，为什么必须同名划转？

工作任务四　结算业务操作

【基础知识】

一、汇兑业务

(一) 汇兑的概念及分类。汇兑是汇款人委托银行将款项汇给收款人的一种结算方式。

汇兑分为信汇和电汇两种。目前，银行内广泛采用电子报文系统进行汇兑结算，比较普遍的是使用中国现代化支付系统(CNAPS)，该系统是中国人民银行按照我国支付清算需要，并利用现代计算机技术和通信网络自主开发建设的，能够高效、安全处理各银行办理的异地、同城各种支付业务及其资金清算和货币市场交易的资金清算的应用系统。它是各银行和货币市场的公共支付清算平台，是人民银行发挥其金融服务职能的重要的核心支持系统。

(二) 汇兑业务的汇划方式。在汇兑业务中，一般采取现代支付系统发出往账报文及收取来账报文，以进行电子汇兑的汇出及汇入业务。

二、银行本票业务

(一) 银行本票的概念及分类。银行本票是由银行签发的，承诺自己在见票时无条件支付确定的金额给收款人或持票人的票据。银行本票见票即付，当场抵用，付款保证程度高。

银行本票分不定额本票和定额本票。不定额银行本票是指凭证上金额栏是空白的，签发时根据实际需要填写金额(起点金额为 5,000 元)，并用压数机压印金额的银行本票；定额银行本票是指凭证上预先印有定固定面额的银行本票。定额银行本票面额为 1,000 元、5,000 元、10,000 元和 50,000 元。

(二) 银行本票超期结清。本行开户单位持超过提示付款期限本票，在不获付款的情况下，在票据权利时效内向出票银行作出说明，并提供相关证明及有效证件，请求出票银行付款的过程。

(三) 银行本票未用退回。出票行对于本行客户在本行开立的本票，如在提示付款期内，尚未背书及付款，在原付款单位申请下，向出票行做出申请退回的过程。

三、银行汇票业务

(一) 银行汇票的概念及种类。银行汇票是出票银行签发的，由其在见票时按实际结算金额无条件支付给收款人或持票人的票据。

银行汇票根据使用的区域范围分为华东三省一市汇票和全国汇票。银行汇票可以用于单位或个人的各种款项结算。银行汇票可以用于转账，填明"现金"字样的银行汇票也可以用于支取现金。

(二) 银行汇票的开立。申请人需要使用银行汇票，应向签发行提交银行汇票申请书，申请书一式三联，第一联由申请人留存，第二联由申请人加盖预留银行印鉴，个人结算户的申请书第二联应由申请人填写姓名、身份证号码、联系电话等。

(三) 银行汇票超期结清。根据支付结算办法，持票人只能在超过提示付款期限不获付款的情况下，可在票据权利时效内向出票银行作出说明，并提供相关证明及有效证件，请求出票银行付款。

(四) 银行汇票未用退回。出票行对于本行客户在本行开立的银行汇票，如在提示付款期内，尚未背书及付款，在原付款单位申请下，可向出票行做出退回申请。

四、委托收款业务

(一) 委托收款的概念及适用范围。委托收款是收款人委托银行向付款人收取款项的结算方式。单位和个人凭已承兑商业汇票、债券、存单等付款人债务证明办理款项的结算，均可以使用委托收款结算方式。

(二)开办委托收款。委托收款业务中收款人可以是单位或个人，可在同城、异地使用，款项划回方式分邮寄和电报，由收款人自定。注意凭证上记载的收款人与所附债务证明上的债权人是否一致。委托收款凭证附件必须是债务证明。发出的信封需与通信员办好交接。

(三) 委托收款付款。委托收款中的付款是指银行在接到寄来的委托收款凭证及债务证明，并经审查无误之后向收款人办理的付款行为。

非本行受理的托收凭证误寄本行的，应代为转寄。如不能代转寄的，则退回原托收银行。如付款人未经本行批准办理托收承付的，除按规定支付款项外，还应对该付款人按结算金额的 5%给予罚款。如托收凭证第三联未加盖结算专用章或所附单证张数或册数与凭证记载不符，应向收款人开户行查询。

【项目活动】

项目活动一　企业开办电子汇划操作步骤

（一）单击"对公柜台"，进入对公业务画面。

（二）单击柜台"受理新业务"牌，查看实验进度。选择需要完成的业务名称，单击右侧的"开始"按钮，进入该业务操作。系统提示客户需求以及受理业务成功。

注：应选择开办电子汇划。

（三）单击"桌面凭证"，查看客户递交的凭证。

注：客户应递交业务收费凭证(共三联)，电子汇划划付报单(第一联)、电子汇划划付报单(第二联)。

（四）单击"客户需求"，根据客户递交的凭证，判断该题是接受还是拒收。

若单击"拒收"，从弹出列表框中勾选拒绝理由后单击"确定"按钮，弹出窗口显示"拒收成功！"。表示该笔业务结束，柜员可以继续受理下笔业务。

（五）单击"接受"后，系统提示已成功接受业务，柜员回到对公柜台业务画面进行下一步操作。

（六）首先单击"计算机"，进入系统操作菜单，按"~"键，输入交易码[4269]现代支付号表，根据桌面客户递交的"电子汇划报单的汇入行行名称"查询查询汇入行行号。

（七）单击"计算机"，进入系统操作菜单，按"~"键，输入交易码"4205"。

（八）按"Enter"键，进入"公司企业电汇"[4205]黑画面中，按要求填写各项。

注：当凭证上没有显示凭证号码时，黑画面中的凭证号码处填写"00000001"，申请书种类应选择"30 电汇报单"，汇划途径应选择"入行支付系统"。

（九）按要求输入完成各项后，按"+"加号键，提示操作成功。

（十）单击对公画面，桌面上的"盖章"图标，进入盖章界面。

（十一）左侧选择需要盖章的单据，单击右下角"盖章"按钮，系统自动作盖章处理。

注：业务收费凭证(第一联)、业务收费凭证(第二联)、业务收费凭证(第三联)、电子汇划划付报单(第一联)、电子汇划划付报单(第二联)进行盖章。

（十二）再次单击"桌面凭证"，进入单据提交客户界面。单击每张单据，可以查看具体的盖章情况。

（十三）在左侧选择框中选中要递交的单据，在下拉列表中选择"递交客户"，单击"确定"按钮后，系统提示"单据递交成功！"

注：将业务收费凭证(第三联)、电子汇划划付报单(第二联)递交客户。

（十四）继续在左侧选择框中选中要归入单据箱的单据，在下拉列表中选择"凭证归入单据箱"，单击"确定"按钮后，系统提示"桌面无凭证！"

注：应将业务收费凭证(第一联)、业务收费凭证(第二联)、电子汇划划付报单(第一联)归入单据箱。

(十五) 单击对公画面右侧的"查看操作记录",可以查看到当前柜员所有的实验记录。

(十六) 当所操作确认结束后,单击"结束业务",系统提示"成功结束业务",并进行自动评分。

项目活动二 汇兑来账业务操作步骤

(一) 单击"对公柜台",进入对公业务画面。

(二) 单击柜台"受理新业务"牌,查看实验进度。选择需要完成的业务名称,单击右侧的"开始"按钮,进入该业务操作。系统提示受理业务成功。

注:应选择来账确认。

(三) 单击"计算机",进入系统操作菜单,按"~"键,输入交易码"4260"。

(四) 按"Enter"键,进入"电子汇划来账清单查询/打印[4260]"黑画面中,查看来账状况。

(五) 通过移动光标,选择未处理的来账。按"Ctrl+T",系统自动进入"来账人工入账[4242]"或"来账主动退汇[4244]"操作画面,针对对方来账的账号需操作"对公活期存款账户查询[7104]"查询该来账账号所对应的账户名再行决定进行什么处理方式(完全不符选择"落地处理",基本相符选择"人工处理")。

注:"来账人工入账[4242]"黑画面时,如遇需"2落地处理"的来账,在"应入账账号栏位"输入"机构号+币别代号+314020000011"。

(六) 按要求输入完成各项后,按"+"加号键,提示操作成功。按"Esc"键,重新退回4260画面,选择其他未处理账进行重新入账。

(七) 所有入账完成后,单击对公画面,桌面上的"盖章"图标,进入盖章界面。

(八) 在左侧选择需要盖章的单据,单击右下角"盖章"按钮,系统自动作盖章处理。

注:电子汇划划收报单(第一联)、电子汇划划收报单(第二联)、电子汇划划收报单(第三联)、业务专用凭证(第一联)、业务专用凭证(第二联)、电子汇划划付报单(第一联)、电子汇划划付报单(第二联)进行盖章。

(九) 再次单击"桌面凭证",进入单据提交客户界面。单击每张单据,可以查看具体的盖章情况。

(十) 在左侧选择框中选中要归入单据箱的单据,在下拉列表中选择"凭证归入单据箱",单击"确定"按钮后,系统提示"桌面无凭证!"

注:应将电子汇划划收报单(第一联)、电子汇划划收报单(第二联)、电子汇划划收报单(第三联)、业务专用凭证(第一联)、业务专用凭证(第二联)、电子汇划划付报单(第一联)、电子汇划划付报单(第二联)归入单据箱。

(十一) 单击对公画面右侧的"查看操作记录",可以查看到当前柜员所有的实验记录。

(十二) 当所操作确认结束后,单击"结束业务",系统提示"成功结束业务",并进行自动评分。

项目活动三 开立银行本票操作步骤

(一) 单击"对公柜台",进入对公业务画面。

(二) 单击柜台"受理新业务"牌,查看实验进度。选择需要完成的业务名称,单击右侧

的"开始"按钮，进入该业务操作。系统提示客户需求以及受理业务成功。

注：应选择开立本票。

(三) 单击"桌面凭证"，查看客户递交的凭证。

注：客户应递交业务收费凭证(共三联)，本票申请书(共三联)。

(四) 单击"客户需求"，根据客户递交的凭证，判断该题是接受还是拒收。

若单击"拒收"，从弹出列表框中勾选拒绝理由后单击"确定"按钮，弹出窗口显示"拒收成功！"。表示该笔业务结束，柜员可以继续受理下笔业务。

(五) 单击"接受"后，系统提示已成功接受业务，柜员回到对公柜台业务画面进行下一步操作。

(六) 单击计算机左侧的"财务箱"，选择"重空凭证"，弹出重要空白凭证，选择需要取出的空白凭证，单击右侧的"取出"按钮，系统提示成功取出。

注：应取出本票，分为第一联和第二联。

(七) 单击"计算机"，进入系统操作菜单，按"~"键，输入交易码"4408"。

(八) 按"Enter"键，进入"本票开立[4408]"黑画面中，按要求填写各项。

注：当凭证上没有显示凭证号码时，黑画面中的凭证号码处填写"00000001"。

(九) 按要求输入完成各项后，按"+"加号键，提示操作成功。

(十) 再次单击"计算机"，进入系统操作菜单，按"~"键，输入交易码"4009"。

(十一) 按"Enter"键，进入"本票开立[4409]"黑画面中，按要求填写各项。

(十二) 按要求输入完成各项后，按"+"加号键，提示操作成功。

(十三) 单击对公桌面的"压数机"，选择相应的票据进行压数。

注：将本票第一联和本票第二联进行压数。

(十四) 单击对公画面，桌面上的"盖章"图标，进入盖章界面。

(十五) 在左侧选择需要盖章的单据，单击右下角"盖章"按钮，系统自动作盖章处理。

注：将业务收费凭证(第一联)、业务收费凭证(第二联)、业务收费凭证(第三联)、本票(第一联)、本票(第二联)、本票申请书(第一联)、本票申请书(第二联)、本票申请书(第三联)进行盖章。

(十六) 再次单击"桌面凭证"，进入单据提交客户界面。单击每张单据，可以查看具体的盖章情况。

(十七) 在左侧选择框中选中要递交的单据，在下拉列表中选择"递交客户"，单击"确定"按钮后，系统提示"单据递交成功！"

注：将业务收费凭证(第三联)、本票(第二联)、本票申请书(第一联)递交客户。

(十八) 继续在左侧选择框中选中要归入单据箱的单据，在下拉列表中选择"凭证归入单据箱"，单击"确定"按钮后，系统提示"桌面无凭证！"

注：应将业务收费凭证(第一联)、业务收费凭证(第二联)、本票(第一联)、本票申请书(第二联)、本票申请书(第三联)归入单据箱。

(十九) 单击对公画面右侧的"查看操作记录"，可以查看到当前柜员所有的实验记录。

(二十) 当所操作确认结束后，单击"结束业务"，系统提示"成功结束业务"，并进行自动评分。

项目活动四　银行本票超期结清

(一) 单击"对公柜台"，进入对公业务画面。

(二) 单击柜台"受理新业务"牌，查看实验进度。选择需要完成的业务名称，单击右侧的"开始"按钮，进入该业务操作。系统提示客户需求以及受理业务成功。

注：应选择本票超期结清。

(三) 单击"桌面凭证"，查看客户递交的凭证。

注：客户应递交进账单第一联和第二联，本票第二联，单位书面说明。

(四) 单击"客户需求"，根据客户递交的凭证，判断该题是接受还是拒收。若单击"拒收"，从弹出列表框中勾选拒绝理由后单击"确定"按钮，弹出窗口显示"拒收成功！"。表示该笔业务结束，柜员可以继续受理下笔业务。

(五) 单击"接受"后，系统提示已成功接受业务，柜员回到对公柜台业务画面进行下一步操作。

(六) 单击桌面下方的专夹保管箱，进入取出历史凭证界面，在凭证名称的下拉表中选择所要取出的凭证，单击"取出"，系统提示成功取出。

注：应取出本票(第一联)。

(七) 单击"计算机"，进入系统操作菜单，按"~"键，输入交易码"2111"。

(八) 按"Enter"键，进入"公司企业活期存款存入[2111]"黑画面中，按要求填写各项。

注：当凭证上没有显示凭证号码时，黑画面中的凭证号码处填写"00000001"，单位付款人账号输入"机构号+币别代号+002630000011"。

(九) 按要求输入完成各项后，按"+"加号键，提示操作成功。

(十) 单击对公画面，桌面上的"盖章"图标，进入盖章界面。

(十一) 在左侧选择需要盖章的单据，单击右下角"盖章"按钮，系统自动作盖章处理。

注：将进账单(第一联)、进账单(第二联)、本票(第一联)、本票(第二联)、单位书面说明进行盖章。

(十二) 再次单击"桌面凭证"，进入单据提交客户界面。单击每张单据，可以查看具体的盖章情况。

(十三) 在左侧选择框中选中要递交的单据，在下拉列表中选择"递交客户"，单击"确定"按钮后，系统提示"单据递交成功！"

注：将进账单(第一联)、进账单(第二联左联)递交客户。

(十四) 继续在左侧选择框中选中要归入单据箱的单据，在下拉列表中选择"凭证归入单据箱"，单击"确定"按钮后，系统提示"桌面无凭证！"。

注：应将进账单(第二联右联)、本票(第一联)、本票(第二联)、单位书面说明归入单据箱。

(十五) 单击对公画面右侧的"查看操作记录"，可以查看到当前柜员所有的实验记录。

(十六) 当所操作确认结束后，单击"结束业务"，系统提示"成功结束业务"，并进行自动评分。

项目活动五　银行本票未用退回操作步骤

(一) 单击"对公柜台"，进入对公业务画面。

(二) 单击柜台"受理新业务"牌，查看实验进度。选择需要完成的业务名称，单击右侧的"开始"按钮，进入该业务操作。系统提示客户需求以及受理业务成功。

注：应选择本票未用退回。

(三) 单击"桌面凭证"，查看客户递交的凭证。

注：客户应递交进账单第一联和第二联，本票第二联，未用退回申请书。

(四) 单击"客户需求"，根据客户递交的凭证，判断该题是接受还是拒收。若单击"拒收"，从弹出列表框中勾选拒绝理由后单击"确定"按钮，弹出窗口显示"拒收成功！"。表示该笔业务结束，柜员可以继续受理下笔业务。

(五) 单击"接受"后，系统提示已成功接受业务，柜员回到对公柜台业务画面进行下一步操作。

(六) 单击桌面下方的专夹保管箱，进入取出历史凭证界面，在凭证名称的下拉表中选择所要取出的凭证，单击"取出"，系统提示成功取出。

注：应取出本票(第一联)。

(七) 单击"计算机"，进入系统操作菜单，按"~"键，输入交易码"4416"。

(八) 按"Enter"键，进入"本票未用退回[4416]"黑画面中，按要求填写各项。

注：当凭证上没有显示凭证号码时，黑画面中的凭证号码处填写"00000001"。

(九) 按要求输入完成各项后，按"+"加号键，提示操作成功。

(十) 单击对公画面，桌面上的"盖章"图标，进入盖章界面。

(十一) 在左侧选择需要盖章的单据，单击右下角"盖章"按钮，系统自动作盖章处理。

注：将进账单(第一联)、进账单(第二联)、本票(第一联)、本票(第二联)、未用退回申请书进行盖章。

(十二) 再次单击"桌面凭证"，进入单据提交客户界面。单击每张单据，可以查看具体的盖章情况。

(十三) 在左侧选择框中选中要递交的单据，在下拉列表中选择"递交客户"，单击"确定"按钮后，系统提示"单据递交成功！"

注：将进账单(第一联)、进账单(第二联左联)递交客户。

(十四) 继续在左侧选择框中选中要归入单据箱的单据，在下拉列表中选择"凭证归入单据箱"，单击"确定"按钮后，系统提示"桌面无凭证！"。

注：应将进账单(第二联右联)、本票(第一联)、本票(第二联)、未用退回申请书归入单据箱。

(十五) 单击对公画面右侧的"查看操作记录"，可以查看到当前柜员所有的实验记录。

(十六) 当所操作确认结束后，单击"结束业务"，系统提示"成功结束业务"，并进行自动评分。

【课后思考】

定额银行本票和不定额银行本票有什么不同？银行本票的提示付款期是多少？持有人在超过了提示付款期后应怎么办？

项目活动六　开立全国汇票操作步骤

(一) 单击"对公柜台"，进入对公业务画面。

(二) 单击柜台"受理新业务"牌，查看实验进度。选择需要完成的业务名称，单击右侧的"开始"按钮，进入该业务操作。系统提示客户需求以及受理业务成功。

注：应选择开立全国汇票。

（三）单击"桌面凭证"，查看客户递交的凭证。

注：客户应递交业务收费凭证(第一联)、业务收费凭证(第二联)、业务收费凭证(第三联)、汇票申请书(第一联)、汇票申请书(第二联)和汇票申请书(第三联)。

（四）单击"客户需求"，根据客户递交的凭证，判断该题是接受还是拒收。

若单击"拒收"，从弹出的列表框中勾选拒绝理由后单击"确定"按钮，弹出窗口显示"拒收成功！"。表示该笔业务结束，柜员可以继续受理下笔业务。

（五）单击"接受"后，系统提示已成功接受业务，柜员回到对私柜台业务画面进行下一步操作。

（六）单击计算机左侧的"财务箱"，选择"重空凭证"，弹出重要空白凭证，选择需要取出的空白凭证，单击右侧的"取出"按钮，系统提示成功取出。

注：应取出全国汇票。

（七）单击"计算机"，进入系统操作菜单，按"~"键，输入交易码"4308"。

（八）单击"Enter"键，进入"汇票开立[4308]"黑画面中，按要求填写各项。

注：当凭证上没有显示凭证号码时，黑画面中的凭证号码处填写"00000001"。

（九）按要求输入完成各项后，按"+"加号键，提示操作成功。

（十）单击计算机右侧的"压数机"，进入界面，在左侧选择要进行操作的凭证，在下拉框中选择"汇票压数"单击"确认"按钮，显示汇票压数成功。

注：汇票压数应选择全国汇票(第二联)、全国汇票(第三联)。

（十一）单击对公画面，桌面上的"盖章"图标，进入盖章界面。

（十二）在左侧选择需要盖章的单据，单击右下角"盖章"按钮，系统自动作盖章处理。

注：盖章后应选择：业务收费凭证(第一联)、业务收费凭证(第二联)、业务收费凭证(第三联)、全国汇票(第一联)、全国汇票(第二联)、全国汇票(第三联)、汇票申请书(第一联)、汇票申请书(第二联)和汇票申请书(第三联)进行盖章。

（十三）再次单击"桌面凭证"，进入单据提交客户界面。单击每张单据，可以查看具体的盖章情况。

（十四）在左侧选择框中选中要递交的单据，在下拉列表中选择"递交客户"，单击"确定"按钮后，系统提示"单据递交成功！"。

注：应将业务收费凭证(第三联)、全国汇票(第二联)、全国汇票(第三联)和汇票申请书(第一联)递交客户。

（十五）继续在左侧选择框中选中要归入单据箱的单据，在下拉列表中选择"凭证归入单据箱"，单击"确定"按钮后，系统提示"桌面无凭证！"。

注：应将业务收费凭证(第一联)、业务收费凭证(第二联)、全国汇票(第一联)、全国汇票(第四联)、汇票申请书(第二联)、汇票申请书(第三联)归入单据箱。

（十六）对公画面右侧的"查看操作记录"，可以查看到当前柜员所有的实验记录。

（十七）当所操作确认结束后，单击"结束业务"，系统提示"成功结束业务"，并进行自动评分。

项目活动七　全国汇票超期结清操作步骤

（一）单击"对公柜台"，进入对公业务画面。

（二）单击柜台"受理新业务"牌，查看实验进度。选择需要完成的业务名称，单击右侧的"开始"按钮,进入该业务操作。系统提示客户需求以及受理业务成功。

注:应选择超期结清全国汇票。

(三) 单击"桌面凭证",查看客户递交的凭证。

注:客户应递交进账单(第一联)、进账单(第二联)、全国汇票(第一联)、全国汇票(第二联)和单位书面说明。

(四) 单击"客户需求",根据客户递交的凭证,判断该题是接受还是拒收。

若单击"拒收",从弹出的列表框中勾选拒绝理由后单击"确定"按钮,弹出窗口显示"拒收成功!"。表示该笔业务结束,柜员可以继续受理下笔业务。

(五) 单击"接受"后,系统提示已成功接受业务,柜员回到对私柜台业务画面进行下一步操作。

(六) 单击桌面下方的专夹保管箱,进入取出历史凭证界面,在凭证名称的下拉表中选择所要取出的凭证,单击"取出",系统提示成功取出。

注:应取出历史凭证全国汇票(第一联)和全国汇票(第四联)。

(七) 单击"计算机",进入系统操作菜单,按"~"键,输入交易码"4315"。

(八) 按"Enter"键,进入"汇票超期结清[4315]"黑画面中,按要求填写各项。

注:当凭证上没有显示凭证号码时,黑画面中的凭证号码处填写"00000001"。

(九) 按要求输入完成各项后,按"+"加号键,提示操作成功。

(十) 再次单击"计算机",进入系统操作菜单,按"~"键,输入交易码"2111"。

(十一) 按"Enter"键,进入"公司企业活期存款存入[2111]"黑画面中,按要求填写各项。

注:栏位付款人账号输入"机构号+币别代号+261010000011"。

(十二) 按要求输入完成各项后,按"+"加号键,提示操作成功。

(十三) 单击对公画面,桌面上的"盖章"图标,进入盖章界面。

(十四) 在左侧选择需要盖章的单据,单击右下角"盖章"按钮,系统自动作盖章处理。

注:应将进账单(第一联)、进账单(第二联)、全国汇票(第一联)、全国汇票(第二联)、全国汇票(第三联)、全国汇票(第四联)和单位书面说明进行盖章。

(十五) 再次单击"桌面凭证",进入单据提交客户界面。单击每张单据,可以查看具体的盖章情况。

(十六) 在左侧选择框中选中要递交的单据,在下拉列表中选择"递交客户",单击"确定"按钮后,系统提示"单据递交成功!"。

注:应将进账单(第一联)、进账单(第二联左联)和全国汇票(第四联)递交客户。

(十七) 继续在左侧选择框中选中要归入单据箱的单据,在下拉列表中选择"凭证归入单据箱",单击"确定"按钮后,系统提示"桌面无凭证!"。

注:应将进账单(第二联右联)、全国汇票(第一联)、全国汇票(第二联)、全国汇票(第三联)和单位书面说明归入单据箱。

(十八) 单击对公画面右侧的"查看操作记录",可以查看到当前柜员所有的实验记录。

(十九) 当所操作确认结束后,单击"结束业务",系统提示"成功结束业务",并进行自动评分。

项目活动八　全国汇票未用退回操作步骤

(一) 单击"对公柜台",进入对公业务画面。

(二) 单击柜台"受理新业务"牌,查看实验进度。选择需要完成的业务名称,单击右侧

的"开始"按钮，进入该业务操作。系统提示客户需求以及受理业务成功。

注：应选择全国汇票退回。

(三) 单击"桌面凭证"，查看客户递交的凭证。

注：客户应递交全国汇票(第二联)、全国汇票(第三联)和未用退回申请书。

(四) 单击"客户需求"，根据客户递交的凭证，判断该题是接受还是拒收。

若单击"拒收"，从弹出列表框中勾选拒绝理由后单击"确定"按钮，弹出窗口显示"拒收成功！"，表示该笔业务结束，柜员可以继续受理下笔业务。

(五) 单击"接受"后，系统提示已成功接受业务，柜员回到对私柜台业务画面进行下一步操作。

(六) 单击桌面下方的专夹保管箱，进入取出历史凭证界面，在凭证名称的下拉表中选择所要取出的凭证，单击"取出"，系统提示成功取出。

注：应取出历史凭证全国汇票(第一联)和全国汇票(第四联)。

(七) 单击"计算机"，进入系统操作菜单，按"~"键，输入交易码"4316"。

(八) 按"Enter"键，进入"汇票未用退回[4316]"黑画面中，按要求填写各项。

注：当凭证上没有显示凭证号码时，黑画面中的凭证号码处填写"00000001"。

(九) 按要求输入完成各项后，按"+"加号键，提示操作成功。

(十) 单击对公画面，桌面上的"盖章"图标，进入盖章界面。

(十一) 在左侧选择需要盖章的单据，单击右下角"盖章"按钮，系统自动作盖章处理。

注：应将全国汇票(第一联)、全国汇票(第二联)、全国汇票(第三联)、全国汇票(第四联)和未用退回申请书进行盖章。

(十二) 再次单击"桌面凭证"，进入单据提交客户界面。单击每张单据，可以查看具体的盖章情况。

(十三) 在左侧选择框中选中要递交的单据，在下拉列表中选择"递交客户"，单击"确定"按钮后，系统提示"单据递交成功！"。

注：将全国汇票(第四联)递交客户。

(十四) 继续在左侧选择框中选中要归入单据箱的单据，在下拉列表中选择"凭证归入单据箱"，单击"确定"按钮后，系统提示"桌面无凭证！"。

注：应将全国汇票(第一联)、全国汇票(第二联)、全国汇票(第三联)、未用退回申请书归入单据箱。

(十五) 单击对公画面右侧的"查看操作记录"，可以查看到当前柜员所有的实验记录。

(十六) 当所操作确认结束后，单击"结束业务"，系统提示"成功结束业务"并进行自动评分。

【课后思考】

银行汇票的有效期和提示付款期限是一样的吗？若不一样，它们的区别又在哪里？

项目活动九　开办委托收款操作步骤

(一) 单击"对公柜台"，进入对公业务画面。

(二) 单击柜台"受理新业务"牌，查看实验进度。选择需要完成的业务名称，单击右侧的"开始"按钮，进入该业务操作。系统提示客户需求以及受理业务成功。

注：应选择开办委托收款。

(三) 单击"桌面凭证"，查看客户递交的凭证。

注：客户应递交委托收款凭证(第一联)、委托收款凭证(第二联)、委托收款凭证(第三联)、委托收款凭证(第四联)、委托收款凭证(第五联)和银行承兑汇票(第二联)。

(四) 单击"客户需求"，根据客户递交的凭证，判断该题是接受还是拒收。

若单击"拒收"，从弹出的列表框中勾选拒绝理由后单击"确定"按钮，弹出窗口显示"拒收成功！"。表示该笔业务结束，柜员可以继续受理下笔业务。

(五) 单击"接受"后，系统提示已成功接受业务，柜员回到对私柜台业务画面进行下一步操作。

(六) 单击"计算机"，进入系统操作菜单，按"~"键，输入交易码"4614"。

(七) 按"Enter"键，进入"发出委托收款[4614]"黑画面中，按要求填写各项。注：当凭证上没有显示凭证号码时，黑画面中的凭证号码处填写"00000001"，黑画面中的附件名称填写"银行承兑汇票"。

(八) 按要求输入完成各项后，按"+"加号键，提示操作成功。

(九) 再次单击"计算机"，进入系统操作菜单，按"~"键，输入交易码"6134"。

(十) 按"Enter"键，进入"结算业务收费[6134]"黑画面中，按要求填写各项。

(十一) 按要求输入完成各项后，按"+"加号键，提示操作成功。

(十二) 单击对公画面，桌面上的"盖章"图标，进入盖章界面。

(十三) 在左侧选择需要盖章的单据，单击右下角"盖章"按钮，系统自动作盖章处理。

注：应将业务收费凭证(第一联)、业务收费凭证(第二联)、业务收费凭证(第三联)、委托收款凭证(第一联)和委托收款凭证(第三联)进行盖章。

(十四) 再次单击"桌面凭证"，进入单据提交客户界面。单击每张单据，可以查看具体的盖章情况。

(十五) 在左侧选择框中选中要递交的单据，在下拉列表中选择"递交客户"，单击"确定"按钮后，系统提示"单据递交成功！"。

注：将业务收费凭证(第三联)和委托收款凭证(第一联)递交客户。

(十六) 继续在左侧选择框中选中要归入单据箱的单据，在下拉列表中选择"凭证归入单据箱"，单击"确定"按钮后，系统提示"桌面无凭证！"。

注：应将业务收费凭证(第一联)、业务收费凭证(第二联)、委托收款凭证(第二联)、委托收款凭证(第三联)、委托收款凭证(第四联)、委托收款凭证(第五联)和银行承兑汇票(第二联)归入单据箱。

(十七) 单击对公画面右侧的"查看操作记录"，可以查看到当前柜员所有的实验记录。

(十八) 当所操作确认结束后，单击"结束业务"，系统提示"成功结束业务"，并进行自动评分。

项目活动十　委托收款付款操作步骤

(一) 单击"对公柜台"，进入对公业务画面。

(二) 单击柜台"受理新业务"牌，查看实验进度。选择需要完成的业务名称，单击右侧的"开始"按钮，进入该业务操作。系统提示客户需求以及受理业务成功。

注：应选择委托收款付款。

（三）单击"桌面凭证"，查看客户递交的凭证。

注：客户应递交委托收款凭证(第三联)、委托收款凭证(第四联)、委托收款凭证(第五联)和银行承兑汇票(第二联)。

（四）单击"客户需求"，根据客户递交的凭证，判断该题是接受还是拒收。

若单击"拒收"，从弹出的列表框中勾选拒绝理由后单击"确定"按钮，弹出窗口显示"拒收成功！"。表示该笔业务结束，柜员可以继续受理下笔业务。

（五）单击"接受"后，系统提示已成功接受业务，柜员回到对私柜台业务画面进行下一步操作。

（六）单击桌面下方的专夹保管箱，进入取出历史凭证界面，在凭证名称的下拉表中选择所要取出的凭证，单击"取出"，系统提示成功取出。

注：应取出历史凭证银行承兑汇票(第一联)。

（七）单击"计算机"，进入系统操作菜单，按"~"键，输入交易码"4616"。

（八）按"Enter"键，进入"收到委托收款[4616]"黑画面中，按要求填写各项。

注：当凭证上没有显示凭证号码时，黑画面中的凭证号码处填写"00000001"。

（九）按要求输入完成各项后，按"+"加号键，提示操作成功。

（十）再次单击"计算机"，进入系统操作菜单，按"~"键，输入交易码"4615"。

（十一）按"Enter"键，进入"委托收款到期付款[4615]"黑画面中，按要求填写各项。

注：在"委托收款到期付款[4615]"黑画面时，栏位付款人账号输入"机构号+币别代码+261020000011"。

（十二）按要求输入完成各项后，按"+"加号键，提示操作成功。

（十三）单击对公画面，桌面上的"盖章"图标，进入盖章界面。

（十四）在左侧选择需要盖章的单据，单击右下角"盖章"按钮，系统自动作盖章处理。

注：应将委托收款凭证(第三联)、委托收款凭证(第四联)、委托收款凭证(第五联)、银行承兑汇票(第一联)、银行承兑汇票(第二联)、业务专用凭证(第一联)和业务专用凭证(第二联)进行盖章。

（十五）再次单击"桌面凭证"，进入单据提交客户界面。单击每张单据，可以查看具体的盖章情况。

（十六）在左侧选择框中选中要递交的单据，在下拉列表中选择"递交客户"，单击"确定"按钮后，系统提示"单据递交成功！"

注：应将委托收款凭证(第五联)递交客户。

（十七）继续在左侧选择框中选中要归入单据箱的单据，在下拉列表中选择"凭证归入单据箱"，单击"确定"按钮后，系统提示"桌面无凭证！"

注：应将委托收款凭证(第三联)、委托收款凭证(第四联)、银行承兑汇票(第一联)、银行承兑汇票(第二联)、业务专用凭证(第一联)、业务专用凭证(第二联)归入单据箱。

（十八）单击对公画面右侧的"查看操作记录"，可以查看到当前柜员所有的实验记录。

（十九）当所操作确认结束后，单击"结束业务"，系统提示"成功结束业务"，并进行自动评分。

【课后思考】

开办委托收款的银行和委托收款付款的银行是同一家银行吗？

参 考 文 献

[1] 关新红，李晓梅. 商业银行会计. 北京：中国人民大学出版社，2010.

[2] 杨华. 银行会计. 北京：中国金融出版社，2004.

[3] 程婵娟. 银行会计学. 北京：科学出版社，2008.

[4] 岳龙. 银行会计实训. 北京：高等教育出版社，2006.

[5] 董瑞丽. 商业银行综合柜台业务.北京：中国金融出版社，2008.

[6] 吴胜. 商业银行会计. 北京：高等教育出版社，2008.